중국은 북한을 어떻게 다루나

北中동맹의 '진화(進化)'와 한국을 위한 제언

이 책은 방일영문화재단의 지원을 받아 저술, 출판되었습니다.

중국은 북한을 어떻게 다루나

北中동맹의 '진화(進化)'와 한국을 위한 제언

지해범 저

기파랑

일러두기

중국·일본 현지어의 한글 표기는 국립국어원의 외래어표기법에 따라 적는 것을 원칙으로 하되, 다음과 같은 경우들은 예외로 한다.

1) 1911년 이전의 중국 현지어는 한글 독음으로 적는다.

    보기) 遼東: 랴오둥→요동

2) 북한과 중국 내, 기타 한글 문헌에서 직접 인용할 때는 원문대로 적는다.

    보기) 吉林: 지린(원칙), 길림(예외)

3) 한글 독음으로 굳었거나 널리 통용되는 경우 그대로 적는다.

    보기) 타이완(臺灣, 台湾)→대만

본문 중 괄호 안 한자는 우리나라 독자의 편의를 고려하여 본자(번체)로 적는 것을 원칙으로 하되, 다음과 같은 경우들은 예외로 한다.

1) 주에서 출처로 제시할 때는 간체(중국)나 약자(일본) 그대로 옮긴다.

    보기) 한국: 韓國(본자), 韩国(간체), 韓国(약자)

2) 본문 중이라도 현대 중국의 주요 구호나 용어는 간체로 적는다.

    보기) 기업 위주: 企業爲主→企业为主

서론 '북중(北中)관계' 알아야 '남북문제' 풀린다   7

제1장 | 북중관계 약사(略史)
1. 냉전(冷戰) 시기   16
2. 탈(脫)냉전기   33
3. 한중 수교 이후   39

제2장 | 중국의 외교전략과 한반도
1. 중국의 대외전략   46
2. 중국의 한반도 전략과 대북정책   53
   1) 중국의 한반도 인식과 전략   53
   2) 중국의 대북정책   62

제3장 | 북중동맹은 깨졌나
1. 성급한 북중동맹 해체론   71
2. 현상 변경의 '이익동맹' 이론   77

제4장 | 후진타오: 중재자에서 방관자로
1. 후진타오 1기(2002~2007)의 대내외 환경   86
2. 후진타오 1기의 대북정책: 중재자   92
   1) 북한의 핵도발   92
   2) 중국의 북한 비핵화 정책   99
3. 후진타오 2기(2008~2012)의 대내외 환경   106
4. 후진타오 2기의 대북정책: 방관자   114

제5장 | 시진핑: 심판자에서 보호자로

　　1. 시진핑 1기(2012~2017)의 대내외 환경　　128

　　2. 시진핑 1기의 대북정책: 심판자　　135

　　3. 시진핑 2기(2018~현재)의 대내외 환경　　147

　　4. 시진핑 2기의 대북정책: 보호자　　157

제6장 | 중국의 대북 경제협력 전략

　　1. 경제협력의 토대 구축　　170

　　　　1) 동북진흥전략(2003~2020)　　170

　　　　2) 루강취(路港區) 일체화계획(2005~2020)　　181

　　　　3) 창지투 선도구계획(2009~2020)　　188

　　2. 북한의 대중 경협 수용 태도　　194

　　3. 북중 SOC 연결과 그 의미　　206

제7장 | 북중 경제협력의 이해

　　1. 북중 경제협력의 특징과 한계　　216

　　　　1) 중국 대북 투자의 특징　　216

　　　　2) 북한의 국산화 노력과 한계　　224

　　2. 북중 경제협력의 정치적 함의　　232

결론　진화하는 북중동맹　　241

보론　한국은 중국을 어떻게 다룰 것인가　　257

주　　290

에필로그　　333

'북중(北中)관계' 알아야
'남북문제' 풀린다

북한·중국 관계는 국제정치의 미스터리(mystery)다. 한국을 비롯한 많은 나라들이 북한·중국 관계를 정확히 이해하는 데 어려움을 겪는다. 북중은 어느 때는 적대국인 양 으르렁대다가도 어느 때는 친형제처럼 행동한다. 중국 지도자는 사석(私席)에선 북한 지도자를 형편없는 인물로 깎아내리지만, 공석에선 최고의 언어로 찬사를 아끼지 않는다. 양국이 보여 주는 여러 개의 얼굴 중 어느 것이 진짜 모습인지 헷갈린다.

'순망치한'의 형제 같은 관계

북중관계의 첫 번째 모습은 '형제(兄弟)'의 얼굴이다.

중국이 형, 북한이 동생이다. 두 나라는 민족이 다르면서도 서로를 '형제'라 부르는 지구상에서 거의 유일한 관계다. 미국과 한국, 미국과 일본이 동맹이지만 서로를 형제라 부르지는 않는다. 반면 중국과 북한의 지도자는 만나면 '형제의 나라', '형제적 친선'이라 부르며 "세상에 둘도 없는 관계"라 강조한다.[1]

북중관계의 형제적 친밀성을 묘사하는 용어가 '순망치한(脣亡齒寒)'이다. '입술이 없으면 이가 시리다'라는 뜻으로, 북한이 무너지면 중국은 곤경에 처할 수밖에 없다는 뜻이다. 그만큼 양국은 형제처럼 의존적이고 단단하게 얽혀 있다.

'순망치한'은 1592년 임진왜란이 발발하자 명(明)이 조선에 파병하면서 양국 관계를 표현하는 말로 사용했을 정도로 역사가 깊다. 당시 명의 요동(遼東) 지역 절도사는 "요동은 조선을 의지하여 울타리로 삼고 있으니, 이는 입술이 없으면 이가 시린 것과 같다"며 파병의 이유를 설명하였다.[2]

한국전쟁 초기에도 중국은 이 용어를 사용했다. 6·25 발발 4개월 뒤인 1950년 10월 24일 저우언라이(周恩來) 총리는 인민정치협상회의 제1기 18차 회의에서 다음과 같이 말했다.

"중국과 조선은 순치(脣齒)의 나라다. 입술이 없으면 곧 이가 시리다. 만약 조선이 미 제국주의에 의해 침략당한다면, 우리나라 동북지방은 안전해질 수 없다. 우리나라 중공업의 절반 이상이 동북에 있고, 동북 공업의 절반이 동북 3성의 남쪽에 위치해 있다. 모두 적의 폭격 범위 안에 있다. 만약 미제(美帝)가 압록강변을 무너뜨린다면 우리는 어떻게 안전하게 공업 생산을 할 수 있겠는가."[3]

이 발언은 '순망치한'이 양국 관계의 상징적 비유가 아니라 현실적 위기감에서 나온 실질적 표현이란 것을 말해 준다. 중국 정부는 지금도 북한과의 관계를 '순망치한'의 틀에서 바라보고 동북아 전략을 편다. 이와 비슷한 용어로 '입술과 이는 서로 의지한다'라는 '순치상의(脣齒相依)', '한줄기 물을 사이에 둔 사이'라는 뜻의 '일의대수(一

衣帶水)'도 있다.

양국 관계를 돌이켜보면 서로 '형제'라 부를 만하다는 생각이 든다. 북중관계의 기원은 1920년대 공동 항일투쟁으로 거슬러 올라가며, 양측의 무장 세력은 1940년대 국공내전(國共內戰) 때도 함께 싸웠다. 1950~53년 한국전쟁에서 중국은 유엔군을 상대로 총 40만 명의 전투력 손실(그중 전사자는 약 14만 3,600명)을 입으며 사회주의 형제국인 북한을 지켜 주었다. 이런 역사적 배경에서 양국은 서로를 '피로 맺어진(鮮血凝成的) 동맹'이란 뜻의 '혈맹'이라 부른다. 양국은 1961년 '우호협조상호원조조약'을 체결하기 전부터 사실상의 군사동맹이었다. 이 조약 제2조는 "조약의 한 당사자가 무력 침공을 당할 경우 다른 당사자가 지체 없이 군사적 원조를 제공"하도록 규정하여, 한국과 미국 간에 체결된 상호방위조약에 대응하고 있다.

'혈맹'이란 단어는 중국 매체나 학자의 글에는 가끔 등장하지만, 정부 공식 문건에서는 거의 사라졌다. 그 대신 '피로 맺어진 우의(鮮血凝成的友誼)', '피로 맺어진 친선' 같은 용어를 사용한다. 2018년 3월 27일 북중 정상회담에서 시진핑(習近平)은 "전통적인 중조 친선은 피로써 맺어진 친선으로서 세상에 유일무이한 것이며, 뿌리 깊고 잎이 우거진 나무와 영원히 마르지 않는 샘줄기처럼 우리 두 당과 두 나라 인민에게 행복을 마련해 주고 있다"고 말했다(강조 인용자).[4] 시진핑은 앞서 2010년 부주석 시절 북한을 방문했을 때도 '피로써 맺어진 관계'라고 표현했다.

중국이 '동맹'이나 '혈맹'이란 단어를 쓰지 않는 까닭은 1955년 반둥(Bandung) 회의에서 표명한 '평화공존 5원칙'에 따라 어떤 나라와도 동맹을 맺지 않는다는 '불결맹(不結盟)'의 원칙을 선전하기 위한 것이다. 즉, 실질적으로는 동맹관계에 해당하지만 대외적으로는 동맹이 없다는 명분을 보여 주려는 목적이다. 하지만 중국 학자가 쓴 논문을 보면 여전히 '선혈로 맺어진 우의'와 '혈맹관계'를 같은 의미로 혼용하고 있는 것을 확인할 수 있다.[5] 따라서 '피로 맺어진 친선'이나 '전통적 우의'는 '혈맹'의 다른 표현에 지나지 않는다고 할 수 있다.

국내 일부 학자들은 이런 표현의 차이를 가지고 북중동맹의 성격이 바뀌었다고 주장하지만 이는 성급한 주장이며, 양국은 여전히 '혈맹관계'를 유지하고 있다고 필자는 본다.

'이혼 직전의 부부' 모습도

북중관계의 두 번째 얼굴은 '이혼 직전의 부부' 얼굴이다.

양국은 일찍부터 '사실혼(군사동맹) 관계'였지만, 실은 신혼 초부터 '부부싸움'이 잦았다. 한국전쟁 과정에서 김일성과 펑더화이(彭德懷)는 지휘권 문제로 심하게 다투었으며, 김일성은 중국의 간섭을 차단하기 위해 연안(延安)파를 숙청했다. 양국은 문화혁명 시기에 갈등을 노출하였고, 냉전 시기 북한은 중소(中蘇) 사이에서 줄타기를 통해 이득을 노렸다.

결정타는 냉전 붕괴와 한중 수교였다. 소련이 해체된 데 이어 중국마저 북한을 '배신'했다고 본 북한은 핵무장에 본격적으로 뛰어들었다. 북한이 2000년대 들어 연쇄 핵실험을 단행하고 중장거리 미사일을 잇달아 발사하자 북중은 공개적으로 충돌했다. 중국은 북한이 동맹임에도 북한을 제재하는 유엔 결의안에 찬성하였고, 북한은 중국을 향해 "줏대도 없이 미국 장단에 춤을 춘다"고 비난했다.

양자의 '부부싸움'이 잦은 배경은 서로에 대한 깊은 불신이다.

가령 김일성은 1975년 베이징에서 마오쩌둥(毛澤東)을 만나고 돌아오는 열차 안에서 "우리가 핵무기를 만드는 데 가장 큰 적은 미국이 아니라 중국이다. 중국은 끝까지 우리의 핵무기 보유를 반대할 것이다"라며 적대감을 드러냈다.[6] 그의 아들 김정일은 김정은에게 "중국을 절대 믿지 말라"는 유언을 남겼다는 것이 탈북자들 사이에 널리 퍼진 얘기다.[7] 북한 지도부는 중국이 백두산 등 변경지역에 수십만의 병력을 배치해 놓고 유사시 국경을 넘어올 것을 우려한다.

중국도 북한을 믿지 못하는 것은 마찬가지다. 가령 중국은 1990~2000년대 북한이 국가 차원에서 위조 달러와 양담배, 마약과 환각제를 대량으로 제조해 중국 내에 유통시키는 것에 대해 매우 분노했다.[8] 중국은 지난 2002년 김정일에 의해 신의주경제특구 행정장관으로 임명된 네덜란드 국적의 화교 기업인 양빈(楊斌)을 탈세 혐의로 전격 구속했는데, 이는 중국의 동의 없이 신의주에 카지노를 건설해 중국인의 주머니를 털려는 북한에 중국 지도부가 분노했기 때문으로 알려져 있다.[9] 후진타오(胡錦濤) 주석은 미국 부시 대통령을 만났을 때 국민을 굶겨 죽이며 핵무기에 집착하는 김정일에 대해 "더 이상 못 봐주겠다"며 벌레 씹은 듯한 표정을 지었다.[10] 중국은 북한이 자신을 도와주는 이웃(중국)의 고마움을 모르고 오히려 선의를 악용한다고 분노한다.

양국이 이따금 드러내는 성난 얼굴은 '이혼 직전의 부부' 같다.

6자회담장에서 중국과 북한이 가장 많이 다투었다

북중관계의 세 번째 얼굴은 '흑사회(黑社會) 내 두 조직의 우두머리' 같은 모습이다.

중국이 큰 조직의 두목이라면, 북한은 작은 조직의 우두머리다. 북한은 중국이 자신보다 크고 강한 나라임을 인정하지만, 그렇다고 국가주권 수호라는 원칙과 자존심까지 굽히지는 않는다. 이러한 관계는 '사회주의 형제국가는 대등하다'는 인식에서 출발한다. 가령 과거 6자회담장에서 가장 말다툼을 많이 하는 나라가 북한과 중국이었다고 한 고위 외교관[11]은 말했다. 북한은 중국을 향해 "당신들도 핵을 가지고 있으면서 왜 우리는 안 된다는 거냐?"고 공격하고, 중국은 북한에 "당신들은 유엔 결의안을 위반했기 때문에 안 된다"고 반박한다는 것이다. 북한군이 서해에서 불법 조업을 하는 중국 어선에 총격을 가하거나[12] 선원들을 체포해 체벌을 하는 것도 북한식 자존심과 고집의 발로다.[13]

중국은 자존심 강한 북한을 다루는 데 무척 조심스러워 한다. 마오쩌둥은 6·25전쟁 당시 김일성과 군 지휘권을 놓고 다투는 펑더화이를 향해 "조선 동지와 협의할 때 그 방식을 주의하라. 조선과의 논쟁은 오랜 기간 있어 왔다. 우리가 전투에서 수많은 승리를 한 후, 우리의 의견이 정확하였음이 여러 차례 증명된 후에야 조선 동지들의 동의와 신뢰를 얻을 수 있다"는 전보를 보냈다.[14] 북한의 자존심을 상하지 않도록 충분히 배려하라는 뜻이었다. 1980년대 말 중국의 최고 실권자 덩샤오핑(鄧小平) 역시 한중 수교를 추진하면서 첸치천(錢其琛) 외교부장에게 "이 문제를 처리하는 데 아주 신중해야 한다. 조선 쪽의 양해를 얻어야 한다"고 말했다.[15] 덩샤오핑은 수교 넉 달 전에는 당시 국가주석이던 양상쿤(楊尙昆)을 김일성 80회 생일잔치에 보내 김일성을 달래려 하였고, 수교가 임박해서는 첸치천을 다시 보내 중국의 입장을 설명했다. 이는 북한이 반발하여 중국에 등을 돌리는 것을 우려했기 때문이었다. 지금도 중국은 북한이 자신을 배신하고 미국·일본과 손잡는 것을 가장 두려워한다.

이와 같이 여러 개의 얼굴을 가진 북중이지만, 갈등기의 언쟁 소리가 담장 밖으로 잘 새어 나오지 않는다. 양국 정부가 관련 정보를 철저히 통제한 탓이다.

북한 지도자의 중국 방문은 중국이 최고의 보안을 유지하는 사안이다. 2000년 5월 말 북한 김정일이 최고지도자로서 처음으로 중국을 방문했다. 한중 수교(1992)에 화가 나 중국에 발길을 끊은 지 8년만이었다. 이때 북한은 물론 중국도 김정일의 방문을 철저히 비밀에 부쳤다. 당시 중국 외교부 장치웨(張啓月) 대변인은 방문 사실을 묻는 내외신 기자들에게 "관련 소식을 알지 못한다"고 거짓말을 했다. 그러다가 김정일의 전용 열차가 베이징을 출발해 압록강 다리를 건넌 뒤에야 이를 공식 발표했다.[16] 당시 인민일보와 신화통신 등도 이 사실을 알고 있었지만 철저히 침묵했다. 중국 외교부 직원도 마찬가지였다. 중국의 모든 공무원은 사전 허가 없이는 공식 장소에서 북조선에 대해 논평은 물론 언급조차 해서는 안 되고, 북한에 대해 험담하거나 북한의 체제를 논하거나 북한을 자극해서도 안 된다는 지침을 가지고 있었다.[17]

얼굴 뒤에 숨은 '본심'을 알아야

이처럼 북중관계가 다면적이고 실상이 잘 드러나지 않음으로써 그에 대한 오해도 많았다. 2000년대 초·중반 연구자들 사이에서 '북중동맹이 깨졌느냐'를 놓고 논쟁이 벌어지기도 했다. 이 논쟁은 2018년 3월부터 1년 3개월 사이 시진핑과 김정은이 5차례나 만나면서 사실상 종결되었다. 2020년 현재도 양국 관계는 건재하다.

이쯤에서 우리는 양국관계에 대해 다음과 같은 질문을 던져 봐야 한다.

금방 이혼할 것 같던 부부가 갑자기 금실을 과시하는 까닭은 뭘까?

북중이 '혈맹관계'를 유지하는 비결은 뭘까?

중국은 북한을 어떻게 다루며 관리하는 것일까?

이러한 북중관계를 우리는 어떻게 이해하고 대응해야 하는 것일까?

　　지금의 북중관계를 '이중적' 혹은 '양면적'이라는 단어로 설명하는 것은 충분치 않다. 그것은 겉으로 드러난 현상만을 묘사할 뿐이다. 우리가 진짜 궁금한 것은, 이중적인 두 나라의 외교적 행태 뒤에 숨은 변하지 않는 그들의 '본심', 즉 '외교전략'이다. 자동차에 비유한다면, 자동차가 도로 위에서 수도 없이 좌회전과 우회전을 거듭하지만 그 자동차의 목적지를 알려면 운전자의 의도를 파악해야 하는 것과 같다. 시진핑과 김정은이 양국 관계를 어디로(목적지) 끌고 가려는지, 또 그들이 그 목적지로 가려는 동기가 무엇인지를 알아야, 시도 때도 없이 바뀌는 그들의 행태에 일희일비하지 않고 행선지를 예측하고 대응할 수 있는 것이다.

　　이런 문제 인식 위에서 이 책은 북중의 전략적 목표와 양국 관계를 움직이는 동인이 무엇인가를 파악하는 데 그 목적을 두었다.

　　이를 위해 첫째, 후진타오(2002년 말~2012년 말)와 시진핑(2012년 말~현재) 집권기 중국의 대북정책에 어떤 변화가 있었고 그런 변화를 초래한 동인이 무엇이었는가를 살펴보려고 한다. 중국의 대북정책은 어느 날 느닷없이 바뀌는 것이 아니다. 그것은 국제정세의 변화 속에서 자국의 전략적 이익을 극대화하려는 과정에서 결정된다. 중국의 대북정책의 실체를 파악하려면, 국내외 환경 변화와 그러한 환경 변화 속에서 중국 지도부가 가려는 목적지를 읽어 내야 한다.

　　이 책의 두 번째 탐구 목표는, 중국이 추진해 온 북한과의 경제협력 프로젝트가 양국 관계에 어떤 영향을 미쳤는가를 살펴보는 일이다. 중국은 후진타오 임기 초반인 2000년대 초부터 중앙과 지방정부 차원에서 다양한 대북 경협(經協) 프로젝트를 추진했다. 이들 프로젝트의 추진 시기는 북한의 핵실험 시기와도 겹친다. 유엔 대북제재로 국제사회가 북한과의 경제 거래를 축소할 때, 중국은 오히려 정부가 나서 북한과의 경제협력을 대대적으로 추진했다. 그 결과 북한의 대중 무역의존도는 30퍼센트에서 90퍼센트로 치솟았다. 이것이 주는 의미가 무엇인지 탐구하는 것이 두 번째 목표다.

이상 두 가지 연구 주제는 북한·중국 관계에 관한 근본적인 질문, 즉 '중국은 북한을 어떻게 다루나?'에 대한 설득력 있는 시각을 제공하리라 기대한다. 또 여기서 나오는 결론은 '중국은 남북한 모두를 어떻게 다루나?'의 문제로 이어질 것이다. 우리가 이러한 문제를 더 잘 이해한다면, 중국 문제와 북한 문제를 올바른 방향으로 풀어 가는 데도 시사점을 얻을 수 있을 것이다.

이 책은 필자의 박사학위 논문을 일반 독자를 위해 수정 보완한 것이다. 제1~3장에선 북중관계의 간략한 역사와 중국의 외교전략, 북중동맹 해체론을 먼저 검토하였다. 제4~5장에서는 후진타오-시진핑 정부의 대북 비핵화 정책을 살펴보고, 제6~7장에서는 중국의 대북 경제협력정책을 분석하였다. 결론과 보론(補論)에는 책 내용의 요약과 한중관계에 대한 나의 생각을 담았다. 시간이 부족한 독자라면 결론과 보론을 먼저 읽고 본문을 나중에 읽어도 좋을 것이다.

아무쪼록 이 연구를 통해, 강대국의 힘이 부딪히는 동북아의 세력 판도에서 한국이 '졸(卒)'의 신세를 벗어나고 지금 누리는 가치와 제도를 지키면서 새로운 미래를 개척해 나가는 데 작은 조약돌이라도 보탤 수 있다면, 그보다 더 큰 보람은 없을 것이다.

제1장
북중관계
약사(略史)

1. 냉전(冷戰) 시기

　북중관계의 뿌리는 1920년대 이후 공동 항일의 역사로 거슬러 올라간다. 일제 식민지 시기 중국공산당과 조선 항일유격대는 한몸처럼 항일투쟁을 벌였고, 그 과정에서 형성된 공동운명체적 동지애와 깊은 인간관계의 신뢰가 양국을 '혈맹(血盟)'으로 묶는 토대가 되었다.

일제 때 한민족의 만주 이주(移住)가 북중관계의 뿌리

　먼저 공동 항일투쟁의 지리적 배경이 만주라는 점에 주목할 필요가 있다. 북중은 1,334킬로미터의 국경선(육상 45km, 하천 1,289km)을 접하고 있다.[1] 국경을 접한다는 사실은 오랜 역사 속에서 양국이 인문지리적으로나 경제적으로 강한 연대를 가져 왔음을 의미한다. 북중 국경에 사는 한족, 조선족(중국 거주), 북한 주민의 상당수는 혈연적으로 이어져 있고, 이를 토대로 주민들은 일제강점기부터 국공내전, 한국전쟁, 중국 대약진운동과 문화혁명 등 오랜 기간 힘을 합쳐 고난을 헤쳐 왔다. 북중의 어느 한쪽이 전쟁이나 기근, 사회 혼란으로 어려움에 처하면 다른 쪽이 식량이나 무기를 지원하거나 사람을 피신시키는 방법으로 서로를 도왔다.

1910년 한일합방 전후 한반도 내의 저항운동이 일제에 의해 제압당하면서 많은 조선인들이 중국 땅으로 이주하였다. 1912년 무렵 간도지방(만주 남동부)의 한인은 16만 3천 명에 이르렀고 이들이 항일운동의 기초가 되었다. 1930~34년 사이 만주로 이주한 한국인은 60만 7,119명에서 71만 9,988명으로 불어났는데 이 중 60.2퍼센트가 함경북도, 9.4퍼센트가 함경남도 출신이었다. 그만큼 한반도 북부와 중국 만주지역 간의 인구 이동이 많았고 혈연적으로도 밀접하게 이어졌다.

1920년대 초 이동휘를 중심으로 한 고려공산당의 결성도 이런 토대 위에서 이루어졌다. 당시 한국 내 지식인들은 조선총독부라는 강력한 장애물에 부딪혔고, 조선총독부는 어떠한 형태의 정부 전복 음모도 격퇴할 의지와 능력을 가지고 있었다.[2] 이에 조선 내부의 공산주의 세력은 국외로, 특히 만주지역으로 도피하여 투쟁을 이어 갔다. 1930년대 조선인의 항일독립투쟁은 일본의 대대적인 토벌작전으로 조직이 와해되었고, 이에 조선 공산주의자들은 중국공산당과 연대할 수밖에 없었다. 당시 조선인 항일유격부대의 지휘자인 최용건, 김책, 김일성 등도 중국공산당에 입당해 그들의 지시를 받았다.[3] 당시 중국공산당 내에서 조선인 유격대의 숫자는 적었으나, 중국공산당의 게릴라 활동의 창시 및 지속에 중요한 역할을 하였다. 1930년 조선인 유격대는 중국공산당에 흡수된 뒤 남만주의 반석(盤石), 하얼빈 동쪽의 주하(珠河), 헤이룽장(黑龍江) 부근의 밀산(密山), 지린(吉林) 동쪽의 영안(寧安)·요하(饒河) 등지에서 한인 공산주의 조직의 도움을 받을 수 있었다. 예를 들면 1932년 5월 중국공산당 반석현(縣) 위원회의 동북 의용군 조직은 한국인 40명과 중국인 30명으로 구성되었다. 이 소규모 부대는 그해 10월 중국 홍군 제32군의 남만주 게릴라부대로 재편되었고 규모는 230명이었는데 그중 80명이 한국인이었다.

1937년 6월 김일성 주도의 보천보(普天堡) 습격과 최현의 무산(茂山) 습격은 일제의 검열을 받은 국내 신문을 통해서도 알려졌다. 이들의 활동은 1930년대 말 한국의 항일민족운동에 촉진제가 된 점은 부정할 수 없다. 그러나 김일성이 1941년 2월 6명의 부하와 함께 러시아 영토로 퇴각한 이후의 활동은 미미했다. 1941~45년 시기 중국과 미국에서 벌어진 항일독립운동이 김일성의 항일투쟁보다 훨씬 활발하고 규모도 컸다. 이런 점에서 1960년 이래 북한이 주장해 온 바와 같이 "김일성이 한국혁명의 유일하고 진실한 지도자이며 한국 공산주의는 오로지 김일성의 지혜와 노력의 산물"이라고 하는 것은 명백하게 사실을 부정하는 것이다.[4]

이 시기 게릴라 활동 과정에서 생존한 한국인 지도자들은 1945년 이후 한반도로 돌아가 북한의 당, 정부, 군대에서 지도적인 지위를 맡았다. 항일투쟁 기간 이들과 중국 군사 지도자들 간에 형성된 신뢰와 동지애는 그 후 북중 혈맹관계의 확고한 기초가 되었다.

국공내전 시기 북한이 중국공산당의 동북지역 작전에 큰 도움

1945년 일본 패망 이후 본격화된 국공(國共)내전 시기 북한 측의 중국공산당 지원도 양국 간 특수성 형성의 중요한 요소이다.

중공군이 동북지역에서 가장 어려웠던 기간은 1946~47년 국민당 군대가 안둥(安東, 지금의 단둥丹東), 통화(通化), 창춘(長春), 선양(瀋陽)

을 점령하여 남만(南滿)과 북만을 잇는 공산군의 주요 교통로를 끊은 때였다. 중공군의 병력과 물자는 북한지역을 통과해야만 조달될 수 있었기에 만주를 관장하던 중국공산당 동북국(東北局)은 그해 7월 평양에 동북국 판사처를 설치하였다. '평양이민(移民)공사'라는 가짜 간판으로 운영된 이 판사처는 남포, 신의주, 만포, 나진 등 4개소에 분(分)판사처까지 두고 중공 인원의 국경 이동과 작전 물자의 지원을 도왔다.

중공 동북국 북한 판사처는 중공의 국가 건립 전 특수한 상황에서 실질적으로 국가 간 외교 사무와 동일한 임무를 수행한 전례 없는 특별 기구였다. 당시 북조선임시인민위원회 위원장이던 김일성은 북한에 지원 요청을 온 중공 간부들에게 "중국의 사정은 곧 우리의 사정"이라며 중공에 성원을 보냈다.[5] 이 기구는 약 2년 6개월 동안 존속하면서 만주에서 중공군이 일대 위기에 놓였던 시기를 무사히 넘기는 데 상당한 역할을 했다.

당시 북한지역에서는 소련 군정이 실시되고 있었기 때문에 북한의 모든 중공 지원은 비공개적으로 은밀하게 이루어질 수밖에 없었다. 북중 간 비선(秘線) 접촉을 맡은 중국 측 왕이즈(王一知)는 북측의 도움을 받아 국민당군 184사단의 퇴로 차단 문제, 남만의 부상병과 군인 가족, 전략 물자를 위한 후방 기지 문제, 중공군 전략 물자 조달 문제, 1947년 하계 대반공 때의 중공군 신발 조달 문제 등을 해결하였다. 이때 북한은 한반도 북부지역을 중공군의 후방 기지로 제공하였을 뿐만 아니라 전략적 교통로와 물자, 병력까지 제공하였다. 북측의 지원으로 기사회생하게 된 중공군은 1947년 하계부터 공세를 시작해 1948년 가을 요심전역(遼瀋戰役)에서 승리를 거두면서 만주를 장악했다.[6] 국민당의 만주 상실은 가장 발달한 중공업 지대의 상실을 의미하는 것으로, 국공내전의 결정적 분수령이 되었다.

이 시기 중국공산당은 국공내전 과정에서 국민당군에 대한 수적 열세를 극복하기 위해 조선족 부대의 건립과 확장에 높은 관심을 보였다. 그 결과 무정을 중심으로 한 조선의용군 제1, 3, 5지대가 편성되었다. 이들은 만주는 물론 허난·광둥·후난·쓰촨·구이저우 등 남서부지역의 국공내전에까지 참여해 전과를 올렸다.

무정을 중심으로 한 조선족 부대가 1949년부터 1950년 사이 여러 경로로 북한으로 들어갔는데, 그 규모는 6만 명에 달했다. 전투 경험이 많은 이들이 1950년 6월 25일 북한의 전격적 남침의 최선봉에 섰다는 것은 널리 알려진 사실이다.

국공내전 시기 북한의 중공 지원에 대한 중국 측의 채무(債務) 의식은 다음과 같은 저우언라이(周恩來) 발언에서도 확인할 수 있다. 저우언라이는 1950년 8월 25일 궈모뤄(郭沫若)로부터 조선 방문 보고를 받는 자리에서 "조선이 3천만도 안 되는 인구로 자본주의 진영 53개 국가의 침략에 저항하고 있는데, 정말 쉬운 일이 아니다. 이는 아시아 인민을 대신해 최선봉에 선 것이다. 조선민족과 우리는 혈연으로 맺어진 관계다(血肉相連). 우리의 몇 차례 혁명 시기에 그들은 모두 참가했다. 현재 우리는 결연히 그들을 도와야 한다"고 말했다.[7]

동맹조약도 없이 중국은 한국전에 135만 명까지 파병

미군의 인천 상륙작전으로 압록강까지 밀린 북한군은 중국에 다급히 지원을 요청했다. 마오쩌둥은 1950년 10월 8일 '미국에 대항하고 조선을 도와, 가정과 국가를 지키자'는 '항미원조(抗美援朝), 보가위국(保家衛國)'의 기치를 내걸고 조선 출병을 결정했다. 중국은 뒤에 제기될지도 모를 전쟁 책임을 피하기 위해 '중국 인민들의 자발적인 참전'이라는 핑계를 댈 수 있도록 파병 부대 명칭을 '중국인민지원군' 제38, 40, 42군(軍) 등으로 개편했다. 파병 부대에는 육군 외에도 포병 제1, 2, 8사단, 고사포사단, 두 개의 공병단 등이 포함되었다.

10월 19일 밤 싸늘한 가을비가 내리는 가운데 펑더화이가 지휘하는 중국인민지원군은 안둥과 창뎬(長甸), 지안(輯安)의 압록강 다리를 건너 조선 땅으로 들어섰다. 도하부대는 마오쩌둥의 지시에 따라 비밀을 지키기 위해 매일 황혼 무렵에 이동을 시작해 다음날 새벽 4시가 되면 이동을 멈췄다.[8] 10월 25일 중국인민지원군 40군 120사단은 평안북도 운산~온정 간 도로에서 국군 1사단 선두 부대와 첫 전투를 벌였다.

한국전쟁에서 중국의 참전군 규모는 전쟁 초기 45만 명이었으나, 1951년 4월경에는 95만 명으로 늘어났고, 1951년 10월 115만, 1952년 10월 97만, 정전협정 시점인 1953년 7월에는 135만 명에 달했다. 당시 북한군은 45만 명 규모였다. 중국군의 피해는 전사자 14만 3,600명, 부상자 38만 3천 명, 실종 및 포로 2만 9천 명 등으로 총 56만 명의 인력 손실을 입었다.[9] 미군이 한국전에 48만 명 참전하여 3만 6,914명의 전사자를 포함해 13만 7천여 명의 사상자가 난 것과 비교하면[10] 중국군의 피해가 훨씬 컸다.

북중이 동맹조약 체결(1961) 10년 전에 미국을 상대로 '3년간의 공동 전쟁'을 수행함으로써 '피로 맺은 동맹'은 더욱 공고해졌다. 중국이 1949년 10월 정부 수립 후 1년 만에 큰 희생이 따르는 한국전쟁에 대규모 파병을 결정한 것은, 북한의 생존 문제가 곧 자국 안보와 직결되는 사안이라 파악하였기 때문이다. 이러한 사실은 관련자들의 회고록과 인터뷰, 비밀 해제된 구소련의 사료 연구 등을 통해 확인된다. 기밀 해제된 구소련 공산당 정치국 사료를 분석한 일본 호세이(法政)대학 시모토마이 노부오(下斗米伸夫) 교수는, 한국전쟁에 대해 소련

지도부는 신중했지만 마오쩌둥은 매우 적극적이었다고 평가했다.[11]

중국이 한국전에 참전한 4가지 이유

한국전쟁사를 오래 연구해 온 중국 화둥사범대학 선즈화(沈志華) 교수는 중국의 한국전쟁 출병 결정 동기를 다음과 같은 4가지로 요약했다.

첫째, 중국은 사회주의 진영을 위한 책임과 국제 혁명운동의 분업 차원에서 북한을 도와야 한다고 생각했다는 것이다.[12] 가령 류샤오치(劉少奇)는 "가능한 모든 방법을 이용하여 아시아 각국의 피압박 민족 공산당을 원조하고 인민의 해방을 쟁취하는 것은, 중국공산당과 인민의 피할 수 없는 국제적 책임이며 동시에 국제 범위 내에서 중국혁명의 승리를 공고히 하는 가장 중요한 방법 중의 하나다"라고 지적했다는 것이다.

둘째, 중국은 한반도 문제를 대만 문제와 연계하여 판단하였다는 것이다. 대만 해방을 중화민족을 위한 마지막 대사로 여긴 마오쩌둥은 미국이 7함대를 대만 해협에 파견했을 때 극도로 분노하였으며 이것이 미국과의 전쟁을 결심하게 된 계기가 되었다는 것이다. 미국의 '대만 지위 미정론(臺灣地位未定論)'이 법적으로 중국 통일의 합법성을 빼앗는 것을 의미할 수 있기 때문이었다.

셋째, 한국전쟁으로 중국 국경의 안전과 주권 완정(完整)의 위협에 대한 우려가 커졌다는 것이다.

넷째, 중국공산당 정권의 안정을 보장하기 위해 중소 동맹관계를 지켜야 했다는 것이다. 즉, 마오쩌둥이 모스크바의 염원을 뒤로하고 조선 출병을 거절한다면 스탈린의 신임을 잃게 되는 것을 의미하기 때문에 중국으로선 출병을 선택할 수밖에 없었다고 선즈화 교수는 지적한다.

한국군이 38선을 돌파한 다음날인 1950년 10월 2일 마오쩌둥은 스탈린에게 전보를 보내 "우리는 지원군의 이름으로 일부 군대를 조선 경내(境內)로 보내 미군 및 이승만 군대와 싸워 조선의 동지를 돕기로 결정했다. 우리는 이렇게 하는 것이 필요하다고 생각한다. 왜냐하면 만약 조선반도 전체가 미국인의 손에 들어가면, 조선의 혁명 역량이 근본적인 실패에 직면하게 되고, 미국 침략자가 더욱 창궐하여 전체 동방(東方)에 불리하게 된다"고 밝혔다.[13] 저우언라이도 전쟁이 끝난 뒤인 1954년 4월 27일 제네바 회의 연설에서 "조선은 중국의 이웃 국가이고, 중국과 강 하나를 사이에 두면서 예로부터 순치의 관계, 그리고 화복을 나누어 가지면서 우호관계를 가지고 있다. (…) 미국은 38선을 넘어 압록강 두만강까지 진격하였으며, 중국의 안전에 한층 중대한 위협을 가하였다. (…) 중국 인민은 조선이 다시 중국 침략의 도약대가 되는 것을 용인하지 않을 것이다"라고 말했다.[14]

이런 발언을 종합하면, 중국의 한국전 참전은 사회주의 신생국인 북한의 주권 보호와 정권 안전뿐만 아니라, 자국의 안전 확보와 중소 동맹 유지를 통한 국익 극대화를 위한 전략적 선택이었다는 것이 분명해진다. 저우언라이는 제네바 회의에서 "한국전쟁이 시작되자 중국의 영토인 타이완(대만)은 곧 미국에게 침략, 점령당했다"고도 말했다. 중국이 한반도 문제와 대만 문제를 하나의 대미 전략 속에서 다루고 있음을 보여 준다.

한국전쟁 당시에도 갈등 노출

그렇지만 한국전쟁 당시 북중관계가 원만했던 것만은 아니었다. 대표적으로 중조(中朝)연합군 지휘권 문제로 양국은 심각한 갈등을 노출했다. 중국 인민지원군 사령관 펑더화이는 전쟁의 승패 문제를 중요하게 고려하여 전투 경험이 풍부한 중국군이 지휘권을 행사할 것을 요구한 반면, 김일성은 '국가주권과 존엄성 문제'로 군대 지휘권을 내놓는 것을 꺼렸다. 전쟁 초기 지휘권이 통일되지 않아 북한 인민군이 중국 인민지원군을 적으로 오인하여 포격을 가하는 등 오인사격이 여러 차례 발생하였다. 이 지휘권 갈등은 소련의 스탈린이 "중국 동지가 통일된 지휘를 하는 것을 전적으로 지지한다"는 의사를 표명하고 마오쩌둥까지 개입하여 중조연합군을 창설하는 것으로 일단락되었다.[15]

그러나 이 문제는 1951년 초 남진(南進) 문제를 놓고 북중 지휘부가 충돌하면서 또 한 차례 불거졌다. 중국 인민지원군의 참전으로 38선을 재차 돌파한 뒤 김일성은 "현재의 군사적 임무는 38선을 넘어 도주한 적을 향해 적극적으로 추격전을 전개하고 결정적인 전투를 조직하는 것"이라고 주장하였다. 그러나 중조연합군 총사령관 펑더화이는 "병력 손실이 크고(당시 사망자와 동상자, 도망병을 모두 합쳐 약 9만 명), 운송과 보급이 어려우며, 체력 소모가 너무 심하며, 전투부대의 인원이 부족하다"며 군의 재정비를 주장했다. 펑더화이는 1951년 1월 11일 회담에서 "당신들은 과거에 미군이 절대 참전하지 않을 것이라 말하고 미군 참전에 대해 아무런 준비를 하지 않았다. 지금도 당신들은 단지 빠른 승리만 원할 뿐 구체적인 준비는 하지 않고 있다. 나는 당신들의 적을 경시하는 잘못된 견해를 단호히 반대한다. 중국 인민지원군은 재정비와 보충에 2개월이 필요하며 3개월이 걸릴지도 모른다. 상당한 준비가 없으면 1개 사단도 남진할 수 없다. 만약 원하면 지휘권을 조선에 돌려줄 터이니 원대로 계속 남진토록 하라. 그리고 나 펑더화이가 이 자리에 적합하지 않다고 생각한다면

파면하고 재판에 넘기거나 목을 베도 좋다"고 격앙된 목소리로 김일성을 공박했다. 이 논쟁 역시 스탈린의 개입과 마오쩌둥의 전보를 통해 겨우 봉합되었다.[16]

이러한 갈등에도 불구하고 중국은 북한과 사회주의 국가 간의 무상원조와 바터무역(barter trade) 관계를 수립하여 북한을 도왔다. 한국전쟁 발발 직후인 1950년 8월 18일 체결된 '중조 구상(求償)무역협정'이 그것이다. 이 협정은 전쟁에 돌입한 북한을 지원하기 위한 목적이 분명했다. 1950년 11월 4일 중국이 "조선전쟁에 무상으로 물자를 원조하자"고 선언한 데서도 이를 확인할 수 있다.[17]

한국전 끝난 뒤 중국은 북한 경제 복구 지원

1953년 한국전쟁이 끝나자 북한의 급선무는 경제 복구였다. 북한은 그해 8월 초 노동당 중앙위 제6차 전원회의를 열고 전후 복구에 대해 논의했다. 이 회의에서 김일성은 공업시설 우선 복구 방침을 정하고, 소련이 약속한 10억 루블의 원조를 그 자금원으로 사용하기로 했다. 이 돈을 확보하기 위해 김일성은 대표단을 이끌고 9월 10~25일 소련을 방문하였고, 이어 11월에는 중국도 방문하였다.

김일성은 중국 방문에서 '중조 경제 및 문화합작에 관한 협정'(1953. 11. 23)을 체결하여 중국의 지원을 끌어냈다. 이 협정 제1조는 "양국 간의 경제 및 문화관계를 강화 발전시키며 피차간 각종 가능한 경제적 및 기술적 원조를 상호 제공하며 필요한 경제적 및 기술적 합작을 진행하고 양국 간의 문화교류 사업을 촉진시킴에 노력할 것을 보장한다"고 규정하였다. 중국은 이 협정에 기초하여, 1953년 말 이전에 북한에 제공된 원조는 일체 무상으로 하고, 여기에 다시 북한 경제 부흥을 위해 상당한 현금을 원조하기로 합의하였다.

북한에 주둔하고 있던 중국인민지원군도 전후 복구를 지원했다. 40만 명 이상의 중공군 병사들이 북한에 남아 건설 현장과 농촌 등 곳곳에서 복구사업에 참가했다. 그들이 개수한 공공건물이 881채, 각종 민가를 개축한 것이 45,412간, 교량 복구·신축이 4,263개, 제방 개축이 4,096군데(430km), 수로 보수가 2,295곳(1,200km)에 달했다.[18] 북한의 전후 복구 사업이 원활하게 이루어지고 1950년대 고도성장이 가능했던 배경에 중국 인민지원군의 도움이 있었다.[19]

그뿐만 아니라 중국 지도부는 부족한 북한의 노동력 지원을 위해 1954년에는 옌볜(延邊)조선족자치주의 일부 조선족을 전후 북한의 복구 건설에 참가시켰으며, 1958년경에는 조선족 일부를 수차례에 걸쳐 아예 북한으로 이주시키기도 했다. 북중 국경의 양편이 혈연적으로 연결되는 또 하나의 계기였다.

북한은 전후 복구 사업의 일환으로 1953~58년 중국에 약 1만 2,800여 명의 산업연수생을 파견하였는데, 이는 중국이 받은 해외 산업연수생의 25퍼센트에 달했다. 이들은 농업, 공업, 수공업, 경공업, 군공업 등 20여 개 분야로 나뉘어 23개 성(省)에 배치되어 연수를 받았다. 이들은 중국 기술자들과 같은 대우와 혜택을 받았다.[20] 또 북중 간 변경무역은 양국이 서로 있는 것과 없는 것을 교환하는 '호통유무(互通有無)' 방식으로 진행하였다.[21]

김일성, 친중·친소 세력 숙청 나서

한국전쟁 진행 과정에서 소련과 중국의 영향력을 실감한 김일성은 친소·친중 세력의 숙청 없이는 자신의 권력 기반이 공고화될 수 없음을 뼈저리게 느꼈다. 이에 그는 전쟁 중임에도 정권 내부의 친중 성향의 연안 계열 인사와 소련파 인사들에 대한 숙청 작업에 착수했다.

김일성은 중조연합사령부 구성 직후인 1950년 12월 21일 강계에서 열린 당 중앙위원회 제3차 전체회의에서 6개월간의 전쟁을 '총화'하면서 전쟁 기간 드러난 군사적 결함들을 지적하고, 오류를 범한 지휘관과 당 간부들을 출신 계열과 관계없이 신랄하게 비판했다. 이때 비판의 표적은 중국의 신임이 높고 중국인민지원군 총사령관 펑더화이와 가까운 무정이었다.[22] 무정은 김일성으로부터 평양방어사령관으로서 평양을 지키지 못했고 후퇴 과정에서 부하들을 총살했다는 명목으로 비판을 받은 뒤 연행, 감금되어 숙청되었다. 김일성은 1952~53년 사이 박헌영과 이승엽 등 남로당 계열의 인물들도 반국가·반혁명 간첩죄로 체포, 사형시켰다.

한국전 종전 이후 김일성 주체사상과 개인 숭배가 강화되어 가던 1956년 8월, 김일성은 당내 연안파와 소련파 연합에 의한 자신의 축출 계획이 드러나자(8월 종파사건) 이들을 대대적으로 숙청했다. 실각한 인사들은 그해 9월 소련과 중공의 개입으로 잠시 권좌에 복귀했으나, 1958년 3월 인민군 전원회의를 계기로 수백 명의 소련계와 연안계 지휘관들이 '반혁명 종파분자'의 혐의를 쓰고 숙청되었다. 이때 중국으로 도피한 사람만 1천여 명에 달했다.[23] 중국은 북한 내 친중파 인사를 숙청한 데 대해 불쾌하게 생각하였고, 김일성은 중국이 북한 내정에 간섭한 데 대해 유감을 갖고 있어, 이 시기 양국 관계는 순탄치 못했다. 그러나 불편한 관계는 중소 분쟁 과정에서 중국이 소련 견제를 위해 북한을 적극 포용함으로써 상당히 해소되었다.

1961년 5월 16일 한국에서 박정희를 중심으로 한 군부 세력의 쿠데타가 발생했다. 쿠데타 세력이 강력한 '반공주의'를 내걸고 미국의 지지까지 획득하자, 김일성은 안전보장 환경을 재조정할 필요성에 직면했다. 이에 김일성은 그해 5월 28일 "병기공업의 한층 발전을 위하여"라는 연설을 통해 병기 생산 증대를 강조하였다. 또 그해 5월 말 소련 제1부수상 코시긴이 북한을 방문하였을 때 "우리나라에 '좋은 이웃은 형제보다 낫다'는 말이 있다. 북한 인민은 소련 인민과 같은 이웃을 가까운 친구로 가지고 있다는 것을 대단한 행복이라 생각하고 조소(朝蘇) 친선을 한없이 귀중하게 느낀다"며 친밀감을 의도적으로 드러냈다. 이는 당시 김일성의 안보 위기의식을 반영한 발언이라 할 수 있다.[24]

김일성, 중국·소련과 군사동맹조약 체결

이러한 배경에서 김일성은 1961년 7월 6일 소련을 먼저 방문하여 '조선민주주의인민공화국과 소비에트사회주의공화국연방(소련) 간의 우호, 협력 및 상호원조에 관한 조약'(이하, '북소조약')을 체결했다. 이어 5일 후인 7월 11일에는 베이징을 방문하여 '조선민주주의인민공화국과 중화인민공화국 간의 우호, 협력 및 상호원조에 관한 조약'(이하, '북중조약')을 맺었다. 북한이 사회주의 두 강대국과 동시에 동맹조약을 체결한 것이다.

두 조약을 비교해 보면, 북중조약이 북소조약보다 더 강력한 군사동맹조약임을 알 수 있다.

북소조약 제1조는 '극동과 전 세계의 평화와 안전'이라는 전제를 달아, 해석에 따라서는 자동 군사 개입의 의무를 지지 않을 수도 있게 했다. 소련은 조약 체결 당시부터 자동 군사 개입을 생각하지 않았다고 한다. 흐루쇼프는 조약 체결 당시 김일성에게 "(소련이) 미국과 평화공존이 달성되면, 소련과 북한의 동맹조약은 무효가 된다"고 말했다고 한다.[25] 러시아 외무차관 게오르기 쿠나제(후에 주한 러시아 대사)는 1993년 2월 북한을 방문, 이 조약의 자동 군사 개입 조항을 냉전

이 종식된 국제적 현실에 맞게 해석해야 할 것이라는 입장을 통보하면서 "러시아의 자동 군사 개입 조항이 발효되기 위해서는 유엔의 규정에 따라 북한에 의해 도발되지 않은 침략이 있어야 할 것과 러시아 국내법 절차를 엄격히 밟아야 한다. 따라서 한반도에 군사적 충돌이 발생할 경우 자동적으로 북한을 지원할 의무는 없다"는 입장을 분명히 했다고 한다.[26]

반면 북중조약 제2조는 "체약 일방이 어떠한 한 개의 국가 또는 몇 개의 국가들의 연합으로부터 무력 침공을 당함으로써 전쟁 상태에 처하게 되는 경우에 체약 상대방은 모든 힘을 다하여 지체 없이 군사적 및 기타 원조를 제공한다"고 규정했다. 이 조항은 전쟁이 일어나기 전부터 전쟁을 방지해야 할 '의무'와 함께 일방의 피침 시 자동 군사 개입을 보다 명확히 규정하여, 북소조약보다 훨씬 강력한 것으로 평가할 수 있다. 이 조약을 통해 중국은 북한에 대해 소련 이상의 안전보장 협력을 약속하는 한편, 소련과의 현대 수정주의 논쟁에서 북한이 중국 편을 들도록 요구하였다. 이에 북한은 1960년대 초 중소 대립 시기에 중국과 함께 소련을 상대로 현대 수정주의에 대한 공동투쟁을 전개하였다. 이런 과정을 거치면서 김일성의 연안파 숙청으로 노출됐던 북중 간 안전보장 상의 문제가 거의 해소되었다.

북한, 1960년대 중소 간 양다리 외교 전개

1960년대 북한은 중국과 소련 사이에서 '양다리 외교'를 전개했다. 이는 중국의 안전보장만으로는 분쟁 발생 가능성을 낮추는 데 충분치 않다고 보았기 때문이다.

당시 중국은 대약진운동의 실패로 경제적으로 곤란한 상황이어서 북한을 도와줄 여력이 없었다. 북한은 소련으로부터 경제원조를 받아 내지 않으면 안 되는 상황이었다. 이에 북한은 '주체'라는 개념을 통해 중국과 소련 사이에서 일종의 '진자운동'을 반복하였다.[27]

북중조약의 효력에 대해 중국은 오랫동안 일관된 입장을 보였으나,[28] 북한의 핵개발 이후에는 다소 달라진 입장을 드러내기도 하였다. 북한이 3차 핵실험을 단행한 지 1년 후인 2014년 6월 중국 외교부 류젠차오(劉建超) 부장조리는 한국 기자단과의 간담회에서 "중국과 북한이 군사동맹 관계에 있다는 것은 맞지 않다. 어떤 국가와도 군사동맹을 맺지 않는 것이 중국 외교의 가장 중요한 원칙 중 하나"라고 말했다.[29] '중조 우호조약'에 군사 자동 개입 조항이 엄연히 살아 있음에도 불구하고 류 부부장이 이런 발언을 한 것에 대해 일부 언론과 학자들은 군사 자동 개입 조항이 사실상 폐기된 것 아니냐는 관측을 내놓기도 하였다. 그러나 그 후 중국의 행보를 보면 양국 간 군사동맹조약이 여전히 살아 있다는 것을 알 수 있다. 가령 북핵 위기가 고조되던 2017년 4월 22일 중국 〈인민일보〉 자매지 〈환구시보(環球時報)〉는 "북핵, 미국은 중국에 어느 정도의 희망을 바라야 하나"란 제목의 사설에서 "한국과 미국군이 38선을 넘어 지상전을 벌이는 경우 즉각 군사 개입에 나서겠다"고 밝힌 바 있다.

양국은 우호조약의 20년 유효기간을 1981년과 2001년 두 차례 자동 연장하여 2021년까지 유효한 상태에 있으며, 시진핑·김정은 시대 들어 관계가 강화됨에 따라 2041년까지도 계속 유효할 것으로 예상된다.[30]

중국은 북한의 모험주의에 따른 '연루'의 위험성을 알면서도 지금까지 동맹조약을 파기하지 않고 있는데, 이는 이 조약을 구실로 한반도 문제에 개입하여 미일동맹을 견제할 수 있다고 보기 때문이다. 중국은 이 조약을 대미 견제력으로 활용하는 일종의 '전략적 모호성

(strategic ambiguity)'을 유지하고 있다.[31]

마르크스·레닌주의는 정권 수립 초기 중국과 북한을 '사회주의 형제국'으로 묶는 이념적 토대가 되었다. 북한은 1946년 8월 조선노동당 1차 당대회부터 보고문과 연설문에서 '마르크스·레닌주의'를 공식 이데올로기로 채택하였다.[32] 그 후 1972년 12월 27일 개정된 '조선민주주의인민공화국 사회주의헌법'도 제4조에서 "마르크스·레닌주의를 우리나라의 현실에 창조적으로 적용한 조선로동당의 주체사상을 자기 활동의 지도적 지침으로 삼는다"고 규정, 형식적으로나마 마르크스·레닌주의를 언급하고 있다. 북한은 1980년 주체사상을 유일사상으로 공식화하기까지 30여 년간 이를 유지하였다.[33] 중국은 1954년 제정된 헌법에서 지도 사상에 대한 명시적 표현 없이 단지 '사회주의 사회의 건설', '사회주의 개조' 등을 표방하다가, 1975년 개정 헌법 서문에서 "마르크스주의, 레닌주의, 마오쩌둥 사상의 지도에 따라 전진한다"고 공식 천명하였다.[34]

양국은 1964년 '중조 변계(邊界) 의정서'를 체결하여 국경선 획정 문제를 일치감치 종결지음으로써 갈등의 소지를 없앴다. 소련과 오랫동안 적대적 관계 속에서 국경 충돌을 겪어 온 중국은 북한을 자기편으로 묶어 둘 필요가 있었고, 북한 역시 휴전선을 경계로 한미와 대치하는 상황에서 전략적 배후기지로서 중국이 필요했기 때문이었다.[35] 획정된 국경선은 매우 민감한 문제였던 백두산 천지(天池)의 분할도 포함하고 있다. 의정서에 따르면, 천지 전체 면적의 54.5퍼센트를 북한이, 45.5퍼센트를 중국이 각각 차지하는 것으로 되었다. 당시 김일성은 중소 분쟁을 적절히 활용하여 '개인 숭배' 문제에서 마오쩌둥 편에 서서 반(反) 소련의 입장을 취함으로써 중국의 양보를 얻어낸 것으로 알려져 있다.[36]

문화혁명 시기 북중의 이념 갈등

북한과 중국은 1966년 문화대혁명의 발발을 계기로 다시 이념적 충돌을 겪게 되었다.

북한의 '주체 노선'에 긍정적이었던 류샤오치가 마오쩌둥에 의해 타도의 대상이 되자, 북한은 '주체'를 중국에 다시 주장하고 재확인할 필요성이 생겼다. 북한 〈노동신문〉은 중국공산당 8기 11중전회의 마지막 날인 1966년 8월 12일 "자주성을 옹호하자"라는 제목의 사설을 싣고, "어느 한 국가, 어느 한 당이 세계혁명의 중심, 혹은 지도적 당이 된다는 것은 있을 수 없다. 각 국가의 혁명과 건설에 대해서는, 그 나라의 당이 직접 책임을 지고 지도하고 있다. 근년에 국제공산주의 운동은 자신의 잘못된 노선과 견해를 다른 형제당에게 강요하고 그것을 받아들이지 않는다고 압력을 가하며 내정 간섭을 하는 등 참을 수 없는 상황이 근절되지 않고 있음을 보여 준다. 우리는 이러한 대국주의적 행동을 용서해서는 안 된다"며 사실상 중국을 겨냥했다. 이어 그해 10월 열린 제2차 조선노동당 대표자회에서 자주독립 외교 노선이 표방되었다. 김일성은 베트남 문제에 대한 '형제당'들의 비협력적 자세를 비판함으로써 중국을 공격했다.

이에 대해 중국의 중조우호협회 부회장 웨이촨퉁(魏傳統)은 "마르크스·레닌주의와 현대 수정주의의 투쟁 안에서 '중도의 길'은 없다"면서 북한의 자주 노선을 비판했다. 그러자 김일성은 "우리의 자주 노선에 대해 어떤 사람들은 '중간주의', '절충주의' 등의 명칭을 붙이고, 우리가 2개의 의자 사이에 앉아 있다고 한다. 이것은 허튼소리에 불과하다. 우리에게도 우리의 의자가 있다"며 반발했다.

문화대혁명 발생 이후 북한은 중국의 국경절에 대표단을 보내지 않았다. 중국에서는 홍위병들이 대자보로 김일성을 비판했다. 홍위

병이 대자보에서 "김일성은 수정주의자이고 흐루쇼프와 같으며, 북한에 정변이 발생하였고, 정치적 불안정이 조성되어 있다"는 등의 내용을 퍼뜨리자, 조선중앙통신은 1967년 1월 26일 이를 반박하는 성명을 발표했다. 양국은 결국 베이징과 평양의 대사를 소환하여, 주중 북한 대사의 경우 7개월간 공석이었다. 이에 따라 문혁 시기 북중관계는 건국 이래 최악의 상태에 빠졌다. 이 시기 중국의 홍위병들은 김일성 비판과 함께 북중 간 체결된 국경조약에 대해서도 비판을 가했다.[37]

문화대혁명과 주체 노선을 계기로 한 북중의 갈등은, 중소 간 분쟁이 최악의 군사 충돌로까지 치달은 1969년에야 봉합되었다. 즉, 중국은 소련과 대항하기 위해 북한과의 관계를 개선할 필요가 생겼다. 북한 역시 한일협정(1965) 이후 한층 강화된 한미일 삼각 반공 블록에 대응하기 위해, 또 닉슨의 괌 독트린(1969. 7. 25)과 호찌민(胡志明) 사망(1969. 9. 3)에 따른 베트남 정세 변화 가능성에 대비하기 위해 중국과의 관계 회복이 필요했다. 김일성은 '괌 독트린'을 '아시아인끼리 싸우게 하는 방법'으로 생각했다. 김일성은 중국 건국 20주년 기념식(1969. 10. 1)에 최용건을 파견해 관계 회복 신호를 보냈다.

중소 갈등 속에서 봉합된 북중관계는 그러나 1970년대 전혀 새로운 도전에 직면하였다. 미중 접근과 냉전 해체였다.

2. 탈(脫)냉전기

1970년대 미국과 중국의 접근은 북한에 큰 충격을 안겨 주었다.

미중은 1971년 '핑퐁 외교'를 시작으로 키신저-저우언라이 비밀 접촉을 거쳐 1972년 닉슨 대통령의 역사적인 중국 방문을 성사시켰다. 양국은 '상하이 코뮤니케'를 통해 대만 문제와 대만 주둔 미군 문제 등 관계 개선의 장애물을 해소하고 경제·기술·문화 교류를 확대하기로 합의했다. 미중관계의 발전은 1979년 수교로 이어졌다. 이는 중소 분쟁을 계기로 중국을 소련 견제에 활용하려던 미국과, 소련과의 대결에서 미국의 도움이 절실했던 중국의 이해관계가 맞아떨어진 결과였다. 이로써 냉전 시기 국제정치의 '세력 균형(balance of power)'에 지각변동이 일어났다.

저우언라이, 미군의 한반도 주둔 필요성 인정

미중의 대화 과정에서 중국이 주한 미군의 주둔을 사실상 인정함으로써, 북한으로서는 '조선혁명과 세계혁명의 연동'이라는 혁명 노선을 추구하기 어렵게 되었다.

2001년 4월 비밀 해제된 미국 닉슨 시대의 비밀 통치 자료의 한반도 관련 대화록을 보면, 1971년 당시 중국은 미중 데탕트 과정에서 주한 미군 철수의 당위성을 주장하였지만 일정 기간 주둔의 필요성도 사실상 인정하였다. 1971년 7월과 10월 회담에서 저우언라이는 키신저에게 미국의 입장을 재확인하며, "첫째, 미군이 남조선에 주둔하고 있는 한, 또 철수하려고 할 때, 일본군이 들어오는 것을 허용하지 않고, 둘째, 미국이 궁극적으로 조선반도에서 군대를 철수시킬 것이며, 그 전에 남조선 군대가 군사분계선을 넘어 침공하는 것을 허용하지 않을 것이며, 셋째, 유엔을 포함해서 미국이 조선(북한)을 국제적으로 합법적인 국가로 인정한다는 것"이라고 말했고, 키신저는 이를 인정했다.[38] 중국은 미군이 철수할 경우 일본군이 한반도에 들어오는 것을 매우 경계하였고, 그런 우려에서 일시적인 미군 주둔을 사실상 인정한 것이다. 이로 인해 김일성은 대남 무력혁명 노선에 대한 중국의 지지를 확보하기 어렵게 되었다. 즉, 북중은 '미국이 남북 분단 해결의 최대 장애물'이라는 인식을 공유할 수 없게 된 것이다.

중국은 닉슨 방중 발표 직전인 1971년 7월 15일 저우언라이를 평양에 보내 미국과의 접촉 사실을 전함으로써 김일성의 체면을 살려주고 동맹의 신뢰성 약화를 방지하고자 하였다. 그러나 북한은 미 제국주의에 대한 공동투쟁에서 함께해 왔던 중국이 미국과 손을 잡자, 이를 국제관과 혁명관에 전략적인 수정을 요하는 사건으로 받아들였다.[39] 김일성은 1971년 12월 2일 당 간부들을 대상으로 한 연설에서 미중 접근에 대하여 "공산주의자가 정세를 혁명에 유리하게 변화시키기 위하여 적과 일시적으로 타협하는 사례가 적지 않다. 따라서 닉슨의 중국 방문에 대해 신경을 곤두세워 중국을 비난할 이유가 조금도 없다. 공산주의자가 제국주의자와 어떤 조약을 맺고 대화를 한다고 해도 반제국주의 입장을 버리거나 혁명을 포기한 예는 없다"고 말했다.[40] 이는 중국의 대외전략 변화에 따른 북한 내부의 동요를 방지하려는 목적인 동시에 남북대화를 추진하기 위한 포석이기도 했다.

박정희 정부가 1970년대 남북대화 주도

이 시기 한반도에서 남북대화를 주도한 쪽은 한국이었다. 한국의 박정희 정부는 초고속 경제발전과 자주국방의 자신감 위에서 1970년 8월 15일 '평화통일 구상'을 발표하고, 북한에 무력에 의한 적화통일 전략을 포기할 것과 남북한 선의의 체제경쟁을 벌일 것을 제안했다. 박 정부는 통일 기반 조성을 위한 인도적 사업으로 남북 이산가족 상봉을 제안하여, 1971년 11월부터 이듬해 3월까지 판문점에서 적십자사의 비밀회담이 열렸다. 이 회담 성과를 바탕으로 한국의 이후락 중앙정보부장과 북한의 김영주 노동당 조직지도부장, 박성철 제2부수상은 1972년 5~6월 비밀 접촉에 이어 평양·서울 상호 방문을 통해 마침내 7·4 남북공동성명의 합의에 이르렀다. 7·4 공동성명은 자주·평화·민족대단결의 3대 원칙[41]을 천명하여 그 후 모든 남북대화의 출발점이 되었다.

북한은 '미중 데탕트'라는 새로운 국제환경에서 미국·일본과도 관계 개선을 적극 도모하여 진영 외교를 넘어서고자 하였다. 김일성은 1971년 일본 언론과의 인터뷰에서 "우리나라에 대하여 평등과 호혜의 원칙에서 우호적으로 대하는 모든 나라들과 친선관계를 맺는 정책을 실시하여 왔다. 우리는 비록 사회 제도에서 차이가 있지만, 일본과 선린 관계를 맺기를 희망한다"고 말했다. 김일성은 미국과의 관계 개선에도 적극성을 보였다. 그는 대미정책에 대해 "우리는 중국과 미국이 어떤 관계를 가지는가, 미제가 아시아의 다른 나라들에 대하여 어떤 정책을 실시하는가에 관계없이 우리나라에 대한 미국의 정책으로부터 출발하여 독자적인 대미정책을 실시할 것이다"라고 밝혔다.[42]

김일성의 발언은 대남 무력혁명을 위한 대외전략의 수정이었지, 무력혁명 자체를 포기한 것은 아니었다. 선즈화 교수의 연구에 따르면, 김일성은 1975년 4월 18일 베이징 중난하이(中南海)에서 가진 마오쩌둥과의 마지막 회동에서도 '무력통일'의 열망을 가지고 있었다. 당시 김일성은 마오쩌둥에게 베트남에서 호찌민이 승기를 잡은 것과 캄보디아에서 폴 포트 공산 정권이 친미 정권을 무너뜨린 사실을 언급하며, "그들(베트남)의 승리는 우리들의 승리와 같은 것"이라며 자신도 한반도에서 베트남과 같은 방식의 무력통일을 하고 싶다는 생각을 전하려 했다. 그러나 그 3년 전(1972) 닉슨 대통령의 역사적 방중으로 미·중 데탕트 시대를 연 마오쩌둥은 김일성의 이런 말을 계속 피하며 "정치적인 얘기는 더 하지 않겠다"고 못을 박았고, 둘의 대화는 30여 분 만에 썰렁하게 끝났다는 것이다.[43]

미중 접근은 결국 북한으로 하여금 스스로 체제 안정 방안이 무엇인가에 대한 근본적인 질문을 하도록 만들었다. 이러한 변화가 남북대화의 배경이 되었고, '한반도 문제의 한반도화'를 가져왔다고 일본의 한반도 문제 전문가 히라이와 슌지는 설명한다.[44]

미중 수교는 냉전 붕괴와 중국 개혁개방 촉진

1979년의 미중 수교는 국제정세에도 큰 변화를 몰고 왔다. 미국 레이건 행정부는 중국과 수교 이후 대소련 압박과 군비 경쟁을 강화하여 소련의 경제난을 유도하였다. 이는 베를린 장벽 붕괴(1988)와 소련 해체(1991)로 이어졌다. 40여 년 지속된 냉전 구도가 막을 내렸다.

냉전 해체는 중국과 한반도에 큰 변화를 불러왔다. 미중 화해는 중국이 문화혁명(1966~76)을 끝내고 개혁개방으로 전환할 수 있는 대외 환경을 제공하였다. 중국은 1978년 12월 열린 공산당 11기 3중전회에서 마오쩌둥의 후계자 화궈펑(華國鋒)의 노선 대신 덩샤오핑의 실사구시(實事求是) 노선을 채택함으로써 소모적 정치투쟁의 시대를 마감하고 개혁개방의 길로 나아갈 수 있었다. 중국은 공산 정권 출범 후 처음으로 1979년 광둥(廣東)성 선전(深圳) 등 4개 지역을 경제특구로 지정하고 외국 자본 유치에 나섰다. 중국은 개혁개방 정책 덕분에 1980년대부터 연간 10퍼센트가 넘는 고도성장을 구가하며 30여 년 만에 경제대국으로 우뚝 섰다.

중소 분쟁 때 한배를 탔던 중국과 북한은 1970년대 말~80년대 초

경제발전 노선을 놓고 각자 '다른 길'을 선택하였다. 중국의 개혁개방 정책은 북중관계를 악화시키는 요인으로 작용하였다. 1980년경 이미 북한의 실질적 지도자가 된 김정일[45]은 1984년 '합영법'을 채택하여 대외무역 제도를 정비하고 무역 대상국을 다각화하는 등 경제에 관심을 보였으나, 중국의 개혁개방에 대해서는 부정적인 태도를 가지고 있었다. 그는 '우리 식 사회주의'를 내세우면서 러시아가 수정주의를 표방했다가 망했다고 공개적으로 비난한 데 이어 중국과 베트남까지 비방함으로써 두 나라와 점점 멀어졌다. 김정일은 중국과 베트남이 한국과 수교(1992)하고 왕래가 잦아지면서 신경질이 극에 달했다고 한다. 그는 북한 주민이 중국의 개방 도시인 선전·주하이(珠海) 등을 참관하지 못하도록 했을 뿐만 아니라 만리장성의 견학까지 금지했다. 김정일은 중국에 대한 사대주의가 싹틀까 두려워했다고 하지만,[46] 그보다는 오히려 소련과 중국의 개혁개방 정책이 북한 주민의 정치 개혁 요구로 이어질까 두려워한 것으로 보인다.

1985년 등장한 소련의 고르바초프 서기장은 페레스트로이카(자유화)와 글라스노스트(개방) 등의 정책을 내걸고 정치 민주화를 추진했다. 반면 중국공산당은 동유럽 공산권 붕괴 위기로 촉발된 대학생들의 민주화 요구에 관용적인 대응을 하였다는 이유로 후야오방(胡耀邦) 총서기를 1987년 해임하였다. 북한 김정일은 1986년 주체사상 교육을 강화하여 중국 개혁개방 노선의 영향력을 차단하려 하였다. 당시 김정일은 "사회주의 배신자들이 물질지상주의, 경제만능주의에 빠진 것을 비판하고, 사회주의의 승리를 위해서는 사상적 요새, 물질적 요새를 점령할 필요가 있다"고 주장하는 등 사상 강화 우선의 정치를 펼쳤고, 이에 따라 경제발전의 싹은 자라기 어려웠다. 소련은 정치·경제의 전면적 개혁을, 중국은 경제만의 개혁을, 북한은 정치·경제의 전면적 통제를 선택했다. 한때 사회주의 형제국가였던 소련, 중국, 북한의 길이 모두 달랐다.

3. 한중 수교 이후

1992년 한중 수교는 한반도의 세력 판도를 크게 뒤흔든 일대 사건이었다. 이로 인해 북한은 독자적인 생존 전략 마련이라는 발등의 불이 떨어졌다.

한중 수교는 중국의 실권자 덩샤오핑과 한국의 노태우 대통령의 합작품이었다. 덩샤오핑은 1979년 초까지만 해도 당시 카터 미 대통령에게 "북한의 중국에 대한 신뢰감 훼손이 우려되므로 우리는 한국 쪽으로 다가갈 수 없다"고 부정적인 입장을 보였다.[47]

덩샤오핑 '고립 탈피'와 한국 '북방외교'의 만남

덩샤오핑은 1980년대 중반부터 한국과의 관계 개선에 관심을 나타냈다. 그는 1985년 4월 "중한관계 발전은 우리에게 필요한 것이다. 첫째는 장사를 할 수 있어서(可以做生意) 경제에 좋은 점이 있다. 둘째는 한국이 대만과의 관계를 단절하도록 할 수 있다(可以使韩国割断同台湾的关系)"고 말했다. 덩샤오핑은 1988년 서울 올림픽 개최를 앞두고 외빈을 만날 때도 몇 차례 한중관계 문제를 거론했다. 그는 "중국의 각도에서 보면, 우리가 한국과 관계를 발전시키는 것은 '이로움은 있고 해는 없다(有利无害)'. 경제적으로는 쌍방의 발전에 유리하고, 정치적으로 중국의 통일에 유리하다"고 말했다. 또 한국과의 경제·문화 교류와 민간 관계 발전도 원래 생각했던 것보다 속도를 낼 것을 지시하면서 "이는 중요한 전략적 포석이다. 대만과 일본, 미국, 한반도의 평화와 안정에 매우 중요한 의의가 있다"고 말했다.[48]

1986년 서울 아시안게임은 중국이 한국을 재인식하는 계기가 되었다. 덩샤오핑은 "서울에서 열리는 아시안게임에 적극 참여하고 베이징 아시안게임을 위해 많이 배워 오라"는 특별 지시를 내렸고, 중국 인사들이 한국의 체육행사 노하우를 배워 갔다. 또 1989년 6월 천안문(톈안먼) 민주화 시위에 대한 유혈(流血) 무력 진압으로 국제사회의 대중제재가 실시되자, 중국은 국제적 고립을 탈피하기 위해 한국과의 수교를 적극 검토하기 시작했다.

한국에서는 노태우 정부의 '북방정책'이 한중 수교의 직접적 동인으로 작용했다. 노 대통령은 1973년 박정희 대통령의 6·23선언에 기반을 두고 남북통일을 궁극적 목표로 하는 북방정책을 3단계로 나눠 추진하는 정책을 구상하였다.

노태우 대통령이 보안사령관 시절 구상했다는 3단계 정책의 내용은 다음과 같다. 1단계는 여건을 조성하는 단계로 소련, 중국, 동구권과의 수교를 상정했다. 이 중 소련을 1차 목표로 하고 2차 목표를 중국으로 삼아 '북한을 완전히 포위하자'는 것이었다. 중국과의 관계를 개선하면 북방정책 1단계를 마무리하는 셈이다. 2단계는 남북기본합의서를 바탕으로 남북한 통일을 이루고, 3단계로 북방정책의 최종 목표, 즉 "우리의 생활·문화권을 옌벤, 연해주까지 확대시켜 나간다"는 것이었다.[49]

한중 수교를 지휘한 당시 이상옥 외무장관 역시 자신의 회고록 『전환기의 한국외교』에서 한중 수교가 노태우 대통령의 북방외교 전략에 따라 추진된 것임을 밝혔다. 1992년 1월 20일 청와대 업무보고 자리에서 이 전 장관이 '북방외교의 마무리와 내실화'를 위해 한중 수교의 조기 실현에 대해 보고하자, 노 대통령은 수교 목표 달성 시한을 언급하지 않은 채 "한반도 문제 해결이 잘 진전될 경우 북방외교의 마지막 목표인 대중국 수교도 실현될 수 있을 것"이라며 "의연하고 착실하게 추진해 나가라"고 지시했다.[50]

한국은 1990년 베이징 아시안게임 때 차량과 복사기를 제공하는 등 물심양면으로 중국을 도왔다. 당시 국회 올림픽지원 특별위원회 김한규 위원장은 베이징 아시안게임을 몇 개월 앞두고 중국 측 초청으로 베이징을 방문했으며, 중국 측으로부터 올림픽 경기 수행을 위한 물질적 지원과 운영 시스템 전수를 요청받았다. 중국 측은 김 위원장에게 협조 품목을 지정해 도움을 요청했고, 이에 김 위원장은 200여 대의 승용차와 100여 대의 복사기 등을 지원했다고 자서전에서 밝혔다.[51]

1992년 8월 24일 이루어진 한중 수교는 1910년 일제의 국권 강탈로 끊긴 한중 간 공식 관계를 82년 만에 다시 잇는 역사적 사건이자, 한반도의 냉전 구도를 깨는 북방외교의 화룡점정(畵龍點睛)이었다. 향후 한국이 능동적으로 4강 외교를 전개할 토대를 마련한 셈이었다.[52] 중국은 1989년 천안문 사태 이후 미국과 일본, 유럽을 비롯한 국제사회의 정치·외교·경제적 제재 속에서 대표적 신흥공업국(NIES)인 한국과 외교관계를 수립함으로써[53] 개혁개방 정책의 동력을 얻을 수 있었다. 그러나 수교 협상 과정에서 문제점이 없었던 것은 아니다. 협상의 내용과 방식 모두에서 비판이 제기된다. 협상 내용과 관련해서는 북중 동맹조약의 파기에 대한 문제 제기가 부족했다는 지적이 있다. 또 협상 방식과 관련해서는 협상의 장소로 베이징 댜오위타이(조어대) 국빈관을 선택한 것이 실수라는 지적이 있다. 한양대 민귀식은 중국이 비밀 유지가 용이하다는 조건을 내세워 한국 협상팀을 자기네 안방으로 불러들였는데, 이는 협상을 '기세와 기교의 싸움'으로 보는 중국이 협상 분위기를 주도하고 최고지도부에 신속히 보고, 승인을 받기 위한 목적이라고 지적했다.[54]

김일성, 중국에 강한 배신감과 분노

한중 수교 직후 중국의 대북정책은 북한의 충격을 줄이는 것이었다. 덩샤오핑은 첸치천 외교부장에게 "이 문제는 매우 미묘한 것이다. 이 문제를 처리하는 데 아주 신중해야 한다. 조선민주주의인민공화국 쪽의 양해를 얻어야 한다"고 주문했다. 중국은 수교를 4개월 앞둔 1992년 4월 김일성 주석 80세 생일을 맞아 양상쿤 국가주석을 북한에 보냈다. 양상쿤은 "중국은 한국과 수교를 고려하고 있다"고 알렸고, 이에 김일성은 "지금은 한반도가 미묘한 시기에 접어들었으니, 중국이 중한관계와 조미(朝美)관계를 잘 조율하기를 희망하며 중국 측이 더 고려해 보길 바란다"고 말했다.[55] 당시 상황과 관련하여 권병현 전 주중 대사는 2011년 국내 언론과의 인터뷰에서 "당시 김일성 주석은 북미관계가 새롭게 진전되고 있으니 보조를 맞춰 달라는 취지로 양상쿤 주석에게 수교를 적어도 2~3년만 늦춰 달라고 요청했으며, 미국과 일본이 북한을 인정하고 중국이 한국을 인정하는 '교차승인(Cross Recognition)' 구상을 다급하게 꺼내 들었다"고 말했다.[56] 중국은 수교 한 달 전에는 첸치천 외교부장을 또 보내 수교의 불가피성을 설명하고 김일성을 달래고자 했다.

중국의 한중 수교 방침에 김일성과 북한 주민들은 강한 배신감과 분노를 느꼈던 것으로 전해졌다. 중국의 통보를 받은 김일성은 "장쩌민(江澤民) 총서기의 메시지를 잘 들었다. 우리는 중국이 독립적이고, 자주적이며, 평등하게 자기의 외교정책을 결정한 것을 이해한다. 우리는 앞으로도 계속 중국과의 우호관계를 증진하는 데 노력할 것이다. 우리는 장차 일체의 곤란을 극복하고 자주적으로 사회주의를 견지하고 사회주의를 건설해 나갈 것이다"라고 냉정하게 대답했으나, 평양을 자주 방문하는 중국의 조선족 학자들에 따르면 북한 주민들은 "베이징에 배신당했다"고 말했다고 한다.[57] 또 1980년대부터 모든 권한을 장악한 김정일은 남북 유엔 동시 가입을 추진하면서 중소에 북미 수교를 보장하라고 요구하였으나 중소의 비협조로 인해 뜻대로 되지 않자 중국에 매우 분노했다고 한다. 태영호 전 주 영국 북한 대사관 공사는 자신의 회고록에서 다음과 같이 당시 상황을 적고 있다.

> 김정일은 1991년 남북 유엔 동시가입을 결정하면서, 중소에 북미 수교를 보장하라고 요구했다. 이에 대해 이미 한국과 수교한 소련은 북한의 요구에 미지근하게 반영하였고, 중국 역시 "교차승인을 위해 최선을 다하고 있으나 미국과 일본이 북한을 인정하려고 하지 않는다"며 우는 소리만 했다. 결국 중국은 미국으로부터 북한과 외교관계를 설정한다는 답변도 받지 못하고, 한국과 수교부터 했다. 김일성과 김정일에게 소련과 중국은 이젠 믿을 수 없는 동맹국이었다. 특히 중국은 북한과 미국이 외교관계를 설정할 수 있게 중재하지 않고 오히려 미국편에 섰다. 중국은 북한이 핵 의혹을 해결해야 미국과의 외교관계가 가능할 것이라며 상처 난 곳에 소금까지 뿌렸다.[58]

북한, 독자적 생존 전략으로 핵개발 추진

북한은 한중 수교에 대응해 대중국 외교 보복 조치를 취하는 동시에 자주적 생존 전략으로서 핵개발에 적극 나섰다. 북한은 최고지도자의 중국 방문을 8년간(1991~99) 중단했으며, 새로운 핵위기를 조성하기 시작했다. 한중 수교 이후 중국과 남북한 간의 교역 규모는 큰 차이로 벌어졌다(그림 1 참조). 이는 북중 동맹관계를 균열시키는 심각한 요인으로 작용하였다.

중국은 한중 수교로 발생한 북중관계의 악화를 경제원조로 풀고자 했다. 1990년대 중·후반 북한이 식량난으로 '고난의 행군'을 하고 있을 때, 중국은 1996년 5월 북한의 홍성남 부총리를 중국으로 초청, '원조협정'을 체결하고 50만 톤의 식량을 제공했다. 그중 절반은 무상원조였다. 또 1995~99년 사이 중국은 북한에 총 3천만 위안어치의 긴급 원조 물자와 식량 52만 톤, 중유 8만 톤, 화학비료 2만 톤, 코크스 40만 톤을 북한에 제공했다.[59] 김정일이 오랜 침묵을 깨고 2000년 5월 중국을 비공식 방문하게 된 배경에는 이러한 중국의 노력이 숨어 있었다. 이 방문은 1991년 김일성의 중국 방문 이후 북한 정상의 첫

[그림 1] 1992~2000년 북중·한중 교역 규모 비교(억 달러)

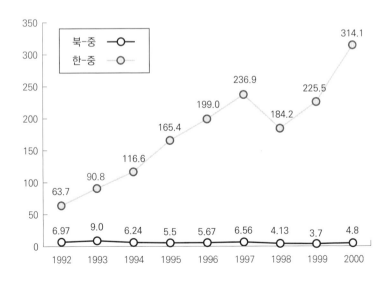

출처: KOTRA, 한국무역협회

중국 방문이자, 김정일의 최고지도자 취임 이후 첫 방중이기도 했다.

　이상 살펴본 바와 같이, 냉전 시기 여러 가지 우여곡절에도 안정적으로 관리돼 오던 중국·북한 관계는 1980~90년대 초 미중 수교와 냉전 종식, 중국의 개혁개방 노선, 한중 수교를 계기로 큰 균열이 생기기 시작했다. 특히 한중 수교 이후 북한은 독자적인 외교안보 노선을 모색하기 시작했다. 북한이 1990년대 중·후반 고난의 행군 시기를 넘기고 2000년대 들어 본격적인 핵실험에 돌입하는 데는 이런 위기감이 작용했다.

제2장

중국의 외교전략과
한반도

이 장에서는 중국 대외전략의 큰 그림을 먼저 살펴보고 이어 중국의 한반도 전략과 대북정책에 대해 검토해 보기로 한다.

1. 중국의 대외전략

중국은 오랫동안 자신을 세계의 중심이라 여겨 왔다. 중국은 스스로 강할 때(당唐, 청淸 시기)는 적극적으로 주변을 복속하여 영토를 확장한 뒤 이들과 '화이(華夷)'의 수직적·차별적 외교관계를 맺고 평화로운 질서를 유지해 왔다. 그러나 내분으로 허약해지거나 변경에 강대한 세력이 부상하였을 때, 중국은 변방 국가들에 의해 무참히 짓밟혀 영토가 분할되거나(오호십육국) 이민족에 의해 통치되었다(원元, 청). 이러한 역사적 경험에 따라 중국은 주변국과의 평화롭고 안정된

관계를 유지하는 것을 최우선 목표로 두고 자신의 역량에 맞는 대외전략을 전개해 왔다. 20세기 이후에도 이러한 차별적 대외관은 중국인의 외교에 DNA처럼 남아 있다.

국가정체성 인식과 대외전략의 변화

중국의 대외전략 기조는 1949년 사회주의 정권 출범 이후 크게 5단계의 변화를 거쳐 왔다. 그것은 국제환경의 변화에 따라 중국 스스로의 국가정체성(identity) 인식(國家認同)에 따라 결정되었다.[1]

제1 단계는 공산 정권 출범(1949)부터 미중 수교(1979)까지 30년이다. 이 단계에서 중국은 19세기 말~20세기 초 제국주의 반(半)식민국가에서 독립한 신생국가란 정체성 인식 위에서 '반(反) 패권주의'와 '반(反) 식민주의'의 명분을 내걸었다. 또 국가이익을 실현하기 위한 외교전략으로 '평화공존 5원칙'을 제창했다. 저우언라이 총리가 1953년 인도와 대화하면서 제기한 이 원칙은 △상호 주권과 영토의 존중, △상호 불침략, △상호 내정 불간섭, △평등과 호혜, △평화적 공존의 내용을 담고 있다. '평화공존 5원칙'은 2차대전 이후 국공내전을 거쳐 탄생한 신생 독립국가인 중국이 냉전 시기 취약한 정치경제적 토대 위에서 자주독립을 유지하고 국가 재건의 목표를 실현하기 위해 설정한 방어적 외교전략이라 할 수 있다. 이 원칙은 아시아와 아프리카, 라틴아메리카의 많은 신생 독립국가들로부터 환영을 받았다.

이 기간 미국과 중국은 한국전쟁 때 직접 격돌하였고, 그 이후 1970년대 초반 핑퐁 외교 때까지 관계가 완전히 단절되었다. 중국은 21세기 들어서도 평화공존 5원칙을 외교의 기본 전략으로 유지하고 있다.[2]

제2 단계는 미중 수교에서 소련 해체(1991)까지다. 이 단계는 미중 간 전략적 협력을 통해 소련을 압박하여 마침내 냉전 구도가 붕괴되는 과정이다.

1971년 4월 나고야 세계탁구선수권대회를 계기로 '핑퐁 외교'를 연 미중은 헨리 키신저 백악관 국가안보담당보좌관과 저우언라이 중국 총리 간의 극비 회담을 거쳐 1972년 리처드 닉슨 대통령의 방중으로 관계 정상화의 물꼬를 텄다. 양국은 '소련 견제'라는 공통의 목표를 두고, 미국은 베트남 전쟁 종전에 중국의 협력이 필요했고, 중국은 미국과 대만 관계 청산을 통해 조국통일의 발판을 마련하고자 하였다. 이 과정에서 키신저와 저우언라이는 한반도 문제에 대한 기본적인 원칙과 양해사항을 주고받았으며, 그것은 지금까지도 미중의 한반도 정책에 준거(準據)로 작용한다. 수교 이후 양국은 소련 견제를 목표로 군사안보적인 협력의 수준을 높였으며, 이 시기 미국은 많은 군사무기와 장비, 군사기술을 중국에 제공하였다. 중국은 그것을 토대로 군사력을 한 단계 높일 수 있었다. 중국은 또한 미국과의 협력 관계 구축을 통해 개혁개방에 필요한 대외 환경을 마련할 수 있었다.

이 시기 중국의 국가정체성은 이념을 떠나 경제발전과 국가 현대화가 필요한 '개발도상국(發展中國家)'이란 인식이었다. 이에 따라 중국의 기본적 대외전략은 덩샤오핑의 '의도를 숨기고 실력을 기른다'는 '도광양회(韜光養晦)'였다. 중국은 "영원히 제3세계 편에 서서, 영원히 패권을 추구하지 않을 것(不稱覇)이며, 국제사회에서 특정 집단의 우두머리가 되지도 않을 것(不当头)"을 천명하였다.[3] 이는 과거 대약진운동과 문화혁명으로 붕괴된 정치사회 질서를 회복하기 위한 중국의 대외전략이었다.

제3 단계는 소련 해체에서 중국의 세계무역기구(WTO) 가입(2001)까지다. 이 기간은 미국의 클린턴 행정부와 중국의 장쩌민 정부 간에 우호협력 관계가 상당 기간 유지되던 시기였다. 장쩌민은 덩샤오핑에 이어 중국 최고지도자로는 두 번째로 1997년 미국을 방문하였고, 이듬해 클린턴 대통령 역시 시안(西安)을 거쳐 베이징을 방문함으로써 우호관계를 과시했다. 그러나 1999년 미군의 유고 주재 중국 대사관 폭격으로 중국 내에서 미국 패권주의에 대한 성토 여론이 비등하였다.

이 기간 중국의 국가정체성은 냉전 붕괴에 따라 이념 문제에서 완전히 탈피하여, 미국 중심의 국제질서와 경제질서에 편입하여 국가발전을 도모해야 하는 '권위주의형 개발도상국'이었다. 이에 미국과 건설적 동반자 관계를 구축하고, 미국 일극(一極) 체제에 도전하지 않으면서 평화적으로 부상하려고 하였다.[4] 이 단계에서 중국의 대외전략은 '도광양회'를 고수하였다.

제4 단계는 미국 부시 행정부 출범(2001)에서 버락 오바마 1기 정부(2012)까지다. 미국의 부시 행정부는 출범 직후부터 중국을 잠재적 경쟁국, 심지어 적대국으로 간주하였고, 대만의 천수이볜(陳水扁) 총통의 미국 통과를 허용하였으며, 달라이 라마를 초청하는 등 중국과의 관계를 흔들며 압박하였다. 이에 중국은 2001년 러시아와 우즈베키스탄, 카자흐스탄 등 5개국과 함께 상하이 협력기구(SCO)를 설립, 미국의 압박에 대응하였다. 2001년 발생한 하이난다오(海南島) 상공 미중 군용기 충돌 사건으로 양국은 군사적 갈등을 보였으나, 그해 9월 발생한 9·11 테러로 미국의 대외전략 목표가 '테러와의 전쟁'으로 확정되면서 미중은 협력을 모색하기 시작했다. 2008년 베이징 올림픽 때는 부시 대통령이 개막식에 참석하였다.

이 기간 미중은 총체적으로 협력의 기조를 유지하였다. 그러나 중국은 미국의 대중 적대정책에 중러 협력으로 대응하는 등 전략적으로 결별을 준비하던 시기다.

이 시기 중국의 국가정체성은 국제사회에서 '대국(大國)'으로서 자기 역량을 확인하고 '중국적 질서'를 추구해 가려는 '세계 최대의 개도국'이었다. 이에 따른 대외전략은 도광양회의 기조 위에서 평화적 부상을 통해(화평굴기和平崛起) 부분적으로 국제문제에 관여하는 '유소작위(有所作为)' 노선이었다.[5]

제5 단계는 시진핑 체제 출범(2013) 이후다. 시진핑은 '중화민족의 위대한 부흥(中华民族的伟大复兴)'이라는 '중국인의 꿈(중국몽中国梦)'을 내세웠다. 이 시기 중국의 국가정체성은 세계 유일 초강대국인 미국의 패권에 도전하여 신중국 건국 100주년인 2049년 미국을 능가하겠다는 '초강대국' 인식이다.

이러한 목표를 실현하기 위해 중국은 대내적으로는 경제·과학·기술을 획기적으로 발전시키는 '중국제조(中国制造, Made in China) 2025'를, 대외적으로는 유라시아를 하나의 경제권으로 묶는 '일대일로(一带一路)' 프로젝트를 추진 중이다. 시진핑의 야심찬 국가목표를 실현하는 대외전략은 '대국외교'였고, 그 핵심은 '신형 대국관계'와 '주변국 우선 외교(周边是首要)'였다.

'신형 대국관계'란 미국과 중국이 서로의 핵심 이익을 존중하면서 평화로운 국제질서를 만들어 가자는 구상으로서, 미국 주도의 일극 체제를 다극 체제로 바꿔 가자는 전략이다. '주변국 우선 외교'란 주변국을 친절과 성심, 은혜와 포용으로 대하여 중국 편으로 만들겠다는 '친성혜용(亲诚惠容)'과 '운명공동체' 개념으로 구체화되었다. 중국은 '아시아 문제는 아시아인의 손으로'라는 슬로건을 통해 '아시아 신안보관'을 제시하였는데, 이는 사실상 아시아에서 미국의 힘을 배제하자는 주장이었다.

21세기 중국의 외교 목표는 국가이익 공간과 영향력 확대

개혁개방 이후 중국 외교의 목표가 '자신의 발전이익에 기여하는 평화로운 환경의 조성'에 있었다면, 21세기 들어서는 '세계와 더불어 공동의 발전과 안전을 모색'한다는 명분이 추가되었다. 앞으로 중국이 국제문제에 적극적으로 참여하고 발언함으로써 국익을 개척·전개하고, 책임지는 대국(负责任大国)의 역할을 발휘하겠다는 취지다.[6]

중국 퉁지(同濟)대학 중국전략연구원의 먼훙화(門洪華) 원장에 따르면, 21세기 중국의 외교전략은 다음과 같은 3가지 중·단기 목표를 설정하고 있다.[7]

첫째, 중국의 현대화 건설에 유리한 국제환경의 보호와 조성이다. 이를 위해 중국은 미국 등 대국과의 관계를 절대적인 사안으로 중시하며, 서방 국가와 대결 국면으로 가거나 신냉전의 악순환에 빠지는 것을 피한다. 이것이 중국 대외전략의 가장 큰 목표이다. 이에 따라 미중관계는 중국 대외전략에서 다른 모든 변수보다 우위에 있는 독립변수이다. 중국은 또 주변국과는 협력관계 강화를 지역 전략의 우선적 목표로 삼으며, 주변국들이 중국에 대항하는 동맹을 결성하는 것을 피하고, 한반도 핵문제 같은 핫 이슈에서 영향력을 상실하는 것을 피해야 한다고 본다.

둘째, 중국의 전략적 이익의 범위와 공간을 보호하고 확대하는 일이다. 국가 경제이익을 확대하기 위해 국제시장을 힘껏 개척하고, 기술과 관리 경험, 자본과 자원을 획득하며, 국가의 안전이익과 정치

이익, 문화이익을 개척·전개해야 한다고 본다.

셋째 목표는 국제적 영향력을 강화하는 일이다. 평화적이고 개방적이며 책임지는 대국의 이미지를 수립하여, 글로벌 국제제도에 적극 참여하고 필요시 그 개선을 촉진하며, 지역별 국제제도의 창건을 주도하고, 아시아의 주도적 대국의 지위를 활용하여 글로벌 영향력을 획득한다는 목표이다. 미국 주도의 국제질서를 무조건 따라가지만은 않을 것이며, 아시아에서부터 '중국적 질서'를 만들어 가겠다는 생각이다.

중국 외교에 작용하는 '최저선 사고'

공산당 일당통치 체제를 유지하는 중국은 이러한 외교전략 목표 달성을 위해 '외교정책의 지속성'과 '최저선 사고(底线思维, bottom line thinking)'라는 기본적 특성도 지니고 있다.

'정책의 지속성'이란, 개혁개방 이후 중국의 외교정책이 '평화적 발전'이라는 국가목표에 유리한 환경을 조성한다는 기본적 원칙을 변함없이 견지한다는 뜻이다.[8] 즉, 외교정책이 어느 한 정부나 시기, 하나의 정책마다 분리·단절되어 있는 것이 아니라, 국가이익의 극대화라는 하나의 목표 아래 서로 이어져 있다는 관점이다. 중국의 대북 정책 역시 지역 안보 환경의 변화에 따라 탄력적으로 정책을 조율하지만, '북한의 안정'을 최우선으로 하는 정책의 연속성을 보여 준다.[9] '정책의 연속성'은 북중 간 개별 사건의 연관성을 파악하는 데 유효한 관점이다.

'최저선 사고'란 중국 국익의 마지노선에 대한 인식으로서, 주권과 영토, 정치체제, 안전보장, 양자관계 혹은 다자관계 등에서 중국이 결코 양보할 수 없는 최후의 선(線)과 원칙을 말한다. 중국공산당

18차 당대회 이래 시진핑은 여러 차례 "최저선 사고의 방법을 잘 활용하여 모든 일에서 최악의 상황을 준비하고, 최선의 결과를 쟁취하도록 노력해야 한다"고 강조했다.[10] 공산당 지도부가 제시하는 국가 목표인 '최상층 설계(顶层设计)' 못지않게 '국익의 바텀 라인'도 함께 중시할 것을 강조했다. 중국 외교부장 왕이(王毅)는 2014년 12기 전인대 2차 회의에서 "영토와 주권의 문제에서 우리 것이 아닌 것은 한 푼도 원치 않고(不是我们的, 一分不要), 마땅히 우리 것이라면 한 뼘의 땅도 반드시 지킬 것(该是我们的, 寸土必保)"이라고 강조하여 '최저선 사고'를 드러냈다.[11]

이러한 대외전략의 원칙은 중국의 지도자 교체에도 불구하고 '지속성'을 가지고 유지되고 있다. 중국의 한반도 전략과 대북정책 역시 이 대외전략의 틀 안에서 움직인다.

2. 중국의 한반도 전략과 대북정책

1) 중국의 한반도 인식과 전략

중국의 한반도에 대한 기본 인식은, 한반도를 '전략적 요충지이자, 중국의 국가이익과 관련된 절충지'로 간주한다는 점이다.[12] 대내외 상황이 어떻게 변하더라도 중국의 국가전략 속에서 한반도의 지정학적 가치는 쉽게 사라지지 않는다고 보고, 한반도에 대한 영향력을 확보·강화하려고 한다.

이러한 인식의 바탕에는 한반도에 대한 중국인들의 두 가지 뿌리 깊은 역사적 기억이 자리 잡고 있다. 하나는, 중국인들의 중화주의적 세계관 속에서 한반도는 오랫동안 중국의 속국이었다는 기억이다. 다른 하나는 중국이 한반도에 대한 통제력을 잃을 때 중국에 큰 위기가 닥친다는 기억이다. 이 두 가지 기억은 중국 지도부뿐만 아니라 모든 중국인이 공유하는 집단기억으로서, 중국 정부나 기업이 한국을 상대할 때 항상 염두에 두고 한반도에서 중국의 이익을 관철하고자 할 때 그 바탕이 된다.

'한반도는 중국의 속국이었다'는 집단기억

첫 번째 집단기억에 관한 역사적 문헌은 많지만, 근현대 사료를 중심으로 살펴보기로 한다.

중국 청나라 말기 정치가 겸 외교관 황준헌(黃遵憲)은 일본에 근무 중이던 1880년, 조선의 일본 수신사로 도쿄를 방문한 김홍집(金弘集)에게 외교 조언서인 『조선책략(朝鮮策略)』을 건넸다. 황준헌은 이 책에서 "조선이라는 땅덩어리는 실로 아시아의 요충지에 있어 그 형세가 반드시 다툼을 가져오게 되어 있다. 그러므로 러시아가 강토를 공격하려 든다면 반드시 조선으로부터 시작할 것이다. 그렇다면 오늘날 조선의 입장에서는 러시아를 막는 일보다 더 급한 일이 없을 것이다. 러시아를 막을 수 있는 조선의 책략으로는 어떤 것이 있을까? 그것은 오직 중국과 친하고(親中國), 일본과 손을 잡아야 하며(結日本), 미국과 연합(聯美國)함으로써 자강(自强)을 도모하는 길뿐이다"라고 조언하였다.[13] 즉, 조선이 열강 간의 세력균형책을 취할 것과 미국과 수교할 것을 황준헌은 권유하였다.

그는 이어 중국과 조선의 관계를 다음과 같이 서술하였다.

러시아를 제지할 수 있는 나라로 중국만 한 나라가 없다고 생각한다. 그리고 중국이 사랑하는 나라로 조선만 한 나라가 없다. 조선이 중국의 번속(藩屬, 제후국의 울타리 안에 있는 속국)이 된 지 이미 천 년이 지났지만, 중국은 한 번도 그 토지와 인민을 탐낸 적이 없다는 것은 이미 천하가 다 믿고 있는 바이다. 강희(康熙, 청 4대 황제)·건륭(乾隆, 6대)조에 이르러 조선은 무슨 일이든 상문(上聞, 황제의 의견을 물어 따름)하지 않은 것이 없어 마치 내지(內地, 중국)의 군현(郡縣)이나 다름없었다. 조선은 마땅히 전보다 더 중국 섬기기를 힘써 천하의 사람들로 하여금 조선과 우리의 정의(情誼)가 한집안 같다는 것을 명확히 알도록 해야 할 것이다.[14]

이처럼 황준헌은 조선이 천 년 동안 중국의 속국이었다는 전통적 화이관(華夷觀)을 드러냈으며, 앞으로도 조선이 더욱 중국을 섬길 것을 주문함으로써 종주권을 강화하겠다는 의도를 드러냈다.

20세기 초 중국의 대표적 정치 지도자인 쑨원(孫文)은 삼민주의(민족주의, 민권주의, 민생주의)를 제창하고 신해혁명(1911)을 주도하여, 중국과 대만 모두로부터 현대 중국의 국부(國父)로 추앙받는 인물이다. 그는 아시아 제(諸) 민족이 연대하여(대大아시아주의) 서방 열강에 대항하자고 주장하여 중국과 일본에서 열렬한 지지를 받았다. 그러나 그의 '대아시아주의'는 중국과 일본 중심의 아시아 연합 주장(中日共同領導論)일 뿐, 두 나라를 제외한 나머지 약소민족, 즉 한국과 베트남, 미얀마 등은 연합의 대상이 아니라 복속의 대상이란 인식을 보였다.[15]

쑨원의 이러한 중화주의적 인식은 1921년 중국 남부 구이린(桂林)에서 행한 연설에 잘 드러나 있다. 그는 "중국의 영토로 말하자면 베트남, 한국, 미얀마, 티베트, 타이완 등은 중국의 속국이거나 속지였다. 요컨대 이전에 이들은 모두 중국의 영토였는데 현재 외국의 판도로 들어가서 이 지역에 대한 중국의 주권을 상실하였다"고 말했다.

그는 죽기 1년 전인 1924년 일본 고베(神戸)를 방문하여 고베고등여자학교에서 '대아시아주의'에 대해 강연하였는데, 그때도 '일본과 중국을 중심으로 하는 아시아 민족들의 대연합'을 강조하였다. 이 연설 직후 한국 동아일보의 윤홍렬 기자가 쑨원을 인터뷰하였는데, 윤 기자가 "당신의 대아시아주의 주장은 한국의 실상과는 저촉되지 않는가?"라며 일본의 한국에 대한 식민 지배 청산을 강연에서 거론하지 않은 이유에 대해 묻자, 쑨원은 "물론 양립할 수 없다. 그러나 나는 일본에서 한국 문제를 철저하게 거론하는 것은 회피하고자 한다"라고 얼버무렸다.

1925년 3월 쑨원이 베이징에서 사망한 직후 조선일보 주필 안재홍은 쑨원의 대아시아주의를 비판하는 논평을 실었다. 그는 "쑨원의 대아시아주 주장은 워싱턴 회의 이후 모색되고 있던 영미(英美) 중심의 아시아 정책에 대한 중일 중심의 대응책으로 나온 것"이라며 "그의 민중적 대지도자라는 자격으로 보아 시의성을 잃은 경솔한 행동이었다"라고 질타했다.[16]

결국 20세기 초 쑨원이라는 당대의 지도자조차 제국주의 열강의 식민 지배 문제를 약소민족의 독립이라는 대승적 관점이 아니라 중화주의적 차별의식과 중국의 영토이익이라는 관점에서만 바라보았던 것이다.

20세기로 이어진 '한반도 속국' 인식

한반도를 중국의 속국으로 보고 지속적으로 관리하려는 관점은 몇몇 중국인에 그치지 않고 중국 정부 차원에서도 정책으로 입안되어 추진되었다.

1943년 미·영·중 3국 지도자가 참석한 카이로 회담에서 중화민국 총통 장제스(蔣介石)는 '한국의 독립'을 선언문에 넣도록 역할을 하였으나, 전후 한국의 국제공동관리(신탁통치)에 대비하여 1944년 국민당 정부 차원의 '한국문제 연구강요 초안(韓國問題研究綱要草案)'을 작성토록 하였다. 대만의 당안관(檔案館)에서 이 문서를 발견한 한국 신라대 배경한 교수(사학과)의 연구에 따르면, 이 초안 작성 과정에서 장제스 정부는 각 부처별 의견을 수렴하였는데, 당시 군령부(국방부)는 △종전 후 연합국들이 한반도에 군대를 파견할 때 중국도 함께 원정군을 파견하되, 한강 이남에는 영국군과 미국군이, 한강 이북에는 중국군이 진주한다, △군대 숫자의 비율은 중국군이 4, 영국군과 미국군이 1이 되어야 한다, △새로 창설될 한국군은 중국의 지원 아래 중국에서 활동하던 한국 광복군을 중심으로 조직 및 훈련되어야 한다, △중국군 중심의 한반도 진공작전은 소련의 대일 참전이 이루어지더라도 마찬가지로 추진되어야 한다는 점을 분명히 하였다. 요컨대 중국 국민당 정부는 2차대전 이후 한반도에서 중국의 군사적 영향력을 확고히 하려는 입장을 분명히 제시하였던 것이다.[17]

중국 국민당 정부의 이러한 관점은 1949년 대륙을 차지한 공산당 정부에 의해 거의 그대로 계승되었다. 1950년 10월 13일 중국공산당 정치국 긴급회의에서 한국전 참전을 결정한 마오쩌둥은 소련 모스크바에 가 있던 저우언라이 총리에게 전보를 보냈는데, 이 전보에 그러한 관점이 반영돼 있다. 전보문에서 마오쩌둥은 "(한국전에 참전한 중국인민지원군 사령관) 펑더화이의 보고에 따르면, 미군과 한국군이 (중공군 참전을 자극하지 않기 위해) 평양~원산 선에서 진격을 멈출 것이다.

이 경우 중국은 싸우지 않고 국가방위선을 평양~원산 선으로 확대할 수 있다. (참전은) 우리에게 매우 유리한 것이다"라고 적었다. 이 전보문은 베이징대학 역사학부의 한국인 학자 김동길 교수가 발굴하여 2015년 월간지 *Diplomatic History*에 발표하여 세상에 알려졌다.[18] 이 전보문에서 드러난 바와 같이, 중국공산당 정부는 자국의 세력 범위를 한반도 북부로 확장하는 것이 한국전 참전 이유 중 하나였다.

중국은 "한 번도 조선의 토지와 인민을 탐낸 적이 없다"는 황준헌의 주장과 달리, 수(隨)·당·원·청조 때 한반도를 침략하여 한반도에 도호부를 설치하거나(당) 조선인 수십만을 노예로 납치해 갔다(청). 중국대륙과 한반도 사이에 큰 전쟁 없이 장기간의 평화를 유지한 기간은 조선이 명을 사대(事大)로 섬긴 약 250여 년에 불과하다. 조선을 속국으로 두려는 중국 역대 왕조의 한반도관은 장제스 국민당 정부에 이어 마오쩌둥 공산당 정부로 이어졌다.

이 영토적 야망은 지금의 시진핑 주석으로 전해진 것 같다. 그는 2017년 4월 6일 미국 트럼프 대통령과의 회담에서 "한국은 실제로 중국의 일부였다(Korea actually used to be a part of China)"고 발언했다(제5장 참조). 이는 한반도에 대한 중국의 역사적 연고권을 주장함으로써 미국으로 하여금 한반도에서 손을 떼게 하려는 의도로 해석됐다. "한국은 우리의 친척"(2014 방한), "같은 배를 타고 강을 건너는 깊은 우정"(2020 정상 간 통화)이라는 시진핑 발언의 배경에는 이러한 역사의식이 숨어 있다는 걸 간과해서는 안 된다.

한반도 영향력을 잃을 때 중국에 위기

중국인들의 두 번째 집단기억, 즉 '중국이 한반도에 대한 통제력을 상실할 때 큰 위기가 닥친다'는 역사적 기억은 임진왜란과 한일합방, 한국전쟁을 거치며 형성되었다.

임진왜란(1592) 당시 명은 서부지역 영하(寧夏)의 반란에 대응하느라 대군을 움직이기 어려운 상황이었으나, 이여송(李如松)을 왜군방어총병관으로 임명하여 4만 5천 대군을 이끌고 일본군에 대응하도록 했다. 명이 조선에 파병할 때 대외적으로는 '조선 구원'을 명분으로 내걸었으나, 내부적으로는 '조선을 속국으로 존속케 함으로써 자국의 앞마당(門庭)을 견고하게 한다'는 전략이었다.[19] 당시 왜군이 서울을 점령하고 평양성까지 차지하자 다급해진 명은 파병을 결정하는데, 파병 소식을 조선에 알린 명 사신 설번(薛藩)은 조선의 상황을 살핀 뒤 돌아가 병부(兵部)에 다음과 같이 보고하였다.

돌아보건대 안타깝게 여겨야 할 상황은 조선에 문제가 있지 않고 우리나라의 강역(疆場)에 있다는 점이며, 어리석은 제가 깊이 염려하는 바는 강역에만 그치지 않고 내지까지 진동할까 하는 점입니다. (…) 대저 요진(遼鎭, 요동절도사)은 경사(京師, 수도, 즉 북경)의 팔이고, 조선(朝鮮)은 번진(藩鎭, 국경 절도사)의 울타리로서 (…) 지난 200년 동안 복건(福建)과 절강(浙江) 지방이 왜구의 화를 입었지만, 요양(遼陽)과 천진(天津)에까지 이르지 않았던 것은 조선으로써 울타리를 삼았기 때문이 어찌 아니겠습니까? 만약 왜노(倭奴)들이 조선을 점거한다면 요양의 주민들은 하루도 편안하게 잠을 잘 수 없을 것입니다. 그리고 (왜군이) 순풍에 돛을 달고 서쪽으로 배를 띄우면 영평(永平, 지금의 허베이성 친황다오秦皇島)과 천진이 가장 먼저 그 화를 받게 될 것이니, 경사가 놀라 진동하지 않겠습니까? (…) 그리고 우리가 빨리 정벌하면 조선의 힘을 빌릴 수 있지만, 늦게 정벌하면 왜노가 조선 사람을 거느려 우리를 대적할 것이기 때문에 저는 군사를 동원하여 정벌하는 일을 한시라도 늦출 수 없다고 생각합니다.[20]

이처럼 임진왜란 당시 명은 일본군이 조선을 차지한 후 요동을 거쳐 명의 조정까지 위협하는 것을 가장 걱정했으며, 파병을 통해 일본군을 조선 땅에 묶어 두려 했다는 것이 분명히 드러난다. 명이 국력의 쇠퇴에도 불구하고 수십만의 병력과 수백만의 군량미를 잃는 (喪師數十萬, 糜餉數百萬)[21] 것을 감수하면서 조선에 파병한 것은 '한반도에 대한 통제력을 상실하면 중국에 위기가 닥친다'는 전략적 판단 때문이었다.

중국인들의 이러한 전략 인식은 1910년 일본의 한반도 점령(한일합방) 이후 전개된 중국대륙 침략(만주사변과 중일전쟁) 과정에서 더욱 확고해졌다. 마오쩌둥의 중국공산당 정부가 장제스 국민당 정부와의 오랜 국공내전으로 국력이 피폐해졌음에도 1950년 한국전쟁에 참전하여 북한을 돕고 미군의 한반도 점령을 막은 것도 같은 판단 때문이었다.

이러한 역사 기억을 가진 중국은 무엇보다 미·일·러 등 주변 강대국과의 관계에서 한반도에 대한 영향력을 상실하는 것을 가장 경계한다. 특히 중국은 한반도 문제를 미중 간의 전략적 경쟁 구도에서 바라보며, 이러한 시각은 21세기 들어 더욱 강화되었다. 중국은 현대화와 경제발전을 위한 평화로운 주변 환경 조성에도 한반도의 안정이 필수적이라 보고 있다.

21세기 중국의 한반도 외교 3원칙
이에 따라 중국의 한반도 정책은 북핵 문제 등으로 더욱 복잡해진 2000년 이후 크게 3가지 원칙 위에서 전개되어 왔다. 그것은 △한반도의 평화와 안정의 유지, △한반도 비핵화, △대화를 통한 문제 해결이다.[22]

이 과정에서 중국은 북한과 전통적 우호관계(혈맹관계)를 유지하면서, 동시에 한국과의 협력도 최대한 병행하려고 한다. 이는 주변 강대국과의 한반도 영향력 경쟁에서 우위를 차지하기 위해 자신의 지정학적 자산을 최대한 활용하겠다는 전략이다.

한중 수교 이후 중국은 북한에 대한 영향력은 일부 손실되었지만, 한국에 대한 영향력이 커짐에 따라 총체적인 한반도 영향력 측면에서 미국을 능가한다는 판단 하에 이를 지속적으로 유지 확대하기 위한 방안을 강구하여 왔다.[23]

2016년 한국의 사드(THAAD, 고고도미사일방어체계) 배치 이후 중국은 한반도에서 미국과의 전략적 경쟁 및 군사적 대립이 격화되고 있다고 보고 미군의 행동에 민감하게 대응하고 있다. 중국 인민대학 국제관계학원의 스인훙(時殷弘) 교수는 "한미가 사드를 배치한 새로운 형세에서 중국은 한반도의 지정학 정치(地緣政治)로 돌아올 수밖에 없었다"고 주장한다.[24] 그는 중국의 한반도 3원칙이 전쟁이 나서는 안 되고(不生战), 혼란이 발생해서도 안 되며(不生乱), 핵을 가져서도 안 된다(不有核)는 것이지만, 만약 미국이 대북 타격에 나설 경우 중국은 이에 반대할 것이라고 지적했다.[25] 즉, 미군이 북한을 공격하면 중국도 군사적 대응에 나설 것이란 의미다.

중국은 또 한반도에서 북한 문제와 한국 문제를 분리해서 보지 않고 하나의 전략적 틀로 보려 한다. 중국이 남북한 어느 한쪽에 대한 영향력이 약화되면 전체적인 영향력에 영향을 미칠 수 있다고 보기 때문이다. 중국은 특히 북중관계를 한반도 외교 역량을 결정짓는 중요한 요인으로 간주하며, 한중관계는 대북 외교의 깊이를 결정짓는다는 시각을 가지고 있다. 스인홍 교수는 중국의 한반도 정책의 가장 큰 기준은 '자국의 영향력 유지에 유리한가 아닌가'라고 밝혔다.[26] 중국이 그동안 북한의 핵개발보다 한국의 사드 배치를 더 강력하게 비난하고 경제보복까지 가한 것도, 미국의 사드 배치로 중국의 한반도 영향력이 그만큼 약화되었다고 판단하기 때문이다.

2) 중국의 대북정책

중국의 대북정책은 크게 5단계를 거치며 변화해 왔다.

제1 단계는 신중국 성립(1949)부터 미중 수교(1979)까지다. 이 30년의 기간, 북중 간에 갈등과 마찰이 적지 않았고 중소 갈등의 혼란이 있었지만, 양국은 한국전쟁을 공동 수행하면서 구축된 군사동맹 관계를 안정적으로 유지해 왔다. 이 시기에 중국은 사회주의 동맹국이자 전략적 자산인 북한을 포용함으로써 소련과 국제사회에 대한 발언권을 높이려고 하였다.

제2 단계는 미중 수교에서 한중 수교(1992)까지다. 중국은 미국과의 수교를 통해 개혁개방으로 나아갈 기초를 마련했다. 이는 곧 그동안 중국과 북한이 함께 추구해 온 사회주의 혁명과 통일 노선에서 중국이 이탈한다는 것을 의미했다. 이 시기 중국 대북정책의 기조는 동맹 관리와 현상 유지였다.

제3 단계는 한중 수교에서 장쩌민 임기 말(2002)까지다. 이 시기는 한중 수교 이후 북중 지도자 교류가 8년간 단절되었다가 장쩌민·김정일 1차 정상회담(2000. 5)으로 재개되어 양국 관계가 회복되는 기간이다. 이 기간 북한은 김일성 사망(1994)으로 김정일 체제가 대두하였고, 김정일은 서방과의 관계 개선 등 대외관계 다변화를 적극 모색하였다. 이에 중국은 북한 신지도부와 관계를 정상화하여 북한을 중국 영향권 내에 묶어 둘 필요가 있었다. 1999년 5월 나토군 소속 미군기가 유고 주재 중국 대사관을 폭격하여 미중관계가 극도로 악화되었을 때, 중국은 한 달도 안 되어 북한 김영남을 초청해 한중 수교 이후 중단되었던 양국 고위급 교류를 재개했다. 이 사건은 미중관계가 중국의 대북정책에 직접 영향을 미친 대표적 사례로 거론된다.[27] 이 시기 중국의 대북정책은 북한 재포용 정책이었다.

제4 단계는 후진타오 정부 시기(2003~12)다. 이 기간은 북한이 오랜 준비를 거쳐 핵실험을 본격적으로 실시함으로써 중국의 동북아 외교에 새로운 도전으로 부상하는 기간이다. 후진타오 정부는 1기 임기 때는 북한의 핵실험을 막기 위해 압박정책을 펼쳤으나, 2기 들어 미국 금융위기가 발생하자 대외전략을 조정하면서 대북 압박을 완화했다. 이 시기 중국은 북핵 문제를 6자회담에 맡겨 두면서 북한 사회의 안정을 중시하는 '혈맹의 관리' 정책을 폈다.

제5 단계는 시진핑 체제 출범(2013) 이후다. 시진핑 정부는 2050년 세계 초일류 강대국으로 부상한다는 국가목표를 세우고, 강대국 외교와 주변 외교를 중시하였다. 이에 시진핑 1기 정부는 김정은의 북핵 실험에 강한 반감을 드러내며 다양한 방법을 동원해 북한을 압박했다. 그러나 시진핑 2기(2018 이후) 들어 남북 정상회담과 미북 정상회담 등 한반도 정세에 큰 변화가 일어나자, 중국은 기존의 대북 압박정책을 버리고 포용정책으로 돌아섰다. 1년 반도 안 되는 짧은 기간에 양국 정상은 5차례나 만났으며, 시진핑은 트럼프와의 협상에 나서는 김정은에 대해 '보호자'의 역할을 자임했다.

북한 핵실험은 중국 동북아 전략에 새로운 도전

이상과 같은 역사가 보여 주듯이, 중국의 대북정책은 북중 양자 관계뿐만 아니라 미중관계와 한반도 상황 등 더 높은 차원의 양자 및 다자관계를 포괄하는 전략 위에서 추진되고 있다. 이 과정에서 중국의 대북정책은 겉으로는 일사불란하게 하나의 방향으로 결정되는 것 같지만, 내부적으로는 다양한 목소리가 나와 토론을 거쳐 결정된다. 가령 '중국은 북중관계를 어떻게 처리해야 하는가'라는 문제를 놓고 크게 제한적 지지론, 북한 우선론, 북한 단교론 등이 존재한다.[28] '제한적 지지론'은 북한의 핵보유가 중국에 무거운 짐이 될 것임을 강조하면서 무조건적인 북한 지원은 불가능하다는 입장이다. '북한 우선론'은 북한이 중국의 동맹이며 중요한 전략적 완충 국가이기 때문에 미국·일본과의 관계가 악화되더라도 북한과의 관계를 훼손시킬 수는 없다는 입장이다. '북한 단교론'은 북한의 사유, 행위, 논리가 완전히 틀렸고, 중국과 러시아의 도움이 아니었다면 벌써 붕괴되었을 것이라며, 북한이 중국의 국가이익을 잠식한 상태이기 때문에 북한을 하루빨리 포기해야 한다는 주장이다. 이러한 논쟁은 중국이 처한 딜레마의 표현이기도 하다. 중국은 북한이 핵을 포기하길 바라면서 또 한편으로 정권의 유지도 바라기 때문이다.[29]

중국의 대북정책과 관련, 후진타오 시기에는 서로 입장이 다른 다양한 의견이 표출되었으나, 시진핑 정부 들어서는 그러한 현상이 위축되고 있다. 특히 소수파에 속하는 '북한 단교론'은 중국의 대북정책을 오도(誤導)했다는 비판까지 받고 있다. 가령 중국공산당 중앙당교 장롄구이(張璉瑰) 교수는 북핵 문제를 중국의 단기적 국익보다 중장기적인 국가발전 및 동북아 평화 발전의 관점에서 보면서 북한이 핵을 포기하도록 중국이 강하게 제재할 것을 주장했으나, 이로 인해 중국 내 보수적 학자로부터 공격을 당하기도 했다. 상하이 푸단(復旦) 대학 중국연구원의 멍웨이잔(孟維瞻)은 2018년 10월 15일 글에서 "장롄구이가 잘못된 시각으로 국가를 오도했다"고 공격했다. 멍웨이잔은 장롄구이를 '엄격한 제재론자(嚴厲制裁論者)'로 분류하고, "그의 주장은 미국의 대북 무력행동 가능성을 과장하고 이로 인해 중국이 트럼프의 허장성세 전략에 속는 결과를 초래했다"고 비난했다.[30]

시진핑 시대 들어 중국 언론까지도 자기 생각을 자유롭게 말하지 못하고 경직되는 현상이 심해졌다. 중국의 한 언론인은 "본질을 알아도 쓸 수 없다. 배후는 모르는 척하고 겉모습만 다룬다. 많은 경우 자기검열을 한다. 몇 년 전엔 정치 뉴스를 못 쓰게 됐고, 나중엔 경제 뉴스를 못 쓰게 됐고, 이젠 연예 뉴스도 못 쓴다. 언론은 늦가을 매미처럼 아무 소리를 못 낸다. 너무 절망적이다"라며 시진핑 정부의 언론 통제 현실을 한탄했다.[31] 이러한 사회 분위기 변화는 북한 문제에 대한 중국 내 논의를 더욱 위축시킨다.

중국 대북정책의 4가지 원칙

이상의 상황을 종합해 보면, 중국의 대북정책은 다음과 같은 네 가지 원칙 안에서 움직이고 있다. 이 원칙은 2020년 이후에도 유효하다.

첫째 원칙은, '전략적 자산(strategic asset)'인 북한에 대한 영향력을 반드시 유지·확대한다는 것이다. 이것은 다른 어떤 한반도 전략목표보다 우선한다.

북한이 중국에 전략적 자산인 이유와 관련, 일본의 한반도 전문가 고미 요지(五味洋治)는 6가지 이유를 들고 있다. △북한이 존재함으로써 한국에 주둔하는 미군을 중국에서 멀리 두고 군사안보 상의 비용을 절약할 수 있고, △중국이 한국전에 참전했다는 것을 과오로 만들지 않고 북한과 사이가 틀어지지 않게 하며, △폭력국가인 북한과의 중개역을 맡음으로써 국제사회에서 중국에 향하는 '횡포', '강압' 등의 비판을 피할 수 있으며, △북한 난민의 중국 유입을 억제하고, △북한의 지하자원과 싼 노동력을 이용할 수 있으며, △북한의 경제를 향상시킴으로써 사회 변혁을 촉진한다는 것이다. 중국으로서는 사회주의 제도의 일치성과 공동 전쟁의 경험을 보유한 혈육상련, 순치상의 지정학적 완충지대인 북한의 상실을 결코 받아들일 수 없다는 것이다.[32]

동덕여대 이동률 교수 역시 중국에 북한은 현재의 '전략적 부담'이지만, 동시에 미래 '전략적 자산'으로서 가치가 있기에 북한이라는 카드를 쉽사리 포기할 수 없다고 본다. 중국은 장기적으로는 북한을 친(親) 중국 체제로 안정화하여 자산으로서의 가치를 극대화시키려는 시도를 하고 있으며, 이를 통해 북핵 문제 해결 이후 한반도를 둘러싼 세력관계의 변화까지도 대비하고 있다는 것이다.[33]

둘째 원칙은, 중국은 국내 현대화 건설을 위한 평화적 국제환경을 위해 한반도의 평화와 안정 유지, 특히 북한 정권과 사회의 안정을 중시한다는 것이다.[34]

중국은 북중동맹과 한중관계를 모두 자신의 지역전략 내에서 성공적으로 '관리'하려고 한다. 미국의 대표적 한반도 전문가인 데이비드 샴보(David Shambaugh)는, 중국이 북한을 지원하는 한편 한국과의 경제협력을 통해 긴밀한 유대관계를 형성하는 목적은 한반도에서 미국의 영향력을 약화시키고 일본의 영향력 증대 시도를 저지하려는 전략의 일환이라고 분석한다. 이런 이유 때문에 중국 정부 관료들은 북한 핵실험을 저지하기 위해 노력한다고 말은 하지만, 실제로는 행동이 아니라 말에 그치기 때문에 실패한다는 것이다.

중국이 북한 설득에 실패하는 것과 관련, 샴보는 추이톈카이(崔天凱) 중국 외교부 부부장의 말을 인용해 "우리(중국)는 매우 직접적으로 북한의 그런 행위에 반대한다고 말했다. 만일 그들(북한)이 우리의 말을 듣지 않으면 우리로서는 어쩔 수 없다. 북한은 독립국가다"라고 말했다고 전했다.[35] 중국은 북한핵 문제를 해결하기 위해 북한이라는 전략적 자산을 잃어버리거나 또는 북한의 붕괴라는 불확실한 상황을 감당하기보다는 북중관계를 안정적으로 관리하는 가운데 국제적 영향력을 행사해 나가는 것이 국익에 훨씬 도움이 된다고 판단하는 것이다.[36] 북한 내부의 혼란이나 정권 붕괴는 곧 한반도의 대혼란으로 이어지고, 이는 평화적인 동북아 환경을 깨뜨리게 되며, 그런 경우 중국이 가장 많은 비용을 치러야 한다.

게다가 중국의 대북정책 결정자들은 외교부가 아니라 당과 군부에 있고, 그들은 궁극적으로 북한의 붕괴로 이어질 수 있는 강경 노선은 중국의 전략적 이익에 부합하지 않는다고 판단한다는 것이다. 빅터 차(Victor Cha)에 따르면, 그들은 한반도의 불안정이 단 한 번도 중국의 국익에 도움이 된 적이 없으며, 청일전쟁(1894)과 한국전쟁(1950)에서 큰 대가를 치렀다고 인식한다는 것이다.[37] 이에 중국은 북한의 핵개발에도 불구하고 북한이 경제난과 식량난으로 혼란에 빠지지 않도록 경제적 지원을 아끼지 않는다. 심지어 중국은 한반도의 평화와 안정이 깨지는 상황이 오더라도 첫째 목표, 즉 북한에 대한 영향력 유지가 우선이라는 원칙을 포기하지 않는다. 중국의 이러한 의지는 과거 한국전쟁 참전으로 증명되었고, 최근 북핵 위기 과정에서 한미 연합군의 북진을 경고하는 과정에서도 나왔다.

셋째, '한반도 비핵화' 원칙의 견지다. 중국은 이 원칙을 견지함으로써 북한의 핵무장을 용인하지 않는다는 명분을 살리고 국제사회로부터의 비난도 피할 수 있다.

중국은 북한의 핵보유가 장차 양국 관계에 끼칠 영향을 우려하는 것도 사실이다. 북한의 핵실험은 중국 인구 밀집 지역에서 400여 킬로미터 떨어진 곳에서 실시돼 중국인의 안전을 심대하게 위협한다고 본다.[38] 또한 북한 핵무기가 자위 수단이나 협상용이란 시각도 중국 내에는 있지만, 그보다는 오히려 한반도 무력 통일을 위한 것이며,[39] 장차 중국 핵심 지역에 칼을 겨누는 것과 같은 수단이 된다고 경고하는 전문가도 있다.[40]

그러나 중국은 그동안 북한 핵개발 과정에서 자기들이 가진 대북 압박 지렛대를 충분히 사용하지 않은 채 자신들의 북핵 '최저선'만 낮춰 온 것이 사실이다. 북한 역시 중국이 자기들을 죽지 않을 만큼만 압박한다는 것을 알기 때문에, 중국의 웬만한 요구는 듣지 않는다. 이로 인해 북한 비핵화를 위한 중국의 영향력과 통제력도 상당히 약화되었다.

중국은 또한 '북한 비핵화' 대신 '한반도 비핵화'를 주장한다. 북한이 가진 핵무기뿐만 아니라 주한 미군의 핵까지 없애라는 주장이다. 중국의 이러한 입장은 '쌍중단(双暂停)'과 '쌍궤병행(双轨并进)' 주장에 잘 담겨 있다.[41] '쌍중단'은 북한의 핵·미사일 개발 활동과 대규모 한미 연합훈련을 동시에 중단하자는 것으로서, 미군의 한반도 내 활동 축소를 목표에 두고 있다. '쌍궤병행'은 한반도 비핵화 프로세스와 북미 간 평화협정 체제 협상을 병행해 추진하자는 주장이다. 즉,

한반도 비핵화가 완성되면 미북 간에 평화협정이 체결되어 외국군(사실상 미군)이 한반도에 남아 있을 이유가 더 이상 없어진다는 주장이다. 따라서 중국의 '한반도 비핵화' 원칙은 한반도에서 미국 영향력의 약화 목표와 맞물려 있다. 아울러 쌍중단과 쌍궤병행 추진 과정에서 미국의 감시 감독을 통해 북한의 핵무력이 축소·해체된다면 그것역시 중국의 국익에 유리하다고 본다. 시쳇말로 '손 안 대고 코 푸는' 것이 중국의 한반도 비핵화 전략이다.

이 같은 무책임하고 기회주의적인 태도로 인해 중국은 언젠가 대북 외교에 있어 북한 정권 유지와 비핵화 중 하나를 선택해야 할 순간이 올 수도 있다.[42]

넷째, 한반도 문제는 남북한 쌍방이 자주적으로 해결해야 하며, 남북 쌍방이 평화적 통일을 추구하는 것을 지지한다는 원칙이다. 중국은 평화공존 5원칙에 따라 각국의 인민이 자신의 발전 도로를 선택하는 것을 존중하며, 내정에 간섭하지 않는다는 원칙을 지키며, 이러한 원칙 위에서 한반도의 자주권도 존중한다는 것이다. 남북 쌍방의 '자주적이고 평화적인' 통일이란 사실상 미국의 영향력과 군사력을 배제한 남북 당사자만의 통일을 의미한다.

이상 네 가지 근본 원칙은 시대 상황 변화에 따라 약간의 수정이 가해지긴 했지만 변함없이 유지되고 있다. 중국 인민해방군 출신으로 중화민족주의 시각을 보여 주는 상하이 푸단대학 정지융(鄭繼永) 박사는 향후 중국의 대북정책과 관련, "북한의 외교적인 비협조를 방관하지 않으면서, 양국 관계의 마지노선을 정하고, 규범을 제정하며, 목적을 설정하려 할 것이다. 중국은 아울러 한국과 협력하고, 북한을 중국의 발전에 편승시켜 북한의 동북아 역내 융합을 촉진시키려 할 것"으로 전망했다.[43] 북한의 변화를 유도하고 한국과도 협력을 강화하여 한반도 전체를 친중국 지대로 만들려는 의도가 담겨 있다.

제3장
북중동맹은
깨졌나

1. 성급한 북중동맹 해체론

국내외의 많은 연구자들은 2000년대 이후 '북중 동맹관계'가 형해화(形骸化)하여 사실상 '정상국가 관계'로 바뀌었다"고 주장한 적이 있다. 이러한 주장을 지지하는 학자는 국내뿐만 아니라 미국과 일본에서도 크게 늘어났다.[1]

이들과 달리, 한국과 미국의 일부 학자들은 "북중 간에 많은 갈등과 모순이 있지만, 동맹관계는 유지되고 있다"며 기존 입장을 고수하였다.[2]

또 제3의 시각으로, 동북아 정세가 불안정한 과도기적 상황에서 중국은 북한이라는 전략적 자산을 최대한 유지 관리하면서 북중관계를 '동맹관계'와 '정상국가 관계'라는 양극단 범위 내에서 최적으로 유지하는 전략을 구사하려 한다는 '선택적 균형 전략'이 제시되기도

했다.[3]

정상국가 관계·립스틱·전략적 부담론

'북중동맹 해체론'의 대표적 학자인 미국의 스콧 스나이더는 후진타오·정부 시절 '북한의 보호자(North Korea's protector)'로서 적극적 역할을 했던 중국이 시진핑·김정은 시대 들어 '정상적 국가관계'로 양국 관계를 격하했다는 주장을 폈다. 시진핑의 최고지도자 등극을 앞두고 김정은 정권이 2013년 2월 벌인 3차 핵실험은 시기적으로 '(북한의) 중국으로부터의 독립(independence from Beijing)'이란 분위기를 만들었다고 평가했다. 이에 시진핑은 북한 노동당과 특별한 관계(최고위급 교류)를 유지하는 노력을 포기함으로써 북한에 불쾌감을 표시하였고, 양자 관계도 '국가 간의 정상적 관계(normal relations between states)'로 격하되었다고 스나이더는 지적했다.[4]

미국 랜드(RAND) 연구소의 앤드류 스코벨(Andrew Scobell) 역시 중국과 북한이 동맹국으로서 전쟁 시 상호 지원을 약속한 1961년의 조약에 묶여 있지만, 양국의 안보관계는 '가상의 동맹(virtual alliance)'이라고 해도 좋을 만큼 약화되었다고 보았다. 그는 "많은 중국인들이 이제 평양을 '입술'이 아니라 '립스틱'으로 보고 있다"고 지적했다. 북중관계를 '입술이 없으면 이가 시린' 순망치한으로 표현하는 것에 빗대어, 약화된 북중관계를 '립스틱'으로 비꼰 것이다.[5] 스코벨은 이러한 관점에 따라 한반도에 비상 상황이 발생할 경우에도 중국 인민해방군이 동맹에 헌신(allegiance)하기보다 자국의 핵심 이익을 보호하기 위해 움직일 것으로 보았다. 그는 중국 내에서 북한을 '완충지대'로 보는 시각이 사라지지 않았지만, 미국 및 한국과 좋은 관계를 유지하고 '둘을 군사적 위협으로 보지 않게 됨'으로써 북한을 보는 시각도 달

라졌다고 지적했다. 북한이 중국 경제발전에 오히려 방해물로 등장했다는 것이다.[6]

　미국 조지타운 대학의 오리아나 스카일라 마스트로(Oriana Skylar Mastro)는 북중관계를 '순망치한'의 관계로 보는 사고는 '위험할 정도로 낡은 발상(dangerously out of date)'이라면서, 중국이 지난 20년간 북한의 버릇없는 행동에 지치고 한반도에 대한 이해관계를 스스로 재평가하면서 북중관계는 극단적으로 악화되었으며, 중국은 더 이상 북한의 생존을 고집하지 않는다고 본다. 그래서 "오늘날 중국과 북한은 동맹이긴커녕 친구라고 보기에도 애매한 관계"라고 진단했다. 중국이 북한을 '전략적 자산'보다 '전략적 부담'으로 느껴 정상적 국가관계로 재정립하려 한다는 시각이다. 북한이 분쟁을 일으킬 경우에도 중국은 1961년 동맹협정을 따르지 않을 것으로 본다는 점에서 오리아나는 군사동맹의 효능도 끝났다고 보았다.[7] 일본의 고미 요지도 "김정일 시대 보통의 이웃 국가 관계로 바뀌었다"고 주장했다.[8]

"북중 동맹관계, 사실상 해체" 주장

　한국 연구자 가운데 이희옥과 박용국은 "북중이 '피로 맺은' 우호관계를 표방하고 있고, 북중조약이 여전히 유효하지만, 북중동맹은 군사안보적 동맹으로서의 존재감이 사라진 '가상적·이론적 동맹'"이라고 진단했다.[9] 이희옥은 시진핑·김정은 정상회담이 열린 이후 쓴 논문에서도 "2018년 이후 시진핑·김정은의 연쇄 정상회담 이후 북중관계가 '재정상화'되었지만, '재정상화'가 곧 동맹으로 발전하지는 않을 것"이라고 주장했다.[10]

　최명해는 시진핑 시대 들어 중국이 전통적 우호관계라는 수사로 북한과의 문제를 봉합하는 수준을 넘어 '정상적 국가관계'로 재정립시키고자 하는 조치들을 구체화하고 있다고 보았다. 미중 경쟁의 드라마를 생각할 때 중국이 북한의 지정학적 가치를 완전히 부정할 수는 없지만, 향후 북한을 '정상국가화'시켜 북중관계를 재정립하고 한국과의 전략적 공감대를 넓혀 나간다면, '친중적이고 번영한 한반도'의 출현이 가능하다고 기대한다는 것이다.[11]

북한의 핵실험이 '중국으로부터의 독립'을 뜻하기 때문에 양국이 더 이상 동맹이 아니라는 주장은 미국의 스콧 스나이더 외에 중국 칭화대(淸華大)의 옌쉐퉁(閻學通) 교수도 제기했다. 그는 "북한은 중조 간 동맹상의 약속을 지키지 않았다. 양국 간 동맹조약은 이미 사실상 폐기된 것이다"라면서,[12] 주된 원인으로 북한의 핵실험을 꼽았다.[13] 그는 "2011년 12월 이후 김정은이 집권한 2년 반 동안 중국·북한 지도자가 만난 적이 없다"면서 "중한관계가 이미 중북관계를 초월했다"고 주장하고, 심지어 "중국과 한국이 동맹 수립도 가능하다"는 견해를 피력했다.[14]

옌쉐퉁과 유사한 주장을 편 중국 학자로 왕이웨이가 있다. 그는 '중한 선린우호협력조약'의 체결을 주장하면서, 이 조약이 "미국의 동맹체계를 약화시키고" "통일된 한반도가 중국적 질서로 복귀하는 안정적인 기초"가 될 것이라고 주장했다.[15] 그의 발언을 통해 중국의 한반도 전략은 장기적으로 '탈(脫) 미국, 친(親) 중국의 통일국가'이며, 이 과정에서 '우호협력조약'이란 틀로 남북한 모두를 끌어안으려 한다는 것을 알 수 있다.

'북중동맹 해체론'은 희망 담긴 착시일 뿐

'북중동맹 해체론'을 요약하면 논거는 3가지다. 첫째, 군사동맹의 성격이 사라진 '가상적·이론적 동맹'에 불과하다는 것이고, 둘째, 중국이 북한을 '전략적 자산'으로보다 '전략적 부담'으로 느낀다는 것이고, 셋째, 북한의 핵실험이 '중국으로부터의 독립'을 뜻하기 때문에 양국이 더 이상 동맹이 아니라는 것이다. 이 3가지 논거는 최근 몇 년 사이 북중의 실제 행동을 통해 모두 설득력을 잃었다.

먼저 "북중관계의 군사동맹 성격이 사라졌다"는 주장은, 북한이 외침을 받을 경우 중국은 여전히 북한을 도울 것이라는 관영 매체의 보도로 힘을 잃었다. 〈환구시보〉는 2017년 4월 22일자 사설에서 "한국과 미국군이 38선을 넘어 지상전을 벌이는 경우 즉각 군사 개입에 나서겠다"고 밝혀, 북중 동맹조약이 여전히 살아 있음을 시사했다.[16]

중국이 북한을 '전략적 부담'으로 여긴다는 두 번째 주장과 북한의 핵실험이 중국으로부터의 독립을 뜻하기 때문에 더 이상 동맹이 아니라는 세 번째 주장 역시 2018년 이후 북중 최고지도자의 5회 연속 정상회담으로 모두 근거를 상실했다. 시 주석은 핵실험을 6차례나 단행한 북한의 최고지도자 김정은과 만나 "전통적인 중조 친선은 피로써 맺어진 친선으로서 세상에 유일무이한 것이며 뿌리 깊고 잎이 우거진 나무와 영원히 마르지 않는 샘줄기처럼 우리 두 당과 두 나라 인민에게 행복을 마련해 주고 있다"고 강조했다. 중국은 북한이 핵을 보유한 사실에 구애 받지 않고 '전략적 자산'으로서 북한을 중시한다는 것을 보여 준 것이다.

또 북중 지도자가 상당 기간 만나지 않은 것을 동맹 파탄의 근거로 삼은 옌쉐퉁의 주장은 양국의 정상회담 역사로 봐도 전혀 논리적이지 않다. 가령 한중 수교(1992)와 김일성 사망(1994) 이후 7년간 서로 만나지 않던 장쩌민과 김정일은 2000~01년 사이 세 차례 만나 상호 방문의 전통을 회복하였고, 시진핑·김정은 역시 6년 이상 만나지 않다가 2018년부터 5회 연속 연쇄회담을 가졌다. 북중 간 정상회담이 일정 기간 열리지 않은 것은 일시 소원해진 양국 관계를 반영하는 것이긴 하지만, 그것을 동맹 파탄의 근거로 삼는 것은 지나친 비약이라 할 수 있다.

특히 중국 관변 학자들의 '북중동맹 해체론'은 실제로 북중동맹이 해체되어서가 아니라, 그런 주장을 통해 외교적 이득을 얻으려는 의도로 해석된다. 중국 학자들은 자신의 학문 연구 결과를 알리기 위해 주장을 펴기보다, 종종 국가의 외교전략에 기여하는 기회로 이용하려는 경향이 있다. 순수한 학자가 아니라 '학자의 모자를 쓴 외교관'인 셈이다.

이상과 같이 2000년대 들어 국내외 많은 연구자들이 북중관계에 대해 동맹이 해체되고 보통의 국가관계로 변한 듯이 진단하였다. 이로 인해 중국이 북중관계보다 한중관계를 더욱 중시한다는 오해가 발생하기도 했다. 그러나 2018년 이후 이런 주장은 거의 사라졌다. 반대로 수년 전부터는 국내 연구자들 사이에서 그간의 북중관계 성격 논쟁에 대한 반성이 일어났다.

가령 한양대 문흥호 교수는 "그동안 중국이 북한을 전략적 자산(strategic asset)보다 전략적 부담(strategic burden)으로 인식하고 북중 전통적 우호협력 관계를 포기하는 것으로 해석되기도 했지만, 이는 우리의 희망적 사고에 의한 '착시', '오독'이었을 뿐, 중국은 북중관계를 방치할 이유가 전혀 없었다"고 지적했다.[17]

동덕여대 이동률 교수 역시 중국의 대북정책 변화를 둘러싼 논의가, 외형적으로 보여 주는 북한에 대한 중국의 외교적 언행에 집중되는 경향을 보이고 있다고 비판했다. 그는 중국의 외교전략과 관련, '최상층 설계'가 화두로 떠오를 만큼 통합적 정책 조정의 필요성이 제기되는 점을 들면서, 향후 중국 외교전략의 조정 추이를 볼 때 '구조와 환경'의 변화에 주목할 것을 제안한다.[18]

통일부장관을 지낸 이종석 세종연구소 수석연구위원은 2019년 6월 24일 국회에서 열린 한반도 평화번영 포럼에서 "시진핑의 방북 직후 북중관계가 신(新) 혈맹 관계로 간다는 느낌"이라며 "중국의 대북정책이 실질적으로 전환되는 모습"이라고 말했다.[19]

2. 현상 변경의 '이익동맹' 이론

한 국가가 심각한 외부 위협에 직면하여 자신의 안전과 생존을 확보하는 방법은 크게 두 가지가 있다. 하나는 자신의 군사력을 증강해 외부의 위협에 대응하는 것이고, 다른 하나는 다른 국가와 동맹을 체결하여 외부의 힘과 균형을 유지하는 방법이다.

이 중 동맹은 자체 군사력 증강이 어려운 약소국이 국익 유지를 위해 강대국의 힘을 얻는 가장 간결하고 일상적인 방법이다. 이를 위해 약소국은 (외부의) 군사적인 공격을 받을 때 강대국으로 하여금 확실하고 명확한 지원을 약속하는 공식적인 방위동맹을 체결하기를 원한다.[20] 한미동맹이 여기 해당한다. 때로는 약소국이 위협의 근원이 되는 세력과 동맹을 맺는 방법, 즉 '편승'의 경우도 있다.

동맹(alliance)이란 '2개국 이상의 안보협력을 위한 공식 또는 비공식 관계'로 정의된다. 한미동맹이나 미·나토(NATO) 관계 같은 공식적 관계뿐만 아니라 비공식 관계까지 동맹에 포함하는 이유는, 미국·이스라엘과 같이 조약이 체결되지 않아도 누구도 의심하지 않는 강력한 유대관계가 존재하기 때문이다. 또 설사 동맹조약이 존재한다 해도 국가 간 관계가 변화하면 문서 자체가 소용없어질 수도 있다. 한미동맹이 그런 상황으로 갈 가능성이 높아지고 있다.

앞에서 살펴본 대로 북한·중국 관계는 '비공식 동맹'과 '공식 동맹'을 모두 거쳐 온 특별한 관계다. 양국은 공식적인 동맹조약도 없이 1940~50년대 함께 피 흘리며 싸웠고 다른 어떤 동맹보다 강력한 유대를 보여 주었다. 두 나라는 1961년 '우호협력조약'을 체결하면서 '공식 동맹'의 단계에 들어섰다. 양국은 공식 동맹이 된 이후 오히려 많은 갈등과 마찰을 드러냈다. 이런 점에서 동맹 여부는 조약 문구보다 당사국의 의지와 행동으로 판명난다고 할 수 있다.

북중동맹은 중국 외교의 예외적 현상

중국의 대외관계에서 북한과의 동맹조약은 극히 예외적인 현상이라 할 수 있다.

중국이 북한과 동맹조약을 맺은 1961년은 중국이 반둥 회의(1955) 참석 이후 '평화공존 5원칙'과 함께 비동맹 외교 노선을 표방한 시기다. 중국은 지금도 외교정책에서 '어떤 국가와도 군사동맹을 맺지 않는다'는 원칙을 천명하고 있다. 중국은 북한과의 관계를 '전통적 우호 관계'란 용어로 희석한다. 동맹이면서도 동맹이 아닌 듯 행동하는 중국의 이중성은 운신의 폭을 넓혀 국익을 극대화하기 위한 전략이다.

이러한 이중성과 상호 모순이 가득한 북중관계를 동맹이론의 '연루(連累, entrapment)'와 '방기(放棄, abandonment)' 개념으로 설명하는 데는 한계가 있다. '연루'란 공유하지 않거나 혹은 부분적으로만 공유하는 동맹의 이익 문제 때문에 갈등(혹은 전쟁) 속으로 끌려 들어가는 것을 말한다. 연루는 동맹국의 이익을 위해 함께 싸우면서 손해를 보더라도 그 동맹을 유지하는 것이 더 가치 있다고 여길 때 발생한다. '방기'는 동맹국이 지원을 필요로 하는 긴급 상황인데도 적과의 관계를 조정하거나 동맹조약을 폐기하여 도움을 제공하지 않는 것을 말한다. 즉, 동맹국을 저버리는 행위(defection)다.[21] 연루와 방기는 서로 역(逆)관계에 있어 한쪽 가능성이 늘어나면 다른 쪽 가능성은 줄어든다.

북중 간의 갈등은, 양국이 군사동맹임에도 불구하고 북한이 스스로의 안보를 위해 핵을 개발하면서 발생했다. 이러한 상황에서 중국은 유엔 대북제재에 동참함으로써 북한에 대한 '방기'의 모습을 보였다. 그렇지만 중국은 동시에 북한 정권이 위기에 처하지 않도록 경제지원을 통해 '연루' 위험성도 감수한다. 이러한 중국의 외교 행태는 '연루'와 '방기'가 서로 역관계라는 기존의 동맹이론과 부합하지 않는다. 이에 대해 한양대 문흥호 교수는 중국이 북한과 동맹관계와 정상관계 사이에서 '선택적 균형'을 취한다고 설명하기도 한다. 그 선택은 중국이 국익을 극대화하기 위한 주관적 관점에서 사안의 성격, 주변 국제질서 변화 추이, 국제사회의 반응, 중국의 내부 여론, 북한의 반응 정도 등을 고려하여 결정한다는 것이다.[22]

기존의 동맹이론으로 이해하기 어려운 북중관계를 어떻게 설명해야 할 것인가? 필자는 중국과 북한이 보이는 이중적이고 모순되는 행동조차도 어떤 목표를 향한 의도된 행위라고 본다. 즉, 중요한 것은 목표와 의도이지, 과거의 약속이나 드러난 행동만은 아니다. 국가지도부는 국내외 환경 변화(A)에 따라 → 국가목표를 달성하려는 의도를 가지고 → 국가정책(B)을 수정한다. 즉, A와 B 사이에 국가 지도부의 '전략목표와 의도'가 개입되며, 그것이 최종적으로 외교행위로 표현된다. 그것이 상대국에 대한 '연루'든 '방기'든, 결국 '의도'는 하나인 것이다. 중요한 것은 국가 지도부의 '의도'를 읽어 내는 일이다.

"중국은 늑대, 북한은 자칼"

그렇다면 중국은 2000년대 들어 어떤 대내외 환경조건(A)에서 → 국가의 어떠한 전략목표를 달성하기 위해('의도') → 대북정책(B)을 조정하게 되었을까?

국제정치학 이론에 따르면, A와 B 사이에 개입하는 국가의 '의도'는 크게 '동맹의 외적(外的) 위협에 대한 대응'과 '동맹 내부의 잠재적 위협에 대한 관리'라는 두 개의 방향으로 나타난다. 이 중 '동맹의 외적 위협에 대한 (중국과 북한의) 대응'과 관련하여, 미국의 정치학자 랜달 슈웰러(Randall L. Schweller) 오하이오 대학 교수의 '이익균형 이론(balances of interest theory)'은 설득력 있는 관점을 제공한다.

슈웰러는 이 이론에서 국가들이 안보보다 '이익을 위해 편승(bandwagoning for profit)'하는 경향이 있으며, 그러한 이익을 위한 편승은 현상 유지 국가들(status-quo states)보다 현상 타파 국가들(revisionist states)에 더 자주 나타난다고 주장한다.[23] 그는 현상 타파 국가들이 단순한 생존을 넘어 팽창주의적 이익을 추구하며, 그 목표를 얻기 위해 큰 위험도 감수한다고 보았다. 이 때문에 일반적으로 현상 타파 세력이 동맹행위의 주동자들이며, 현상 유지 국가들은 (그에 대한) '반응자(reactors)'라고 주장했다.[24] 특히 세력과 변화를 추구하는 현상 타파 국가들은 자신들의 세력이 현상 유지 세력보다 강할 때 '새로운 질서(New Order)'를 요구하는 동맹 편에 선다는 것이다.[25]

슈웰러는 이 이론에서, 자신이 가진 것을 지키는 데 높은 비용을 지불하려는 현상 유지 국가를 '사자(lions)', 자신이 원하는 것을 얻는 데 모든 것을 거는 현상 타파 국가를 '늑대(wolves)', 준(準) 강대국으로 기회를 엿보는 국가를 '자칼(jackals)', 사자에 편승하는 현상 유지 약소국을 '양(lambs)'에 비유했다.[26] 이 중 자칼은 현상에 불만족인 국가로서 현상 유지와 현상 타파를 모두 추구한다. 자칼은 또한 책임 회피적이며 기회주의적이어서, 사자의 뒤를 따라다니며 죽은 고기를 먹지만, 때로는 현상 타파 진영의 우두머리인 늑대를 따라다니기도 한다. 이러한 두 가지 편승 행위는 포식자의 책임 전가이자 공격행동의 무임승차 시도이기도 하다. 약육강식의 세계에서 언제나 희생자인 '양' 국가들은 정치 엘리트와 제도가 정통성을 갖지 못하거나, 내부적으로 인종, 종교, 정치, 계급, 노선 등으로 분열되어 있고 이념적으로 갈등을 겪는 국가들이다. 양들은 위협을 분산하거나 위협국가의 비위를 맞추기 위해 '편승'하기도 한다.

슈웰러의 분류에 따르면, 1930년대 영국, 프랑스, 미국이 '사자(현상 유지 국가)', 독일과 소련, 일본, 이탈리아가 '늑대(현상 타파 국가)', 체코슬로바키아, 루마니아, 오스트리아, 유고슬라비아 등이 '양', 동아시아에서 미국·영국에 편승하다 뒤에 늑대 대열에 합류한 일본은 '자칼'에 해당한다. 슈웰러는 국가들이 미래 보상에 대한 약속에 유혹을 받는다면서, 다양한 '편승'의 공통점은 이익을 얻을 것이란 전망에 의해 동기부여가 되는 점이라고 지적한다. 현 질서에 만족하는 국가라면 현상 유지 연합에 참여할 것이지만, 안보보다 이익을 중시하는 불만족 국가라면 부상하는 현상 타파 국가에 편승할 것으로 본 것이다.

21세기 동아시아에서 중국은 미국적 질서를 넘어 '새로운 질서'를 추구하는 '현상 타파 국가', 즉 '늑대'에 해당한다. 중국은 후진타오 말기부터 미국에 '신형 대국관계'를 압박해 미국이 만든 국제질서를 해체하려 하고, 일대일로 프로젝트를 통해 중국 중심의 경제질서를 만들고자 한다. 북한은 핵개발을 통해 강대국 중심의 핵질서를 무너뜨리고 한미동맹을 해체하여 '한반도 게임 체인저'가 되려 한다.

전형적인 '자칼' 국가이다. 반면 미국에 편승해 현상을 유지하려는 한국은 양에 해당한다. 이런 관점에서 보면, 북중은 미국적 질서를 넘어서려는 늑대와 자칼의 '현상 타파 동맹'이다. 이와 대립하는 한미는 사자와 양의 '현상 유지 동맹'이 된다.

핵보유를 통해 현상을 타파하려는 북한은 중국에 '편승'하는 전략을 택했다. 이 편승이 성립하는 것은 북중의 공통의 적이 '미국'이기 때문이다. 이러한 구조에서 전략적 주도권은 중국과 북한이 가지게 되고, 한미는 수동적 입장이 될 수밖에 없다.

북중은 '주한 미군 철수' 공통 목표 가진 '이익동맹'

이러한 이론적 설명과 관련, 미국 브루킹스 연구소가 2019년 11월 발간한 "순망치한: 북중관계의 재건"[27]이란 보고서가 주목을 받는다. 연구소는 이 보고서에서 "중국과 북한은 한미동맹의 약화, 주한 미군 철수, 미국의 역내 영향력 약화라는 공통의 목표를 공유하고 있다. 중국과 북한의 전략적 파트너십은 전략적 가치가 크다"고 강조했다. 즉, 중국과 북한은 한반도를 포함한 아시아에서 미국의 영향력을 축소시키려는 '현상 변경'의 공통 목표 때문에 전략적 파트너십을 강화하고 있다는 것이다. 사람들이 오해하는 것처럼 동맹이란 '사이가 좋은 국가들의 관계'가 아니라, '공통의 적과 공통의 목표를 공유한 국가들의 관계'라는 것을 이 보고서는 말해 주고 있다.

동맹이론가 가운데 동맹국 상호간의 영향력 행사와 마찰 방지, 즉 '동맹의 내적 기능'에 주목한 학자들이 있다. 미국의 국제정치학자 패트리샤 와이츠먼(Patricia A. Weitsman, 1964~2014)은 이러한 동맹 내부의 관리를 '결박(tethering)'이라는 용어로 이론화했다. 그는 '결박'을 '협정을 통해 자신의 적수를 자기에게 가까이 끌어당김으로써 관계를 관리하는 것'으로 정의한다. 결박은 상호 적대감에 의해 촉진된다. 즉, 결박은 국제정치에서 적대국을 포용하는 일반적인 전술이다. '결박'은 라이벌 간의 임박한 무력 충돌 가능성을 회피하고, 높아진 투명성과 신뢰 증진의 기회를 통해 협력을 용이하게 한다. '결박' 국가들은 장기적인 화해나 그들을 분열시켰던 갈등의 실질적인 해결에는 이르지 못할 수도 있지만, 적으로부터 오는 위협의 수준을 낮추는 협정을 만들어 낼 수 있다. 즉, '결박'은 적대감을 억제하려는(in check) 것으로서, 적수들 간의 '상호 제한 협정(agreement of mutual restraint)'이다. 결박 협정은 히틀러와 스탈린이 1939년 서로를 '결박'했던 것처럼, 일시적으로나마 라이벌 관계를 개선한다. 이는 또한 동맹국이 다른 국가와 동맹을 맺는 것을 예방할 수 있다.[28]

와이츠먼의 '결박' 이론은 상호 알력과 갈등이 적지 않은 북한·중국 관계에 원용이 가능하다. 중국은 북한의 핵개발에 따른 북중동맹의 이완 상황에서 북한이 다른 국가와 협력을 강화하여 동맹에서 이탈하는 것을 막기 위해 북한을 '결박'하는 수단이 필요하게 된다. 중국이 북중 국경지역에 배치한 30만 명의 병력은 북한의 이탈을 막는 지렛대가 되지만, 북이 핵강국이 되면 그 효력은 급격히 떨어진다. 이런 상황에서 중국은 북한을 '결박'할 새로운 수단이 필요하게 되었다. 중국이 2000년대 들어 대북 경제협력 사업을 체계적으로 추진한 배경에 그러한 의도가 담겨 있는지 분석해 볼 필요가 있는 것이다. 중국의 대북 경협 강화는 국제제재가 강화되는 상황에서 북한이 경제난으로 붕괴하는 것을 막고, 또한 북한이 제3국과 경제협력을 강화해 중국에서 이탈하려는 시도를 사전에 차단하는 수단이 될 수 있다.

이러한 문제의식에서 이 책 제6, 7장에서는 중국의 대북 경협의 내용과 결과를 분석할 것이다. 이상 소개한 슈웰러의 '현상 타파 이익동맹 이론'과 와이츠먼의 '결박' 개념이 2000년대 이후 북중관계에서 어떻게 구체화돼 왔는지 살펴보고자 한다.

제4장

제4장
후진타오:
중재자에서 방관자로

　　2002년 말 출범한 후진타오 정부는 전임자 장쩌민이 물려준 북한과의 관계를 이어 가고자 했다. 장쩌민은 1992년 한중 수교로 단절된 양국 관계를 자신의 임기 말인 2000~01년 가까스로 복원하였다.

　　후진타오는 개인적으로는 김정일을 싫어하고 사석에선 '짜증'을 냈지만, 공식적으로는 북한과의 관계 개선에 적극적이었다. 중국의 이러한 태도에 찬물을 끼얹은 것은 북한이었다. 2006년 10월 북한은 국제사회의 강력한 반대에도 불구하고 1차 핵실험을 감행함으로써 동북아 정세에 큰 혼란을 몰고 왔다. 중국은 예상보다 빨리 진행된 북한의 핵실험에 충격을 받았다. 중국은 기존의 한반도 정책으로는 북한을 통제할 수 없다는 인식 위에 새로운 한반도 전략과 대북정책을 모색하게 되었다.

　　이 장에서는 후진타오 정부가 중국의 외교안보전략에 큰 도전으로 다가온 북한의 핵도발에 어떻게 대응하였는지 검토하고자 한다.

1. 후진타오 1기(2002~2007)의 대내외 환경

2002년 말 제16차 당대회를 통해 출범한 후진타오 중심의 중국 4세대 지도부는 21세기 초반 20년을 '전면적 샤오캉(小康) 사회' 건설을 이루는 '전략적 기회'로 평가했다. '샤오캉 사회'란 의식주를 걱정하지 않는 안락한 삶이 보장된 중진국 수준의 사회를 말한다.

후진타오 지도부는 국제사회가 안정되고 미중관계가 좋은 '전략적 기회'를 이용하여 2020년까지 국내총생산(GDP)을 2000년의 4배인 4조 4천억 달러, 1인당 GDP는 3천 달러 이상 달성한다는 국가적 목표를 제시했다(중국은 2018년 기준 1인당 GDP 9,770달러로 그 목표를 3배 이상 초과 달성했다). 신 지도부는 아울러 자신들이 추구해야 할 3대 임무로 '현대화 건설 추진'과 '중국의 통일사업 완성', '세계 평화의 수호와 공통 발전 촉진'을 꼽았다.[1] 후진타오는 자신의 지도 이념으로는 '과학적 발전관(科学发展观)'과 '조화로운 사회(和谐社会)' 개념을 제시했다. 과학적 발전관이란 양적 발전을 넘어 질적 발전 단계로 나아가겠다는 것이며, 조화로운 사회란 성장 중심에서 분배의 균형도 추구하겠다는 이념이다.[2]

후진타오 대외전략 '화평굴기, 유소작위'

이러한 국가목표 설정에 맞추어 후진타오 정부는 대외전략에서도 적극적으로 변화를 모색했다. 덩샤오핑–장쩌민 시대의 피동적, 소극적 입장에서 벗어나 보다 적극적, 공세적 전략으로 전환하고자 했다. 이는 국력 증강을 대내적 차원에 국한시키지 않고 대외적 영향력 확대와 이를 통한 21세기 국제사회에서의 주도적 지위 확보와 연계시키려는 의도였다.[3]

이러한 중국의 대외전략 의지를 구체화한 '세계관'이 '조화로운 세계(和諧世界)관'이다. 후진타오 정부는 당초 국내적 복지와 분배의 실현 개념으로 사용하던 '조화로운 사회'관을 국제관계의 개념으로 확장하여 '조화로운 세계'란 용어를 만들어 냈다. 이 용어는 국제질서가 일부 국가의 패권주의와 강권정치에 의해 좌우되어서는 안 되며, 국제질서가 다극화되고 국제관계가 민주화되어야 한다는 개념이다. 즉, 국가의 강약이나 이념 차이, 경제력 차이를 불문하고 평등하게 공존하면서 '구동존이(求同存異)'해야 한다는 주장이다. 이 '조화로운 세계관'이 미국의 단일 패권과 미국적 질서를 견제하기 위한 구호라는 것은 누구나 알 수 있다. 중국은 강력한 군사력과 경제력을 배경으로 필리핀, 베트남, 한국 등 주변국에 대해서는 강압적 외교를 펼치면서도, 미국에 대해서는 '평등'과 '공존'을 요구하는 이중성을 드러냈다.

후진타오 정부는 21세기 새로운 국제질서와 '조화로운 세계' 실현을 위해 대외전략에도 일부 수정을 가했다. 덩샤오핑이 제시한 '도광양회' 방침을 기조로 삼으면서도, 평화적 부상을 통해(화평굴기) 부분적인 국제문제에 관여하는 '유소작위' 노선을 표방한 것이다. 중국이 이러한 온건한 표현을 사용한 것은 지속적인 경제발전을 위해서는 국제사회에서 제기되는 '중국 위협론'을 불식시킬 필요가 있었기 때문이다.[4] 2001년 12월 WTO에 가입한 중국으로서는 무엇보다 평화로운 발전 환경의 조성이 필요했다.

후진타오 정부가 제시한 7대 외교목표 역시 이러한 필요성을 반영한 것이다. 7대 목표란 첫째, 주요 대국관계의 안정과 발전, 둘째, 주변국과의 전면적 우호관계 추진, 셋째, 북핵 문제 등 돌발 사안에 대한 적절한 대응, 넷째, 발전도상국과의 협력, 다섯째, 다자외교에 대한 적극적 참여, 여섯째, 대외 경제협력의 적극적 추진, 일곱째, 대만 문제의 해결과 통일의 추진이 그것이다.[5]

9·11 후 미중관계 '갈등에서 협력으로'

후진타오 정부는 특히 미중관계에서 미국의 일방주의와 패권주의를 견제하면서도 경제·과학·교육·대테러 부문에서 협력해야 하는 이중구조에서 균형을 찾고자 했다. 그것은 2001년 초 출범한 미국 부시 행정부의 '신보수주의(neo-con)' 외교노선과 '테러와의 전쟁'과 직접 관련이 있다.

부시 대통령은 취임 첫해에는 상하 양원 합동 연설에서 중국을 미국의 '전략적 경쟁자(strategic competitor)', '잠재적 적대국'으로 규정하고 중국을 강력히 견제하겠다는 입장을 공식화했다. 딕 체니 부통령과 도널드 럼스펠드 국방장관 등 네오콘이 이러한 정책 방향을 주도했다. 부시 행정부의 대중 강경 정책은 그해 4월 하이난다오 상공의 미국 정찰기와 중국 전투기 충돌 사건으로 터져 나왔다.[6]

그러나 그해 가을 미국 본토가 적에게 처음으로 공격당하는 9·11 사건이 터지면서 부시 정부는 세계전략을 근본적으로 수정할 수밖에 없었다. 이는 미중관계에 직접적인 영향을 미쳤다.

부시 행정부는 외교안보정책의 초점을 '테러와의 전쟁'에 맞추고 아프가니스탄과 이라크에서 대규모 전쟁을 벌였다. 이 전쟁을 수행하는 과정에서 미국은 중국의 협조가 불가피했다. 왜냐하면 중국은 이슬람 테러 집단의 근거지인 파키스탄과 외교관계가 두터울 뿐만 아니라 아프가니스탄, 타지키스탄, 키르기스스탄, 카자흐스탄 등 이슬람 국가들과도 국경을 접하고 있어 미국에 부족한 정보들을 채워줄 수 있었다. 중국 역시 서부 신장(新疆) 지역에서 독립을 추구하는 동(東)투르키스탄 무장 세력의 문제를 안고 있어 미국의 대테러 전쟁과 공조할 필요성이 있었다. 중국은 곧 미국의 아프가니스탄 공격을 지지했다. 미국이 중국을 '전략적 경쟁자'에서 대테러전 수행의 '협력 상대'로 인식하게 됨에 따라 부시 행정부의 대중정책에도 변화가 일어났다. 양국은 냉전 해체 이후 점증하던 갈등 요소를 일단 잠재우고 21세기 초반에 '건설적 협력관계'의 틀을 유지할 수 있었다.

그러나 부시 행정부의 네오콘인 체니 부통령과 럼스펠드 국방장관 등 외교안보정책 결정자들이 중국 공산주의에 적대적이었기 때문에 미중관계도 그 영향을 받았다. 미국은 중국을 북한, 이라크, 이란, 리비아 등과 함께 핵타격 대상으로 지정하였고, 대만과 단교한 지 22년 만에 대만 국방부장의 방미를 허용해 중국의 반발을 샀다.

중국은 2004년 대만 독립파인 천수이볜 총통이 재선되자 이듬해 전인대에서 '반국가분열법(反分裂国家法)'을 제정, 대만에 대한 무력 통일의 법적 근거를 마련하는 등 미국의 간섭에 대응하는 강경한 대만정책을 실시했다.[7] 이 법은 세계에는 '하나의 중국(一个中国)'만 존재하고, 대륙과 대만은 하나의 중국이며, 중국의 주권과 영토는 분할될 수 없다는 원칙을 담고 있다. 이 법은 대만 문제를 중국 내전의 산물로, 대만 통일을 중국의 내정으로 규정함으로써 어떤 외부 세력의 간섭도 배격한다고 밝히고 있다. 즉, 미국의 간섭을 차단하겠다는 것이다. 또 대만 독립 세력이 어떤 명분으로라도 대만을 중국에서 분리하려는 시도를 할 경우 비평화적 방식, 즉 군사력으로 국가주권과 영토를 보호할 것을 천명하고 있다.

이 시기 중국의 협력이 필요했던 미국 부시 행정부는 천수이볜의 미국 통과비자 발급을 거부하는 등 '하나의 중국' 원칙을 존중하는 모습을 보였다. 2005년 미국은 중국을 '책임 이해상관자(responsible stake-holder)'로 규정하면서 부시 행정부 출범 이후 중국을 '전략적 경쟁자', '잠재적 적대국'으로 보던 관점을 완화하고, 중국을 '지역 및 글로벌 이슈 해결을 위한 협력 상대'로 인정해 주었다. 그에 따라 부시 정부 내내 중단되었던 미중 인권 대화가 2008년 재개될 수 있었다. 또 두 나라는 전략 경제 대화를 통해 협력을 추구했다. 부시 대통령은 2008년 베이징 올림픽 개막식에 참석함으로써 신뢰관계를 보여 주었다. 부시·후진타오 시기 미중관계는 전반적으로 '갈등보다는 협력' 국면으로 전개되었다.[8]

후진타오, 미국 패권 인정하면서 '핵심 이익' 고수

이러한 분위기에서 후진타오 1기의 대미정책은, 미국의 일방주의를 견제하면서도, 일초다강(一超多强, 하나의 패권국과 여러 개의 강대국 체제)의 세계질서 속에서 미국의 패권적 지위를 인정하면서 그 속에서 국내적으로 '전면적 샤오캉 사회'를 이루고, 대외적으로 중국의 영향력을 확대해 나가는 것이었다. 이를 위해 중국은 미국과의 관계를 '견제와 균형', '대립과 협력'의 이중구조로 안정적으로 유지하려고 하였다.[9] 또한 중국은 미국의 정책에 탄력적으로 대응하면서 대만 문제, 티베트와 신장의 주권·영토 문제, 정치체제와 종교·인권·반체제 문제 등 이른바 '핵심 이익'에서는 절대 물러서지 않는 원칙을 고수하였다.

후진타오 정부의 동북아정책 역시 대미정책과 맞물려 조정되었다. 중국은 2차대전 이후 냉전 해체 전까지 동북아 질서가 미소에 의해 결정되면서 자국의 역할이 제한적일 수밖에 없었다고 보았다. 그러나 21세기 들어 중국은 전략적 부상을 위해 자국에 우호적인 새로운 동북아 질서의 수립이 필요하다고 판단하였다. 이를 위해 중국은 주변국과의 전면적인 우호관계 수립을 중요한 외교 목표로 설정하였다. 언젠가 치러야 할 미국과의 전략적 대결에 대비하여 주변 관계부터 다지겠다는 의도다.

후진타오는 2003년 6월 몽골 의회 연설에서 동북아정책의 핵심을 3가지로 요약, 강조했다. 첫째, 동북아의 융합, 신뢰, 협조에 기반한 정치 환경 조성, 둘째, 평화와 안정, 화해에 기반한 안보 환경 구축, 셋째, 상호이익과 호혜평등, 윈윈(win-win)의 경제 환경 수립이다.[10]

이러한 후진타오 1기 정부의 동북아 정책에서 한반도의 평화와 안정 유지는 핵심적 부분을 차지한다. 한반도의 안정 없이는 중국이 추구하는 지속적인 경제발전이 불가능한 것은 물론, 동북아 신국제질서의 수립도 어려워진다. 즉, 한반도의 평화와 안정은 중국의 정치·경제·군사적 영향력 확대의 기반이자 동북아 정책의 관건적 요인이며, 나아가 세계전략의 추진 거점이 된다.

이러한 인식 위에서 중국은 미·일·러와의 관계 속에서 한반도 영향력의 우위를 확보·유지하기 위한 전략을 꾸준히 추진하였다. 중국 정부는 1992년 한중 수교가 1894~95년 청일전쟁으로 잃어버린 한반도에 대한 영향력을 되찾기 위한 전략적 선택이었으며, 한중 수교를 통해 한반도 전체(남북한)에 대한 영향력 측면에서 미·일·러에 비해 우위를 차지하게 되었다고 판단하였다. 중국은 북한에 충격을 안겨준 한중 수교를 통해서도 한반도에서 자국의 총체적 영향력을 유지·확대하려는 원칙과 노력을 한 번도 포기하지 않은 것이다.

후진타오 정부의 한반도 정책은 대북정책에 그대로 투영되었는데, 중국은 전반적으로 협력적인 미중관계 속에서 북한의 핵도발을 비중 있게 다루고자 하였다.

2. 후진타오 1기의 대북정책: 중재자

1) 북한의 핵도발

1990년대~2000년대 초 북한은 미중 수교와 냉전 해체, 중국의 개혁개방, 한중 수교라는 급격한 국제환경 변화 속에서 새로운 생존의 길을 고민할 수밖에 없었다.

이 시기 북한은 3가지 위기에 직면했다. 첫째는 안보 파트너였던 소련·동구권의 붕괴와 중국의 이탈에 따른 안보 위기였다. 둘째는 사회주의 형제국가 간의 우호가격제 폐지와 지속적인 경제 침체에 따른 경제 위기였다.[11] 셋째, 적대국인 한국과의 체제경쟁에서 패함에 따라 맞이한 체제 위기였다. 소련과 중국의 대 한국 유화 노선은 북한을 매우 불리하게 만들었고, 경제 위기는 한국에 대한 북한의 군사력 우위를 급감시켰다. 이러한 위기에 몰린 북한 상황에 대해 미국의 일부 전문가들은 '구석에 몰려 사람까지 물려는 개'로 표현하기도 했다.[12]

이런 상황에서 북한이 선택한 자주적 생존 전략은 핵개발이었다.

북한 핵개발은 1953년 소련 도움으로 시작

북한 핵개발의 역사는 1950년대 한국전쟁 직후로 거슬러 올라간다. 일찍부터 핵기술 확보와 핵무기 개발에 관심이 많았던 김일성은 1953년 소련과 '원자력 평화적 이용협정'을 체결하고 1963년 6월 소련으로부터 소형 연구용 원자로를 도입하였다.[13]

이어 북한은 1970년대 중반 영변 지역에 독자적인 핵시설 건설과 함께 핵무기 개발을 추진했다. 당시 김일성은 '조선반도의 비핵지대화'를 주장하기 시작했는데, 이는 미국과 중국의 의심을 사지 않으면서 핵무기를 개발한다는 전략 때문이었다고 북한 외교관 출신 태영호는 지적했다. 또 1975년 4월 18일 베이징에서 마오쩌둥과 회담을 갖게 된 김일성은 넌지시 "원자탄 개발에 비용이 얼마나 들었는가?" 하고 물었다고 한다. 마오쩌둥은 동석한 관료에게 얼마가 들었는지 김일성에게 알려주라고 지시했다. 20억 달러가 들었다는 보고가 있었다. 백주(白酒)까지 겸한 화기애애한 자리였지만 마오쩌둥은 냉정하게 다음과 같이 말했다. "조선은 핵무기를 가질 꿈도 꾸지 말라. 중국이 독자적으로 핵을 개발하면서 소련과의 관계가 나빠지고 경제가 악화되어 수천만 명이 굶어 죽었다. 조선처럼 작고 경제가 취약한 나라에서 핵무기를 만들면 경제를 다 말아먹고 인민 생활이 어려워진다. 그러면 사회주의 자체를 못 하게 된다." 이에 김일성은 "우리가 핵무기를 개발하겠다는 뜻은 아니다"라고 얼버무렸지만, 귀국하는 기차에서 당 정치국회의를 열고 이렇게 말했다. "모택동이 나한테 얘기하는 것 들었지? 앞으로 우리가 핵무기를 만드는 데 가장 큰 적은 미국이 아니라 중국이다. 우리가 넘어야 할 가장 큰 산이 중국이라는 뜻이다. 중국은 끝까지 우리의 핵무기 보유를 반대할 것이고, 그러면 핵개발은 불가능하다. 그러니 우리는 중국을 옆에 끼고 나가야 한다."[14]

북한은 1982년경부터 평양에서 북쪽으로 100킬로미터 떨어진 영변과 기타 지역에 5MWe(메가와트) 실험원자로(흑연감속로)와 핵연료 가공공장, 방사화학실험실, 연료봉 재처리시설, 우라늄 농축시설 등 핵시설 16개소를 건설했다. 이 중 7개 시설은 영변 핵단지 안에 있고, 9개 시설은 북한 전역에 산재돼 있다. 이 수치는 1992년 북한이 국제원자력기구(IAEA)에 제출한 '최초보고서'에 보고한 내용이다.[15] 훗날 이곳에는 연구시설과 지원시설까지 모두 390개 이상의 건물이 들어섰다.[16] 미국은 감시위성을 통해 이들 시설과 함께 영변 백사장에 있는 핵실험 흔적도 발견했다.

그러나 북한은 IAEA 핵사찰을 위한 어떠한 협상에도 응하지 않았다. 1991년 10월 초 김일성의 마지막 중국 방문 때 첸치천 외교부장은 "한반도에서 핵무기가 개발되는 것을 단호히 반대한다. 북한이 핵무기를 독자 개발하는 것은 한반도뿐만 아니라 중국에도 바람직하지 않다"고 처음으로 공개적인 반대 의사를 밝혔다. 장쩌민 역시 김일성을 만나 핵개발 반대 의사를 말하면서, "핵을 포기하는 대신 중국은 김일성-김정일 체제의 안전을 확실히 보장한다"는 점도 밝혔다. 이에 김일성은 마지못해 "북한은 핵무기를 보유할 단계의 기술 수준에 이르지 못했다. 개발하게 되면 중국의 도움이 필요하다"고 말했는데,[17] 이는 핵무기 개발을 은폐하기 위한 거짓말이었다.

북, 노태우 '비핵화 선언'을 시간 벌기에 이용

북한은 1991년 한국 노태우 정부의 '비핵화 선언'도 핵개발을 위한 시간 벌기로 활용했다.

북한은 당시 한국 내 미군 전술핵무기를 핑계로 핵사찰을 거부함으로써 노태우 정부의 비핵화 선언을 유도, 압박했다. 북은 한국과 공동으로 비핵화 선언을 채택하면 미국으로부터 '핵 불사용 선언'을 이끌어 낼 수 있을 것이란 계산도 했다.

1991년 7월 미국 조지 H. W. 부시 대통령과 소련공산당 고르바초프 서기장은 '전략무기 감축협정(START)'에 서명했다. 이에 노태우 정부는 '북한이 핵무기를 만들지 못하도록 선수를 쳐야 한다'는 생각과 '미국보다 먼저 비핵화 선언을 하여 남북문제에서 주도권을 쥔다'

는 생각에서 1991년 11월 8일 '한반도 비핵화 선언'을 전격 발표했다.[18] 서울과 평양에서 동시에 발표된 이 선언은 한국 내에서 핵무기를 제조, 보유, 저장, 배치, 사용하지 않는다는 내용이었다. 한 달 뒤인 12월 18일 노태우는 "지금 이 순간 대한민국 어디에도 핵무기는 단 하나도 존재하지 않는다"며 핵부재(核不在) 선언까지 했다. 주한 미군이 보유하던 핵무기는 1993년 3월 9일 모두 반출되었다.

이는 핵확산금지조약(NPT)과 IAEA의 핵안전협정에 가입했으면서도 IAEA의 사찰을 받지 않기 위해 서명을 거부하고 있는 북한에 서명을 유도하려는 목적이었으나, 순진한 생각이었다. 북한은 1992년 5월부터 1993년 2월까지 6차례 실시된 IAEA의 임시사찰에서 보유한 플루토늄 생산량을 제대로 신고하지 않고 은폐하였다. 이에 IAEA가 '특별사찰'을 결의하자 북한은 1993년 3월 12일 NPT를 전격 탈퇴함으로써 1차 북핵 위기를 일으켰다. 남북한의 '비핵화 선언'은 온데간데없이 사라졌다. '큰 사건'을 일으켜 '작은 사건'을 덮는 북한의 전형적인 수법이었다. 국제사회의 관심은 북한을 NPT 체제로 복귀시켜 핵사찰을 받게 하는 데 집중되었고, 비핵화 선언은 관심사에서 사라졌다.

노태우 정부의 '선(先) 비핵화 선언, 후 북한 압박' 전략은 완전한 실패로 돌아갔다. 이로써 한국에 대북 협상의 '채찍'(한국 내 핵무기)은 없어지고 '당근'(경제지원)만 남게 되었다. 당근만으로 북한을 움직일 수는 없다. 한국의 '비핵화 선언'은 그 후 북핵에 대응하는 한국의 자체 핵개발마저 스스로 막는 족쇄가 되었다. 이에 따라 노태우 정부의 '성급한 비핵화 선언'은 훗날 비판에 직면했다.[19] 노태우 정부가 주한 미군의 전술핵무기를 한꺼번에 철수할 게 아니라 북한의 실질적 비핵화 행동을 봐 가며 단계적으로 철수했더라면, 후임 정부들이 북핵 문제를 다루기가 훨씬 쉬웠을 것이다.

돌이켜보면 노태우 정부의 핵부재 선언은 북한에 핵개발 명분을 주지 않기 위한 선제적 조치였다고 말하고 있으나, 북핵 개발을 막을 실효적 수단이 없는 상황에서 북한의 선의에만 기댄 순진하고 위험한 정책이었다는 비판을 면하기 어렵다. 이런 점에서 필자는 노태우 정부가 비핵화의 큰 방향으로 가더라도 미 핵무기를 한꺼번에 다 철수시킬 것이 아니라, 북한의 비핵화 행동에 따라 점진적으로 철수하는 방안을 채택할 필요가 있었다고 본다. 설사 북한이 비핵화에 동의한다 하더라도 그 검증 과정은 매우 까다로운 절차와 오랜 시간이 필요하기 때문에, 노태우 정부는 이를 핑계로 '점진적 핵무기 철수'를 카드로 내밀 수 있었다고 본다.

북한은 1993년 5월 중거리 미사일 '노동 1호'를 발사해 위기를 증폭시켰다. 1994년 6월 미국은 대북제재 결의안 초안을 발표하여 북한에 대한 압박 수위를 높여 갔으나, 카터 전 대통령의 방북을 계기로 대화가 재개되었다. 그해 7월 미북 간에 제네바 합의가 타결되어 1차 북핵 위기가 봉합되었다. 제네바 합의는 북한이 핵개발 능력을 동결하는 대가로 한국과 미국 등이 경수로와 중유 50만 톤(연간)을 제공하고, 북한이 IAEA의 특별사찰을 수용한다는 내용이었다. 북한 김정일은 이 합의로 '고난의 행군'이라는 극심한 경제난을 극복하고 체제 위기에서 탈출할 수 있었다. 그뿐만 아니라 미국과의 관계를 개선함으로써 또다시 중국을 상대로 '지정학적 가치'를 상승시켰다.[20]

김대중 '햇볕정책' 때 북은 고농축 우라늄 기술 도입

북한은 교착 국면에서 고의적으로 '소동을 일으켜' 위기감을 고조시키고 자신의 존재감을 과시하며 협상 기회를 만들고 몸값을 올리는 전략을 반복해 왔다. 대표적인 사례가 1999년 6월 연평해전이다.

북한은 김대중 정부 출범 1년 4개월 만에 서해 꽃게잡이를 핑계로 연평해전을 고의적으로 일으켰다. 북한이 '햇볕정책'으로 자신들에게 가장 호의적이던 김대중 정부를 상대로 국지전을 일으키리라고는 아무도 예상하지 못했다. 이 해전에서 북한은 큰 피해를 입었지만, 미국과 대화할 수 있는 기회를 얻었다. 미국은 페리 전 국방장관을 대북정책조정관으로 임명해 북한을 만나게 했고, 그 결과 미북 양측은 1999년 9월 북의 미사일 실험 중단과 북한 수출입 제재 조치의 전면 중단을 교환하는 데 합의했다. 북한의 '말썽 일으키기' 전략이 효과를 본 것이다.

이에 앞서 1998년 북한이 파키스탄 압둘 카디르 칸 박사를 통해 우라늄 농축시설 설계도와 원심분리기 부품 등을 손에 넣어 고농축 우라늄 추출을 시작한 것이 미국 중앙정보국(CIA)에 의해 포착되었다. 칸 박사와 북한의 거래 의혹을 추적하던 미 CIA는 칸이 수차례 평양을 방문해 김정일을 만났으며 우라늄 농축시설 설계도를 전달한 정황을 파악했다.[21] 비교적 규모가 큰 시설에서 농축해야 하는 플루토늄과 달리, 고농축 우라늄은 소규모 시설에서 추출이 가능하다. 이 때문에 IAEA 등 국제사회의 눈을 피할 수 있다고 본 북한의 김정일은 수백만 명이 아사한 '고난의 행군' 시기에도 거액의 달러를 식량 구입에 쓰는 대신 핵무기 제조의 새로운 수단 확보에 사용했다. 그는 한 손으로는 한국 김대중 대통령과 대화하면서 다른 손으로는 핵기술 확보에 매진했다. 2002년 미국 국가안보부는 보고서를 통해, 북한의 우라늄 농축이 실험실 수준을 넘어 실제 생산 가능 수준으로 발전했다고 평가했다.[22]

2002년 10월 3~5일 미국 부시 행정부의 제임스 켈리 국무부 동아태차관보가 평양을 방문했다. 켈리가 먼저 말을 꺼내기도 전에 북한의 강석주 외무성 제1부상은 고농축 우라늄(HEU) 계획을 거론했다. 그는 "부시 정부는 우리 조선민주주의인민공화국을 '악의 축'이라고 지목했다. 또 〈뉴욕 타임스〉에 따르면, 미국 정부는 국가 핵계획 가운데 우리나라를 핵공격의 표적에 포함시키고 있다. 우리가 HEU 계획을 갖고 있는 게 뭐가 나쁘다는 건가? 우리는 HEU 계획을 추진할 권리가 있고, 그보다 더 강력한 무기도 만들게 돼 있다"고 발언했다. 켈리가 "우리가 오해하면 안 된다. 지금 발언을 한 번 더 되풀이해 달라"고 하자, 강석주는 "부시 정권이 이처럼 우리들에 대해 적대시 정책을 취하는 이상 우리가 HEU 계획을 추진한다 해서 무엇이 나쁜가? 그것은 미국의 적대시 정책에 대한 억지력 이외에 아무것도 아니다"라고 말했다. 이에 켈리가 "북한은 부시 정권이 출범하기 훨씬 전부터 HEU 계획을 추진해 온 것이 아닌가. 2000년 가을 매들린 올브라이트 국무장관이 방북했을 때는 이미 (HEU) 개발을 시작한 상태였다. 당시는 미북관계가 가장 좋을 때였다"고 지적하자, 강석주는 이 발언을 무시하고 북한의 주권 보장과 미국의 불가침 보장, 경수로 지연 추가 보상 등을 요구했다.[23] 2002년 11월 미국이 대북 중유 지원을 중단하자, 북한은 12월 5MWe 실험용 원자로의 봉인을 제거하고, 감시 카메라의 작동을 중지했으며, IAEA의 사찰단을 추방했다. 이듬해(2003) 1월 북한은 재차 NPT를 탈퇴했다. 2차 북핵 위기의 발발이었다.

한국과 국제사회 일각에서는 북핵 협상 파탄의 원인으로 "미국이 약속을 지키지 않았기 때문"이라 비판한다. 하지만 미국이 약속을 깨게 된 원인은 북한이 먼저 만들었다. 태영호 공사의 지적처럼, 북한은 애초부터 비핵화할 생각이 없었으며 모든 협상 과정에서 '이중 플

레이'와 '시간 끌기'의 기만극으로 핵개발의 시간을 얻고 챙길 것은 다 챙겼다. 북한은 일단 자기들이 원하던 것을 얻고 나면 다른 핑계를 대서 이미 했던 약속을 깨고, 협상 파탄의 책임을 상대방에게 떠넘기는 수법을 반복해 왔다. 노태우 정부와 했던 '비핵화 약속'이 대표적이다. 한국 정부가 미군 전술핵을 모두 철수시켰으면 북한도 핵을 개발하지 않겠다는 당초 약속을 지켜야 하지만, 북은 다른 핑계를 끝없이 만들어 내어 지금까지 핵보유 정책을 포기하지 않았다. 북한의 핵개발은 1950년대 이래 지금까지 단 한 번도 중단된 적이 없다. 공동성명이나 합의로 중단될 수 있는 것이 아니라는 의미다.[24] 북한은 일단 핵을 보유한 뒤 '비핵화'보다 '핵군축'으로 미국과의 협상 패러다임을 전환하려 한다는 것이 갈수록 분명해지고 있다.[25]

2) 중국의 북한 비핵화 정책

중국 후진타오 정부는 2002년 말~2003년 초 북핵 위기가 악화되는 상황 속에서 출범했다. 후진타오 정부로서는 북핵 문제를 자국 안보의 새로운 도전으로 인식할 수밖에 없었다. 중국은 북한의 핵보유에 따른 동북아의 군사적 균형 붕괴와 자국에 대한 잠재적 위협이라는 안보적 위험 요소를 어디까지 감내하고 '제어'할 것인가, 그리고 한반도를 둘러싼 대국 간의 게임 속에서 북한에 대한 영향력을 어떻게 확보·유지할 것인가 하는 두 가지 전략적 목표 사이에서 균형점을 찾을 필요가 있었다.[26]

중국이 찾은 방법은 6자회담이었다.

후진타오, 김정일 싫어했지만 대북관계 개선에 적극적

중국 4세대 지도자 후진타오는 개인적으로 북한의 세습 체제와 폐쇄정책에 부정적이었다. 그는 평상시에는 감정을 잘 드러내지 않았으나, 북한이나 김정일에 대해 얘기할 때 '벌레 씹은 듯한 표정'을 지었다고 한다. 그는 또 부시나 라이스 국무장관과 만났을 때 '더 이상 김정일을 못 봐주겠다는 분위기와 북한의 꽉 막힌 정책에 대한 짜증'을 드러내기도 했다. 후진타오는 북한의 우라늄 농축 계획을 부정하지 않으면서 북핵 문제를 '두통거리'로 여겼다.[27]

그러나 국가 지도자로서 후진타오는 전혀 다른 모습을 보였다. 그는 전임자인 장쩌민에 이어 북한과의 관계 개선을 적극 도모했다.

앞서 장쩌민은 1992년 한중 수교 이후 8년간 단절되었던 북중 정상의 상호 방문 전통을 회복하기 위해 노력했다. 그 결과 2000년 5월 ~2001년 9월 사이 장쩌민·김정일 회담이 3차례 이루어졌다. 후진타오 역시 집권 이후 북한 지도층과의 교류를 통해 정치적 신뢰를 회복하고 '고난의 행군'에서 벗어나려는 북한을 경제적으로 지원하여 사회 안정을 회복하도록 도와주었다. 후진타오는 2004년 4월과 2006년 1월 김정일을 베이징으로 초청하였고, 2005년 10월에는 자신이 평양을 방문했다.

후진타오 정부의 이러한 태도는, 핵개발과 미사일 발사로 동북아 평화를 위협하는 북한을 안보 부담으로 여기면서도, 북한과의 우호협력 관계를 유지함으로써 대북 영향력을 유지하는 것이 중국의 국가이익에 부합한다고 보았기 때문이다. 중국은 21세기 초반부터 2020년까지 '전략적 기회의 시기(战略机遇期)'를 활용하여 평화롭게 부상하려면, 북핵 문제 등 동북아지역 안보 문제에 적극 대처할 필요가 있다고 판단했다. '테러와의 전쟁'을 수행 중이던 미국 역시 북핵 문제 등 동북아지역 안보 문제에서 중국이 적극적인 역할을 해 주기를 기대했다.

2002년 10월 제임스 켈리 차관보의 평양 방문 이후 북한 고농축우라늄 프로그램에 의한 2차 북핵 위기가 터졌을 때, 후진타오 정부는 곧 북핵 대화의 주도자로 나섰다. 이는 1990년대 초 1차 북핵 위기 때 장쩌민 정부가 소극적인 태도를 취하다가 미국과 북한 주도의 협상에서 소외되었다고 판단한 결과였다. 1990년대 초 중국은 한반도 문제의 처리 원칙만 제시하고 직접적인 개입을 꺼렸었다.[28]

중, 단둥 송유관 잠가 북한을 6자회담장으로 유도

2003년 초 중국의 왕이 외교부 부부장과 첸치천 외교담당부총리는 잇따라 평양을 방문해 김정일에 핵 프로그램 동결을 요구하고 북한을 다자회담장으로 나오도록 촉구했다. 북한이 이에 불응하자, 중국은 대북 단독 제재라는 초강수로 북한 길들이기에 나섰다. 그것은 2003년 초 압록강 하류 단둥(丹東) 북쪽에 있는 지하 송유관을 '기술적 이유'를 들어 3일간 잠금으로써 북한에 대한 원유 공급을 차단한 조치였다.[29]

중국은 헤이룽장성 다칭(大慶) 유전에서 채굴된 원유를 약 800킬로미터의 지하 송유관을 통해 단둥 외곽의 농촌 마을 바싼(八三) 유류저장소(油庫)로 보낸다. 이곳의 둥글고 큰 저장탱크에 담겨 있던 원유는 다시 압록강 하류 단둥 북쪽 10킬로미터 지점의 마스(馬市) 송유시설로 보내진다. 마스 송유시설은 철조망이 둘러쳐져 있고 그 주변을 공안이 지킬 만큼 보안이 엄격하다. 중국은 이곳에서 압록강 하저(河底) 땅속에 묻혀 있는 지하 송유관을 이용해 북한의 봉화화학공장으로 기름을 보낸다. 따라서 만약 마스에서 송유관 밸브를 잠그면 대북 원유 공급이 중단되고 북한의 정유시설도 가동을 멈춰 북한의 각종 산업시설과 군사장비는 큰 타격을 받게 된다.[30] 중국은 2003년 초 이러한 초강수를 둠으로써 그해 8월 1차 6자회담을 성사시킬 수 있었다.

중국은 2006년에도 또 한 차례 대북 원유 공급을 중단한 적이 있다. 이는 중국이 에너지(석유)를 대북 압박의 지렛대로 활용할 수 있다는 것을 보여 준 실증적 사례다. 그런데도 중국은 그 후 "북한은 우리(중국) 말을 듣지 않는다. 우리가 압박해도 소용없다"며 국제사회의 대북 압박 요구를 거절한다. 이는 중국의 초강수로 북한과의 관계가 최악이 되는 것을 피하고 영향력을 유지하기 위한 전략으로 풀이된다.

중국이 2003년 북핵 6자회담 개최에 적극적이었던 데는 복합적인 계산이 깔려 있었다. 먼저, 북한을 다자회담의 장으로 이끌어 냄으로써 대북 영향력을 재확인하고, 동시에 '북핵 문제의 관리자'라는 역할을 통해 유엔 안보리 상임이사국으로서의 국제적 위상을 높일 수 있다. 6자회담은 또한 북핵 문제를 대화 테이블에 올림으로써 북한에 대외 개방과 접촉의 기회를 주고, 중국은 이 기회를 활용해 대북 투자와 무역을 확대할 기회를 잡을 수 있게 된다. 중국은 2차 북핵 위기로 전 세계 국가들이 북한과의 경제 교류를 꺼리는 상황에서 동북진흥전략(2003)을 마련하여 오히려 북한과의 본격적인 경협의 기초를 닦았다. 즉, 중국은 왼손으로는 6자회담을, 오른손으로는 대북 경협을 추진함으로써 북한·북핵 문제를 관리하는 수단으로 삼고자 했다.

중국의 노력 덕분에 2003년 8월부터 진행된 6자회담은 2005년 9·19 공동성명으로 부분적인 성과를 거두었다. 9·19 공동성명은 북한의 모든 핵프로그램의 완전한 신고와 핵시설 불능화 조치를 약속하고, 핵폐기 조치를 단계적으로 제시하며, 참가국은 경제, 에너지,

인도적 지원을 제공한다는 내용으로 되어 있다. 북핵 문제가 곧 해결될 것이라는 국제사회의 기대치가 높아졌다. 이 성명 채택 과정에서 중국은 주도적 역할을 함으로써 국제적 위상을 높이고 중요한 국제이슈에서 미국의 협력 파트너가 될 수 있다는 인상을 심어 주었다.

북한에 뺨 맞은 중국, 유엔 대북제재에 동참

그러나 중국이 공을 들인 6자회담 성과는 2006년 10월 9일 북한이 1차 핵실험을 단행함으로써 모두 물거품이 되고 말았다.

북한의 핵실험은 북핵 문제를 잘 관리한다고 믿었던 중국의 뺨을 사정없이 후려치는 것과 같았다. 중국의 체면은 땅바닥으로 떨어졌다. 중국은 미국보다 더한 분노와 유감을 표시했다.[31] 중국 외교부는 "북한은 국제사회의 보편적인 반대를 무시하고 제멋대로 핵실험을 실시했다"며 "중국은 이를 단호하게 반대한다"는 성명을 발표했다. '제멋대로(悍然)'라는 표현은 중국 외교부가 냉전기 적대국에나 사용하던 표현이다.[32]

핵실험 사흘 후인 10월 12일, 중국 외교부장 리자오싱(李肇星)은 중국 선양에서 북한 외무성 1부상 강석주를 비밀리에 만나 강력한 유감을 전했다. 두 사람은 베이징대학 외국어학부 영어과 동창으로 기숙사의 같은 방을 쓴 친구이기도 하다. 리자오싱은 "김일성 동지께서 조선반도 비핵화 사상을 제시하신 것은 조선과 같은 작은 나라가 핵경쟁에 말려들 경우 과중한 경제적 부담을 이겨 내지 못하고 붕괴될 수 있음을 예측했기 때문"이라며 "조선은 이번에 핵실험이라는 넘지 말아야 할 산을 넘었다. 이제라도 핵개발을 중지하고 경제건설에 전념하기 바란다. 핵개발을 중지한다면 중국은 조선에 대한 경제군사적 지원을 늘릴 것이다"라며 압박과 회유를 병행했다. 이에 대해 강석주는 "김일성 수령님이 언급한 조선반도 비핵화란 우리만의 비핵화가 아니라 남조선까지 포함한 전 조선반도의 비핵화를 뜻한다. 조선반도 비핵화는 우리의 핵으로 미국의 핵을 몰아내고, 미국으로부터 핵 불사용 담보를 받아 낼 때만이 가능하다"고 반박하며 "수령님의 사상이 실현될 수 있도록 중국은 조선과 미국의 관계를 중재해 주기 바란다"고 말했다. 이때 강석주가 사용한 논리는 그 후 북한이 중국과의 핵 관련 논쟁에서 항상 이용하는 논리가 되었다.[33]

북한을 설득하는 데 실패한 중국은 유엔 안보리의 대북제재안 1718호에 동참했다. 이 결의안은 북한의 핵실험을 비난하고 추가 핵실험 금지를 요구하며, NPT 탈퇴 선언을 철회할 것을 요구했다. 또 전차, 장갑차량, 중화기, 전투기, 공격용 헬기, 전함, 미사일 관련 부품, 핵이나 탄도미사일, 기타 대량 살상 프로그램에 도움이 될 수 있는 모든 품목과 물질, 장비, 상품, 기술, 사치품 등이 북한에 판매, 이전되지 못하도록 규정했다.

중국이 '동맹'인 북한을 겨냥한 유엔 제재에 찬성한 것은 지난 50여 년의 북중관계에서 중대한 외교적 전환점으로 간주되었다. 이로 인해 중국·북한 관계의 성격 논쟁이 일어나기 시작했다.

후진타오 1기 대북 외교는 비핵화-평화-안정 순

후진타오 1기 때 중국의 북한 문제에 대한 기본 원칙은 '비핵화(無核), 평화(不戰), 안정(不亂)'으로 표현되었다. 즉, 북한 비핵화가 다른 어떤 목표보다 앞섰고, 그다음으로 전쟁 방지와 북한 사회의 안정을 중시했다. 이는 후진타오 정부의 북한 비핵화 원칙이 확고하다는 것, 즉 북한의 핵보유를 결코 용인하지 않겠다는 강한 의지를 말해 주는 것이었다.

중국이 북핵에 이처럼 단호했던 데는 대만의 핵무장 가능성에 대한 우려도 작용했다. 북한이 핵무기 보유에 성공하게 되면 한국, 일본, 대만으로 핵 도미노 현상이 일어날 수 있다. 대만이 핵을 보유하게 되면 중국의 양안(兩岸, 중국 본토와 대만) 통일은 불가능하게 되므로, 중국은 '핵 가진 대만'의 등장을 심각하게 우려했다.[34]

중국은 북한 1차 핵실험에 강한 분노를 표시했지만, 2006년 12월부터 다시 6자회담을 주도하면서 대화로 문제를 해결하고자 하였다. 중국은 한반도 정책의 3대 원칙, 즉 '한반도의 평화와 안정 유지, 한반도 비핵화, 대화를 통한 문제 해결' 원칙을 고수하고자 한 것이다. 이듬해 6자회담 참여국들은 9·19 공동성명의 이행 2단계 조치인 10·3 합의를 이끌어 내는 작은 성과를 거두었다. 이 합의가 제대로 이행될지는 미지수였지만, 중국은 '중재자'로서의 역할에 충실했다.

중국은 아울러 북핵 문제가 중국만의 책임은 아니란 점을 강조했다. 북핵 문제와 관련하여 중국은 '북한의 안전보장 상의 우려(朝鮮的安全關切)'가 해결되어야 한다면서, 북핵 문제 뒤에는 '냉전이 남긴 요소(冷戰殘溜因素)'와 '국제 안전 환경(國際安全現狀)'이라는 두 가지 배경이 있다고 주장했다. 중국은 또 북핵 문제가 남북 쌍방의 자주적인 노력에 의해 해결되어야 하며, 국제사회, 특히 한반도 문제와 밀접한 국가들이 이를 위한 외부 환경 조성을 위해 함께 노력할 것을 강조했다.

중국의 이러한 논리와 화법은 관련 당사국, 특히 미국의 역할을 강조하는 것이기도 하지만, 북핵 문제가 잘 해결되지 않을 경우 중국 책임을 축소하고 다른 핑계를 댈 여지를 만드는 수법이기도 하다. 아울러 중국은 북핵 당사국들이 한반도 남북의 의지와 선택을 존중해야 하며, 한반도에 주둔하는 외국 군대를 철수시켜 외부 무장 세력의 간섭이 없는 조건에서 한반도가 자신들의 문제를 해결하고 조국통일

을 실현해야 한다는 점을 강조했다.[35]

이로써 중국은 '북핵 문제 해결'과 '한반도 통일', '주한 미군 철수' 등 3가지 중대 과제를 하나로 엮인 문제로 다루고 있음을 드러냈다. 즉, 중국은 한반도 비핵화와 통일 과정에서 자신들이 가장 원하는 '미군 철수'라는 열매를 얻고 싶은 것이다. 중국과 북한이 '미국'을 공동의 적으로 하는 '이익동맹'이란 것이 여기서 드러난다.

후진타오 1기의 대북정책은, '중재자'로서의 역할에도 불구하고 '동맹국 제지(alliance restraint)'에 실패했다. 중국은 북한과의 관계에서 '비핵화'와 '혈맹' 중 어느 쪽도 확실히 선택하지 못하는 어중간한 처지가 되었다. 원유 공급 중단 같은 강력한 카드로 북한에 비핵화를 강요하자니 혈맹 관계가 깨질 수 있고, 혈맹 관계를 유지하자니 북의 핵개발을 막지 못하는 모순적 상황에 빠진 것이다. '북핵 딜레마'다.

후진타오 2기 때 중국은 북한의 2차 핵실험으로 이러한 딜레마를 더 이상 방치할 수 없는 상황에 이르게 된다.

3. 후진타오 2기(2008~2012)의 대내외 환경

후진타오 2기의 외교정책에 영향을 미친 대내적 요인은 급속한 경제성장과 고양된 자긍심, 2008년 베이징 올림픽을 성공적으로 치른 데 따른 애국주의와 중화민족주의이다.

중국인들의 고양된 민족주의는 미국발 금융위기 속에 국제사회에서 다양한 형태로 표출되었다. 올림픽을 눈앞에 두고 중국은 2008년 3월 티베트의 독립운동을 유혈 진압하여 세계의 공분을 샀다. 한국을 비롯해 전 세계에 나가 있는 중국 유학생들은 올림픽 성화 봉송 과정에서 과도한 애국주의와 집단행동으로 물의를 일으켰다. 또 중국의 과도한 통제로 세계적 인터넷 검색 기업 구글이 중국에서 철수했다.

중, 올림픽·美금융위기 후 'G2' 급부상

중국은 과거에는 국제사회의 비판에 대해 국제적 규범과 규칙에 맞추어 사안을 처리하려고 노력하는 모습을 보였으나, 베이징 올림픽 이후에는 국제규범을 무시하고 오히려 그런 입장을 정당화하는 태도를 보였다. 또 국제적 규칙 제정 과정(international rule-making process)에 참여하여 중국의 국가이익을 국제사회의 이익과 동일시하려는 합법화 과정을 시도하기도 하였다.[36]

중국의 대외 인식 변화를 촉진한 가장 큰 요인은 2008년 뉴욕발 금융위기였다. 미국의 금융위기는 '세계화'와 '자유화'를 모토로 한 '신자유주의 경제 모델'의 몰락을 상징하는 사건으로 초강대국 미국의 국제적 리더십에 큰 상처를 입혔다. 이 사건으로 미중 간 경제 격차가 줄어들었고 외교관계에도 변화가 나타나기 시작했다.

금융위기는 중국의 대미 인식과 중미관계 변화의 분수령이었다는 것이 관련 연구자들의 공통된 지적이다.[37] 금융위기 이전만 해도 세계경제는 선진 7개국(G7) 중심으로 움직였지만, 금융위기 이후에는 G2, '차이메리카(Chimerica: China+America)'라는 신조어가 유행할 만큼 미중 양강 중심으로 재편되는 경향을 보였다. G2라는 용어는 2009년 1월 12일 베이징에서 열린 미중 수교 30주년 행사에서 브레진스키 전 미 국가안보보좌관이 'G2 정상회담'을 제안하면서 처음 사용되었으며, 그해 4월 G20 회의에서 중국의 중요성이 부각되면서 널리 통

용되었다.[38]

　국제정세에 대한 중국의 인식 변화는 2009년 9월 열린 공산당 17기 4중전회가 채택한 공식 문건에 고스란히 담겨 있다. 이 문건은 "지금의 세계는 대발전과 대변혁의 조정기에 처해 있다. 세계의 다극화와 경제의 글로벌화가 심화되고, 금융위기의 영향으로 세계 경제 구조에 새로운 변화가 발생하고, 국제역량 비교에서 새로운 형세가 출현하고, 종합국력의 경쟁과 각종 세력의 힘겨루기가 한층 치열해짐으로써, 중국에 새로운 기회와 도전을 가져왔다"고 평가했다.[39] 이 문건에서 '국제역량 비교에서 새로운 형세가 출현'했다는 표현은, 미국의 종합국력이 쇠퇴하고 중국의 국력이 상승함에 따라 새로운 힘의 구도가 전개되고 있다는 형세 판단을 반영한 것이다.

　데이비드 샴보는 2008년 미국발 금융위기 이후 미중 간에 상호의존성이 존재하지만 양국의 관계는 순탄치 못했으며, 경쟁은 심화되고 협력은 줄어들며 전략적 불신은 팽배해지고 있다고 지적했다. 그는 이러한 상황을 '경쟁적 공존(competitive coexistence)'이라 부르고, 양국 간에 경제, 이데올로기, 국제적 규범, 안보, 지정학적 위치 등에서 이런 경향이 분명하게 드러난다고 분석했다.[40]

　이 무렵 이라크와 아프가니스탄에서 미군이 철수하게 되는 상황이 맞물리면서 중국은 스스로에 대해 더욱 자신감을 갖게 되었고, '새로운 질서의 제정자'로서 자신의 역량과 국제사회에서의 위상을 다시 보기 시작했다. 친중 성향의 싱가포르국립대 동아시아연구소장 정융녠(鄭永年)은 2009년 2월 원자바오(溫家寶) 총리가 이른바 '믿음의 여정(信心之旅)'이라 불린 유럽 방문에서 150억 달러의 물품 구매 계약을 체결한 것에 대해 "중국은 서방과의 왕래에서 더욱 큰 주도권을 쥘 수 있는 자본과 역량을 갖추고 있다"면서 "미국발 금융위기는 중국의 외교 공간을 확대 제고하였으며, 중국의 참여 없이 미래의 국제경제 질서도 세워질 수 없다"고 주장했다. 그는 "과거에 중국은 서방이 세운 질서를 받아들이는 데 중점을 두었지만, 국제금융질서가 새로 세워지는 현재 중국의 역할은 달라졌으며, 중국은 새로운 질서(new order)의 건설자이자 제정자가 되었다"고 주장했다.[41] 국제학계에서 중미 간 세력전이(轉移)에 대한 논의가 활발해진 것도 중국에 자신감을 안겨 주었다.[42]

그뿐만 아니라 중국의 놀라운 경제성장도 세력전이 논의를 부채질했다. 2001년 미국의 동의로 WTO의 143번째 회원국이 된 중국은 그 후 10년 동안 연평균 10퍼센트의 경제성장률을 기록하며 2010년 명목 GDP 5조 8,782억 달러를 기록, 일본(5조 4,588억 달러)을 제치고 미국(14조 6,578억 달러)에 이어 세계 2위의 경제대국으로 도약했다. 실질구매력평가지수(GDP PPP)에서는 중국이 미국의 70퍼센트에 근접, 미중 간 경제적 세력전이가 가까운 시일 내에 현실화될 것으로 예상하는 사람이 늘어났다. 이러한 평가와 예측들은 훗날 과장된 것으로 판명되었지만, 당시에는 설득력을 가지고 크게 유행하였다.

오바마, '아시아 회귀' 전략으로 中 견제

미국발 금융위기가 버락 오바마 정부의 외교에 큰 영향을 미친 것은 당연했다.

미국 패권의 상대적 쇠퇴와 다른 국가들의 부상으로 과도기적 양상을 보이는 국제정세에 직면하여 미국 내에서는 '패권의 축소(retrenchment)'와 '자원의 효율적 재분배' 주장이 대두했다. 쇠퇴를 겪는 강대국은 다양한 정책 옵션 목록을 선정하여 이를 비용 절감, 위험 완화, 부담 전환으로 범주화하여, 불필요한 외교정책 의무를 털어 내

고 핵심 이익으로 자원을 재배치할 수 있다는 것이다.[43]

미국은 두 차례 세계대전을 겪으면서 유럽에서 단일 강대국이 지배하지 않아야 미국이 안전하다는 지정학적 전제를 새롭게 수립하였다. 독일이 1914년 대륙을 정복하기 시작해서 단일 강대국의 등장이 코앞에 닥치게 되자 미국은 1917년 참전하여 그 위협을 종식시키는 것을 도왔다. 양차 세계대전 중간에 미국은 다시 고립 전략으로 돌아갔지만, 독일이 유럽을 재침략하고 잠수함으로 미군까지 공격하면서 미국의 고립은 끝났다. 미국의 2차대전 전면 참전의 직접적 계기였던 일본의 진주만 공격으로 이러한 전략적 논리는 동아시아에까지 확장되었다. 즉, 유럽처럼 동아시아도 역내 주요 국가들 간의 세력균형이 존재하는 동안에만 미국의 외교정책에 호의적일 것이라고 간주되었던 것이다. 미국은 또한 2차대전 이후 최강대국으로 등장하자 국제체제에서 자국의 군사적, 경제적 우위를 지향하는 '지속적 우위(sustained primacy)' 전략을 채택했다.[44] 21세기 들어 아시아에서 이러한 미국의 전략을 위협하는 나라가 중국이란 것이 자명해졌다.

미중의 초기 경쟁 구도는 중국이 2009~10년 사이 호주, 아세안, 일본, 인도, 한국, 필리핀, 베트남 등 아시아 각국에 '힘의 외교'를 행사한 시기에 분명히 드러났다. 심지어 중국과 미얀마, 몽골 관계에서도 마찰이 발생했다. 중국 주변에서 중국과 부정적 경험을 하게 된 국가들은 향후의 상황을 우려하면서 미국 정부로 기울었고, 결국 '아시아 회귀(Pivot to Asia)' 정책이 만들어지는 계기가 되었다.[45] 오바마 행정부는 과거 10년간 이라크와 아프가니스탄에 집중된 미국의 (군사)자원을 향후 10년간 아시아·태평양 지역에 집중 증강하는 방향으로 외교안보전략을 변경했다.

오바마 행정부의 외교 수장을 맡은 힐러리 클린턴은 2011년 외교

전문지 *Foreign Policy* 기고문에서 "우리는 앞으로 10년간 미국의 리더십을 유지하고, 미국의 이해를 보호하며, 미국의 가치를 향상시키기에 최고의 자리에 우리 자신을 위치 지울 수 있도록 우리의 시간과 에너지를 사용하는 데 더욱 명석하고 조직적이어야 한다"면서 "국정 운영의 가장 중요한 업무는 아시아·태평양 지역에 훨씬 많은 외교적, 경제적, 전략적, 그리고 다른 분야까지 포함한 투자가 이루어지도록 확고히 하는 것"이라고 밝혔다.[46] 오바마 정부의 '아시아 회귀 전략' 혹은 '재균형 전략'으로 일컬어지는 'Pivot to Asia' 정책을 확인한 것이다.

오바마 정부의 외교전략은 아시아·태평양 지역에서의 6가지 핵심 행동원칙(key lines of action)으로 요약되었다. 첫째, 이 지역에서 일본, 한국, 호주 등과의 양자 안보동맹을 강화하고, 둘째, 중국, 인도, 인도네시아 등 신흥 강대국과의 실무적 관계를 심화하며, 셋째, 지역 다자기구에 참여하며, 넷째, 무역과 투자를 확대하며, 다섯째, 광범위한 군사력 배치를 구축하며, 여섯째, 민주주의와 인권을 향상시키는 것이다. 미국 정부는 이 지역의 평화와 안전을 유지하는 것이 국제사회의 경제성장에도 긴요하다고 보고, 남중국해에서의 항행의 자유 방어, 북한 핵미사일 확산에 대한 대응, 지역 핵심 국가들의 군사행위의 투명성 확보 등에 역점을 두겠다고 밝혔다.

이러한 방침에 따라 미국은 중국의 국방 현대화와 군사력 증강에 맞서기 위해 해군력의 60퍼센트를 아태지역에 집중하겠다고 선언했으며, 일본을 비롯한 동맹국가 및 우방국가와의 관계를 한층 강화하는 데 집중하기 시작했다.[47] 오바마 정부는 호주에 해병대를 상징적으로 배치했는데 이는 중국이 남중국해에서 영토주권을 주장하는 것에 대한 외교적 저항을 강조한 것이며, 환태평양 지역 국가들에 대한 미국의 군사적, 경제적 연대를 강조한 것이었다.[48] 아울러 미국은 금융위기라는 특정의 환경 조건과 힘의 대전환을 겪으면서 중국과의 중첩 영역에서 자신의 힘과 의지를 관철하는 것이 어려워지고 있다고 인식하고, 중국의 도전을 약화시키고 중국을 현존 국제체제에 통합시키는 데 역량을 집중하고자 했다.[49] 즉, 미국은 군사적 억제 및 봉쇄 전략과 경제적 포용(개입, 접촉)을 병행하려고 하였다.

이러한 미국의 아시아 재균형 전략은 북한에 대한 중국의 인식 변화와 대북정책에 큰 영향을 미쳤다.

아시아 '맏형' 역할로 '중국적 질서' 추구

후진타오 집권 2기(2007년 말~2012년 말) 중국은 미국의 재균형 전략이 중국의 부상을 봉쇄, 견제하기 위한 것이라 우려하면서도, 견제 위주의 경성(硬性) 균형전략 대신 포용 위주의 헤징(hedging) 전략으로 대응하였다. 중국이 미국에 제안한 '신형 대국관계'가 그런 구상이었다. 이는 지속적인 경제발전을 통해 영향력과 레버리지를 높이고 핵심 이익을 지키기 위해 이중적인 대미정책을 취하는 것이었다. 중국은 세계적 금융위기 해결 과정에서 오바마 행정부의 대중 포용정책에 협력하는 한편, 미국이 주도하는 세계 경제질서의 변화와 국제금융기구의 지배구조 개혁, 기축통화로서 달러의 문제점 등 국제체제의 불합리한 규범과 제도를 점진적으로 개선해 가야 한다고 주장하였다.

워싱턴 컨센서스(Washington Consensus)에 대응하는 '베이징 컨센서스(Beijing Consensus)'란 용어가 2004년 등장한 이후, 중국은 정부 주도의 단계적 경제개혁과 국제문제에 대한 '중국식 해법(Chinese Solutions, 中國方案)' 제시를 본격화했다.[50] 그것은 곧 미국적 질서에 정면 도전하기

보다 국제사회에서 중국의 영역을 넓혀 감으로써 '중국적 질서'를 점진적으로 만들어 가려는 시도였다. 거기에는 타국에 대한 내정 불간섭, 위안화의 국제화, 아프리카·중남미 등 저개발국에 대한 대외 원조 확대, 공자학원(孔子學院)을 통한 중국어 보급과 유교 문화의 확산 등이 포함됐다. 이 같은 중국의 신중한 태도는, 금융위기 이후 미국의 힘이 쇠퇴하고는 있지만 여전히 기준권력(default power)을 유지하고 있는 반면, 중국은 전 지구적 군사투사능력(global military reach) 등 글로벌 수준에서의 한계가 명확했기 때문이었다.[51]

역사적으로 미중관계는 양자적 관계보다 국제체제의 큰 틀 속에서 3자 혹은 그 이상의 관계와 묶여 작동해 왔다. 가령 냉전 시기 미중관계 정상화는 소련 견제라는 삼각관계에서 움직였고, 최근의 남중국해를 둘러싼 미중 갈등 역시 미·중·아세안, 혹은 미·중·일 관계 속에서 이해하는 것이 합리적이다. 전통 대륙국가인 중국과 전통 해양국가인 미국의 이익 갈등이나 충돌은 제3자나 제3의 국가와 밀접하게 연계될 수밖에 없는 구조이기 때문이다.[52] 이러한 역학구조에 따라 양국의 불협화음은 아시아 지역안보의 역학관계와 깊이 연계될 수밖에 없다. 미국 패권의 쇠퇴 속에서 '중국적 규범'을 세우려는 중국은 아시아 주변국과의 관계를 강화하여 이 지역에서 미국의 힘을 약화시키고자 하였고, 중국의 대북정책 조정 역시 이러한 필요에서 출발하였다.

2009년 11월 미국 오바마 대통령이 방중을 앞두고 중국 인권 문제와 위안화 절상 문제를 제기하고, 이듬해 대만에 약 60억 달러의 무기 판매를 결정하자, 중국은 강하게 반발하였다. 또 2010년 천안함 사건 후 한미 정부가 서해에서 항공모함을 포함한 연합군사훈련을 계획하자, 중국 인민해방군은 전례 없이 강한 반대 입장을 표명했다.

당시 마샤오뗀(馬曉天) 부총참모장은 "한미 연합훈련이 중국 영토와 매우 가까운 서해상에서 실시돼 분명히 반대한다"고 말했고, 중국 군사과학원 뤄위안(羅援) 부비서장(예비역 소장)은 홍콩 펑황(鳳凰)위성TV의 대담 프로에 출연하여 "서해에서 항모가 한미 합동훈련을 벌이면 오히려 중국 인민해방군의 훈련용 과녁이 될 수 있다"고 위협했다.[53] 이에 한미 정부는 한 발 물러서 연합군사훈련을 연기·축소하여 동해에서 실시했다.

4. 후진타오 2기의 대북정책: 방관자

미중관계가 갈등 양상을 보이자, 후진타오 정부는 북한의 전략적 자산으로서의 가치를 다시 보기 시작했다.

중국의 대북 인식 변화는 2008년 6월 당시 차세대 지도자로 주목받던 시진핑 국가부주석을 북한에 보내는 것으로 표현되었다. 중국은 북한의 1차 핵실험에도 불구하고 북한을 포용하는 노력을 적극 기울이기 시작했다. 평양을 방문한 시 부주석은 양국 관계를 '피로써 맺어진 관계', 6·25를 '침략에 맞선 정의로운 전쟁'으로 표현하여 한국의 반발을 샀다. 그는 또 "양국 간에 친선우호 관계를 공고히 하고 끊임없이 발전시키는 것은 중국 당과 정부의 확고한 방침"이라며 "중국은 조선과 함께 두 나라 사이의 각 분야에서 교류와 협력을 심화시켜 양국 인민에게 행복을 가져다주고, 이 지역에 항구적인 평화와 공동 번영을 이루기 위해 큰 기여를 할 것"이라고 강조해 북한을 다독였다. 2년 전 북한 1차 핵실험에 대해 중국 외교부의 '제멋대로'라는 과격한 성명이 있었지만, 이후 이러한 노력을 통해 북중관계는 더 이상 악화되지 않았다.

2차 핵실험 차분한 대응 속 대북제재 동참

2009년 5월 북한이 2차 핵실험을 단행하자, 중국 여론은 분노했고 전문가들은 강경 발언을 쏟아 냈다. 가령 중국 중앙당교 장롄구이 교수는 기고문을 통해 "조선은 동아시아의 인구 밀집 지역에서 핵실험을 실시하였다. 실험 중 사고가 발생하면 중국 동북 진흥은 수포로 돌아간다. 중국이 수천 년간 경험해 보지 못한 위기다"라고 비판했다. 〈환구시보〉는 북조선의 핵실험을 '위험한 놀이'라고 비판하는 사설을 게재했다.

그러나 이러한 국내 여론에도 불구하고 후진타오 정부는 1차 핵실험 때 사용했던 '제멋대로'라는 표현을 더 이상 쓰지 않았으며, 북한 지도부에 대한 직접적인 비판도 삼갔다. 중국은 1차 북 핵실험 때보다 훨씬 차분하게 대응했다. 그러면서도 중국은 2차 핵실험 직후 채택된 유엔 대북제재에 동참함으로써 북핵에 대응하는 관례를 수립하여, 북한 핵개발에 반대한다는 기본 원칙에서는 양보하지 않았다.[54]

2차 핵실험 직후인 2009년 6~7월 북한의 김영춘 인민무력부장과 김영남 최고인민회의 상임위원장이 잇따라 중국을 방문했다. 이어 8월에는 중국의 우다웨이(武大偉) 외교부 부부장이 북한을 방문하는 등 양국 간 물밑 접촉이 진행됐다. 중국의 북한에 대한 유화적 태도가 표면화된 것도 이 무렵이다.[55]

이 시기 중국의 북한 전문가 집단과 당정 내부에서 대북정책을 놓고 집중적인 토론이 벌어졌다는 점도 주목할 필요가 있다. 2차 핵실험 직후인 2009년 6월 6일 베이징대학에서 학자들의 토론이 개최

되었다. 비공개로 진행된 이 토론회에서 학자들은 크게 6가지 그룹으로 나뉘어 의견을 개진한 것으로 전해졌다.

6개 그룹 중 첫째, 서화파(西化派)는 미국 입장과 완전히 같다. 중조 우호조약을 포기하고 유엔 결의안의 선박 검색 등의 제재 조치를 실천에 옮겨야 한다는 입장이다.

둘째, 방관파(傍觀派)는 북이 스스로 '오르다가 꺾이도록' 그대로 두어야 하며, 중국이 지나치게 개입할 필요가 없다는 입장이다.

셋째, 6자회담 견지파(堅持六方會議)는 북한이 6자회담에 돌아올 것을 요구하여 이 틀에서 한반도 비핵화를 실현하자는 주장으로, 여론의 주류를 이루고 있다.

넷째, 냉정처리파(冷靜處理)로, 이 사안에 과민할 필요 없으며 군비경쟁으로 이어지지 않을 것이라는 입장이다.

다섯째, 북한지지파(支持朝鮮)로, 북핵 문제의 근원적 책임이 미국에 있으므로 중국은 당연히 북한을 지지해야 한다는 입장이다. 이들은 새로운 항미원조를 시작해야 한다고까지 주장하며, 중국의 애국적 지식인들과 민중들 사이에서 주류를 이루고 있다.

여섯째, 북한에 대한 전면적 통제파(全面控制朝鮮)로, 중국은 이번 기회에 북한에 대한 지원 방식을 중단하고 오히려 북한에 전면적 규제를 단행하여 국가이익을 최대한 실현해야 한다는 주장이다.

이처럼 다양한 의견이 표출되었지만, 토론회 참가자들은 "중국은 북한에 실질적인 지지를 보내야 한다. 좋은 형제관계를 한층 더 강화해야 한다. 북한을 고립시켜 제재를 가하는 일은 절대 없어야 한다"는 데 입장을 같이했다.[56]

브뤼셀에 본부를 둔 국제위기그룹(International Crisis Group)은 2009년 11월 "중국의 대북정책 논쟁(China's Debate over North Korea)"이란 보고서

에서 이 논쟁이 2009년 4월부터 본격적으로 불붙었다고 밝혔다. 이 보고서에 따르면, '전략파(strategists)'는 미국에서 공부한 학자나 자유주의자들로서 "중국은 대북정책을 재평가하고 미국과 더욱 긴밀히 협력하여 더욱 강한 압박정책을 펴야 한다"고 주장했다. 반면 '전통파(traditionalists)'는 보수주의자와 강경파 정책 당국자들(특히 군부―필자 주)들로서 "한반도에 대한 중국과 미국의 이해는 근본적으로 다르며, 중국은 마땅히 오랜 동맹국(북한)과의 관계에 우선을 둬야 한다"는 주장을 폈다는 것이다.[57]

'북핵 문제'와 '북한 문제' 분리

베이징대학의 논쟁이 있은 뒤 2009년 7월 중국공산당과 외교부는 베이징에서 중앙외사영도소조(中央外事領導小組, 조장 후진타오, 7월 15일)와 재외공관장회의(7월 17~20일)를 잇따라 개최했다. 당정 지도부가 참석한 이 회의에서 대북전략에 대한 논쟁이 벌어졌고, 최종적으로 "북핵 문제와 북한 문제를 연계시키지 않는다"는 방침이 정해진 것으로 알려졌다. 이는 북한의 비핵화보다 북한의 안정을 더 중시한다는 의미이다.

이 결정의 의미와 관련, 푸단대학 국제문제연구원 한국연구센터의 차이젠(蔡建)은 "중국의 한반도 사무 처리 원칙이 종전까지는 '비핵화, 평화, 안정' 순이었는데, 외사영도소조 회의 이후 '평화, 안정, 비핵화' 순으로 바뀌었다"고 지적했다.[58]

옌볜대학 한국연구센터의 김강일(金强一) 교수 역시 "북한 2차 핵실험 직후 중국의 학계와 정계는 모두 격분하였으나 곧 냉정을 되찾았고 북핵 문제의 해결법을 객관적으로 모색하였다"고 지적했다. 김 교수에 따르면 중국 정부와 학계는 북한 2차 핵실험 이후 굳게 믿었던 친구에게 뒤통수를 맞은 기분이었다고 한다. 그 후 중국 학계는 '북핵 문제냐 북한 문제냐'를 두고 논쟁을 벌였는데, 그 본질은 북핵 문제 해법에 대한 두 개의 서로 다른 방법 탐색이었다고 밝혔다.

하나는 "국제사회와 함께 북한에 강력한 제재를 가하여 북한으로 하여금 핵전략을 포기하게 한다"는 것이다. 이른바 '전략파'의 주장 이다.

강력한 제재로 북한의 굴복을 받아 낼 수 있다면 다행이지만, 만 일 북한이 굴복하지 않는다면 중국은 엄청난 위험을 감수해야 한다. 한반도에 나타날 수 있는 긴장 국면, 동북아 지역에서의 군사적 충돌 가능성, 중국 국내정치에 끼칠 영향 등은 모두 중국 정부가 심사숙고 해야 할 문제들이었다.

다른 하나는 소위 '북한 문제'를 포괄적으로 접근하여 북한의 핵 문제를 궁극적으로 해결하자는 방식이다. 이른바 '전통파'의 주장이 다. 북한의 핵개발이란 결국 북한의 폐쇄적인 정치 구도에서 나타난 것이므로, 그 궁극적인 해결책은 북한으로 하여금 개혁개방으로 나 아가게 하고, 긴밀한 경제적 유대관계로 북한으로 하여금 핵 포기의 필요성을 깊이 느끼게 하자는 것이었다.

논쟁 끝에 중국 정부는 학계의 포괄적 해결책, 즉 전통파의 의 견을 받아들였다는 것이다.[59]

이상 살펴본 바와 같이, 후진타오 2기 정부는 '북한 문제'와 '북핵 문제'를 분리하여 '비핵화 우선'에서 '북한 안정' 중시 쪽으로 대북정 책을 조정함으로써 '북핵 딜레마'에서 벗어나고자 하였다. 이러한 대 북정책의 조정이 나오게 된 배경에는 세계 금융위기 이후 미국의 영 향력 약화와 그에 따른 중국의 새로운 대미 인식 및 신질서 구축 의 지, 그리고 북한에 대한 전략적 가치의 재평가 등이 작용했다.

김정일 건강 악화… 김정은 지지하며 북 안정화 모색

이와 관련하여 빼놓을 수 없는 또 하나의 숨어 있는 변수는 '김정일의 건강 악화'였다.

2008년 9월부터 한국과 서방 언론들은 김정일이 뇌졸중으로 쓰러져 중국인 의사들이 북한으로 들어갔다는 뉴스를 쏟아 냈다. 가령 AP통신은 미 정보당국자의 말을 인용해 "김 위원장이 건강 이상이 있는 것 같다. 아마도 뇌졸중일 가능성이 있다"고 보도했다. 〈월스트리트저널(WSJ)〉과 CNN도 "김 위원장이 (2008년) 8월 22일 쓰러졌으며 그의 치료를 위해 중국인 의사 5명이 방북했다"고 보도했다.[60]

이러한 보도는 후에 나온 태영호 전 주영 북한 대사관 공사의 증언과도 일치한다. 태 공사에 따르면, 2008년 8월 하순 갑자기 김정일의 결재가 내려오지 않아 외무성을 비롯한 중앙기관 부서들이 혼란에 빠졌다고 한다. 김정일은 9월 9일 공화국 수립 행사에도 참석하지 않았다가, 그해 10월경 김일성종합대학과 평양철도대학 간 축구 경기장에 처음 나타났다. 선글라스를 낀 김정일은 병색이 완연해 보였다고 한다. 이듬해인 2009년 10월 중국 원자바오 총리가 평양을 방문했을 때 김정일은 걷기 힘들어 하고 박수를 겨우 칠 정도로 건강이 나빠졌다.[61] 당시 북한 방송에 비친 67세의 김정일은 초췌한 노인의 모습이었다.

김정일의 건강 상태를 누구보다 먼저 파악한 중국으로서는 이때부터 김정일 사망 이후 북한에서 발생할 여러 가지 시나리오를 상정하고 대비의 필요성을 느낀 듯하다. 이와 관련, 중국 학자 주펑(朱鋒)은 북한 2차 핵실험 이후 중국의 반응이 1차 때와 달랐던 배경에 김정일의 건강 악화가 작용했다고 지적했다. 그는 2010년 한국의 한 세미나에 참석해 "북한의 2차 핵실험은 시급한 권력 교체와 관련성이 있었을 것"이라고 말했다. 주펑은 북한이 왜 이 시기에 사전 모의를 통해 도발행위를 감행하게 되었는지에 대해 두 가지 원인을 지적했다. 첫째, 김정일의 시급한 국내 권력 교체와 새로운 권력구조에 대한 구상이다. 둘째, 미국 오바마 행정부 수립 후 외교정책 조정 과정에서 김정일은 강경책을 구사하여 새로운 위기를 조성하는 것이 북한에 유리한 결과를 가져다줄 것이라 보았다는 것이다.[62] 이러한 사정을 잘 아는 중국이 북한의 2차 핵도발에도 불구하고 북한에 대한 비난을 삼간 것은 북한의 안정적인 권력 교체에 대한 고려가 작용하였다고 보는 것이 타당할 것이다.

2009년 초부터 북한 내부에서 김정은으로의 권력 승계 작업이 진행되는 정황이 포착되었다. 그해 1월 8일 북한에서는 김정일이 김정은을 후계자로 결정했다는 교시가 리제강 중앙당 조직지도부 제1부부장에게 하달되고, 김정은을 찬양하는 '발걸음' 노래가 보급되었다. 또 그해 5월에는 북한군 대상 내부 문건인 "존경하는 김정은 대장동지의 위대성 교양자료"가 배포되는 등 권력 승계를 위한 작업이 본격화되었다.

이 시기 한국과 미국에서는 북한 붕괴론과 흡수통일론이 공공연히 나돌고 있었다. 이러한 상황에서 중국은 북한 비핵화를 위한 압박보다 북한의 권력 이양 과정에서 나타날 수 있는 체제 불안정에 대비해야 할 필요성에 직면한 것으로 보인다.[63] 만약 북한 권력 교체가 순조롭게 이루어지지 않고 북한 사회에 혼란이 닥칠 경우, 한반도 전체가 한미의 영향권에 떨어질 수 있고 이는 중국에 심각한 안보 위기가 될 수 있기 때문이다.

그 후 중국이 취한 대북정책은 북한의 안정화 전략에 초점이 모아졌다. 그것은 △김정은으로의 권력 승계 지지와 북한 포용, △화폐

개혁 실패 후 북한에 대한 경제적 지원과 경협 강화, △중국의 경제발전에 필요한 북한의 자원 확보라는 세 가지 방향으로 전개되었다.

2009년 8월 17일 우다웨이 중국 외교부 부부장이 북한을 방문해 6자회담 수석대표인 김계관 외무성 부상과 회담하였고, 9월 18일 다이빙궈(戴秉國) 국무위원도 북한을 방문하여 비핵화 추진과 양자관계 회복에 관한 후진타오의 친서를 김정일에 전달했다. 곧이어 그해 10월 원자바오 총리는 북한을 방문해 대대적인 경협 방안을 발표하였는데, 이는 중국이 유엔 안보리 1874호 결의안을 무시하고 북한을 지원하기로 한 것이어서 국제사회에 적지 않은 파문을 불러일으켰다.[64] 스콧 스나이더는 2009년 10월 원자바오 총리의 방북에 대해, 중국이 '북한의 보호자'가 되었을 뿐만 아니라 국제사회의 응징(제재)으로부터 평양 정권을 방어해 주는 '조력자(enabler)'가 되었다는 의미라고 분석했다.

후진타오, 김정일과 3차례 회담 통해 대북 영향력 강화

2010년 5월부터 이듬해 5월까지 1년 사이에 후진타오는 김정일을 3차례나 중국으로 초청해 정상회담을 가졌다(표 1 참조). 한반도의 불안정이 북한의 핵도발로 시작되었지만, 미국과 한국의 대북 경제 제재와 압박이 강화되는 가운데 중국은 북한의 안정을 도모함과 동시에 자국 영향권에 두려는 노력을 강화하였다.[65] 이때부터 북중 간에 '피로 맺은 관계'라는 표현이 다시 등장하였고, 양국 관계의 발전은 중국 당정의 확고한 방침이라는 입장이 공식적으로 천명되었다.[66]

이처럼 후진타오 2기 정부는 북한 문제와 북핵 문제를 분리하고 북한 정권의 안정을 최우선시함으로써, 1기 정부 때 경험했던 '북핵 딜레마'의 상황에서 일단 벗어났다. 후진타오의 중국은 북핵 문제는

[표 1] 북중 및 한중 정상급 회담(1950~2019)

* 외교부, 『중국 개황 2017』, 이종석, 『북한-중국관계』, 언론 보도 등 종합
* 인원 표기는 방문 측 먼저(제3국일 때는 한·북 먼저)

연월	북중 회담(장소)	연월	한중회담(장소)
1950	김일성-마오쩌둥, 저우언라이 (베이징)		
1950	김일성-마오쩌둥, 저우언라이 (베이징)		
1950	김일성-마오쩌둥, 저우언라이 (베이징)		
1953	김일성-마오쩌둥, 저우언라이 (베이징)		
1954	김일성-마오쩌둥, 저우언라이 (베이징)		
1957	김일성-마오쩌둥 (모스크바)		
1958	김일성-마오쩌둥, 저우언라이 (베이징, 우한)		
1959	김일성-마오쩌둥 (모스크바)		
1959	김일성-마오쩌둥, 저우언라이 (베이징)		
1969	김일성-마오쩌둥, 저우언라이 (항저우)		
1961	김일성-마오쩌둥, 저우언라이 (베이징)		
1963	류샤오치-김일성 (평양)		
1964	김일성-마오쩌둥, 류샤오치 (베이징)		
1964	김일성-마오쩌둥, 저우언라이 (베이징)		
1970	김일성-마오쩌둥, 저우언라이 (베이징)		

연월	북중 회담(장소)	연월	한중회담(장소)
1971	김일성-마오쩌둥, 저우언라이 (베이징)		
1972	마오쩌둥, 저우언라이-김일성 (평양)		
1972	김일성-마오쩌둥, 저우언라이 (베이징)		
1975	김일성-마오쩌둥, 덩샤오핑 (베이징)		
1978	화궈펑-김일성(평양)		
1978	덩샤오핑, 화궈펑-김일성(평양)		
1980	김일성-화궈펑(베오그라드)		
1981	덩샤오핑-김일성(평양)		
1982	덩샤오핑, 후야오방-김일성(평양)		
1982	덩샤오핑, 후야오방-김일성(평양)		
1983	김일성-덩샤오핑, 후야오방 (베이징)		
1984	후야오방-김일성(평양)		
1984	김일성-덩샤오핑, 후야오방 (베이징)		
1985	후야오방-김일성, 김정일(신의주)		
1986	리셴녠-김일성(평양)		
1987	김일성-덩샤오핑(베이징)		
1988	양상쿤-김일성(평양)		
1989	자오쯔양-김일성(평양)		
1989	김일성-덩샤오핑(베이징)		
1990	장쩌민-김일성(평양)		
1991	김일성-장쩌민(베이징)		
1992	양상쿤-김일성(평양)	1992. 9	노태우-장쩌민(베이징)

연월	북중 회담(장소)	연월	한중회담(장소)
		1993.11	김영삼-장쩌민(시애틀)
		1994. 3	김영삼-장쩌민(베이징)
		1994.11	김영삼-장쩌민(보고르)
		1995.11	장쩌민-김영삼(서울)
		1996.11	김영삼-장쩌민(마닐라)
		1997.11	김영삼-장쩌민(밴쿠버)
		1998.11	김대중-장쩌민(베이징)
1999. 6	김영남-장쩌민(베이징)	1999. 9	김대중-장쩌민(오클랜드)
2000. 5	김정일-장쩌민(베이징)	2000. 9	김대중-장쩌민(뉴욕)
		2000.11	김대중-장쩌민(브루나이)
2001. 1	김정일-장쩌민(베이징)		
2001. 9	장쩌민-김정일(평양)	2001.10	김대중-장쩌민(상하이)
		2002.10	김대중-장쩌민(멕시코)
		2003. 7	노무현-후진타오(베이징)
		2003.10	노무현-후진타오(방콕)
2004. 4	김정일-후진타오(베이징)	2004.11	노무현-후진타오(칠레)
2005.10	후진타오-김정일(평양)	2005. 5	노무현-후진타오(모스크바)
		2005.11	노무현-후진타오(서울)
2006. 1	김정일-후진타오(베이징)	2006.10	노무현-후진타오(베이징)
		2006.11	노무현-후진타오(하노이)
		2007. 9	노무현-후진타오(시드니)
		2008. 5	이명박-후진타오(베이징)
		2008. 8	이명박-후진타오(베이징)
		2008. 8	후진타오-이명박(서울)

연월	북중 회담(장소)	연월	한중회담(장소)
		2009. 4	이명박-후진타오(런던)
		2009. 9	이명박-후진타오(뉴욕)
2010. 5	김정일-후진타오(베이징)	2010. 4	이명박-후진타오(상하이)
2010. 8	김정일-후진타오(창춘)	2010. 6	이명박-후진타오(토론토)
2011. 5	김정일-후진타오(베이징)		
		2012. 1	이명박-후진타오(베이징)
		2012. 3	후진타오-이명박(서울)
		2012. 5	이명박-후진타오(베이징)
		2013. 6	박근혜-시진핑(베이징)
		2013.10	박근혜-시진핑(발리)
		2014. 3	박근혜-시진핑(헤이그)
		2014. 7	시진핑-박근혜(서울)
		2014.11	박근혜-시진핑(베이징)
		2015. 9	박근혜-시진핑(베이징)
		2016. 3	박근혜-시진핑(워싱턴)
		2016. 9	박근혜-시진핑(항저우)
		2017. 7	문재인-시진핑(베를린)
		2017.11	문재인-시진핑(다낭)
		2017.12	문재인-시진핑(베이징)
2018. 3	김정은-시진핑 1차 정상회담 (베이징)		
2018. 5	김정은-시진핑 2차 정상회담 (다롄)		
2018. 6	김정은-시진핑 3차 정상회담 (베이징)		
		2018.11	문재인-시진핑(파푸아뉴기니)

연월	북중 회담(장소)	연월	한중회담(장소)
2019. 1	김정은-시진핑 4차 정상회담 (베이징)		
2019. 6	시진핑-김정은 5차 정상회담 (평양)	2019.12	문재인-시진핑(베이징)

[표 2] 장쩌민-후진타오 시기 중국의 외교전략, 대북정책, 대북 영향력 변화 추이

	장쩌민 시기 (1989~2002)	후진타오 1기 (2003~2007)	후진타오 2기 (2008~2012)
대내외 환경	미중관계 파트너십 (단, 장쩌민 말기 유고 중국 대사관 폭격 사건) (미중 협력에서 마찰로 변화)	대내: 전략적 발전 기회로 인식 대외: 부시 정부의 테러와의 전쟁 (미중 협력기)	대내: 중화민족주의 대두 대외: 미국발 금융위기, 미국 아시아 회귀 (미중 갈등의 구조화기)
외교전략	피동적·수세적 외교 (도광양회)	대미 견제와 균형 전략, 영향력 확대 추구	공세적 외교, '중국적 질서' 모색 (화평굴기, 유소작위)
대북 비핵화 정책	북미 간 문제로 치부, 불개입	'비핵화 원칙' 위에서, 대북송유관 차단, 6자 회담 주도	'북한 문제'와 '북핵 문제'의 분리, 북핵 문제를 후순위로(저선 하향)
대북 정치적 영향력	下→中下 (한중 수교 여파로 8년 공백 후 3회 정상회담)	中下 (북 1차 핵실험 후 강력 비난, 2004~06년 3회 정상회담)	中上 (북 2차 핵실험 후 혈맹관계 중시, 2010~11년 3회 정상회담)
대북 경제정책	민간기업 중심의 대북 교역	2003년 동북진흥전략, 2005년 루강취* 일체화계획으로 대북 경제 연계성 모색 *路港區: 도로, 항만, 구역. 제6장 참조	2009년, 창지투* 프로젝트 추진. 북중 간 SOC에 대규모 정부 투자, 借港出海 성공 *長吉圖: 창춘, 지린, 투먼강. 제6장 참조
대북 경제적 영향력	下 (북의 대중 무역의존도 2000년 24.7%)	中 (2007년 67.1%)	中上 (2012년 88.3%)

영향력 上: 좋음, 中: 보통, 下: 나쁨

미국 등 국제사회의 공동 책임으로 미루고, 북핵 문제 때문에 악화되었던 북중관계를 복원하는 데 중점을 두었다. 이는 북한의 순조로운 권력 승계와 사회 안정이 중국의 이익에 부합한다고 판단한 결과이며, '전략적 자산'으로서 북한의 가치를 중시한 결정이었다. 이는 뉴욕발 금융위기 이후 미국의 패권 쇠퇴라는 대외적 조건 위에서 '중국적 질서'를 추구하기 위해 인접 동맹국인 북한의 안정과 협력이 필요했기 때문이었다. 북한 역시 핵보유국으로 등장하여 한반도의 '게임 체인저'가 되려는 과정에서 국제제재를 넘기 위해서는 중국의 경제 지원과 협력이 절실했다. 이에 북한의 핵보유가 중국에 잠재적 위협임에도 불구하고 후진타오 정부는 북한을 끌어안았다. 이러한 북중 양자 관계는 현상 변경 국가들이 '새로운 질서'를 추구하는 과정에서 이익동맹으로 연합할 필요성이 커진다는 슈웰러 이론에 부합한다.

장쩌민 시기부터 후진타오 시기까지 북중관계와 중국의 대북 영향력 추이는 표 1, 2와 같다.

그렇지만 중국의 대북정책 조정의 본질은 북한의 핵개발을 저지한 것이 아니라 북핵 문제에 대한 중국의 바텀 라인을 낮춘 것에 불과하다는 점에 주목할 필요가 있다. 이러한 결정은 향후 북한의 핵도발을 막는 데 부정적인 영향을 끼칠 수밖에 없다. 실제로 중국은 시진핑 임기 동안 북한의 더 많은 핵실험(4회)을 목격해야 했다.

후진타오 정부가 북핵에 '방관자'로 머문 대가는 다음 정부가 치러야 했다.

제5장
시진핑:
심판자에서 보호자로

1. 시진핑 1기(2012~2017)의 대내외 환경

시진핑 시대의 특징은 중국이 미국과 맞먹는 '대국'으로 성장하였다는 국가정체성의 확립이다. 대국 의식은 중국의 발전 성과에 대한 자부심과 미래에 대한 확신에서 비롯됐다.

2050년 미국 추월 '중국몽'

2012년 말 출범한 시진핑 정부는 국민의 자긍심을 국가 발전의 동력으로 끌어올리기 위해 '위대한 중화민족의 부흥'이란 '중국인의 꿈(중국몽)'을 국가목표로 제시했다. '중국몽'을 실현하는 수단으로는 크게 두 가지가 채택됐다. 대내적으로는 미래 산업 분야의 기술 수준을 세계 최고로 끌어올린다는 '중국제조 2025'와, 대외적으로는 유라시아와 아프리카를 연결하는 거대 경제물류망인 '일대일로' 프로젝트가 그것이다. 이 프로젝트가 완결되는 2050년이면 중국은 미국을 능가하는 초일류 유일 강대국이 되겠다는 목표다. 이러한 기대가 모든 국가정책에 반영되었다.

중국인의 대국 의식에는 크게 4가지 요소가 담겨 있다고 중국 인민대학 진찬룽(金燦榮) 교수는 지적한다.[1]

첫째, 중국은 글로벌화의 배경 하에서 전방위, 다각도, 심층적인 대외 개방을 하였으며, 그 결과 중국은 세계가 놀랄 만한 대진보와 성취를 얻었으며, 이는 세계 시스템의 개방성과 자유무역 및 경제기술의 자유 교류, 중국의 국제사회 참여에 이득이 된다는 시각이다.

둘째, 세계 GDP 2위, 세계 최대의 발전도상국, 세계 최대의 외환 보유국이면서도 1인당 GDP는 세계 100위권 밖인 중국이 세계 인구의 5분의 1을 먹여 살리고, 유엔 평화유지군 등 다양한 방법으로 세계 평화에 기여하고 있다는 시각이다. 중국의 다양한 모습(角色)과 능력이야말로 과장할 필요도, 숨길 필요도 없다고 본다.

셋째, 중국이 국제 시스템의 참여자가 되었지만, 서방 열강과는 다른 발전의 길을 걷고 있다는 시각이다. 시진핑은 2014년 각 성(省)과 중앙부처 간부들의 18기 3중전회 정신학습 세미나에서 연설을 통해 "우리는 반드시 명확하게 알아야 한다. 우리나라의 인민민주는 서방의 소위 헌정(憲政)과 본질적으로 다른 것이다. 중국공산당의 영도는 중국 특색 사회주의의 가장 본질적 특징이다"라고 강조했다. 시진핑은 이듬해 같은 회의에서 "우리나라 사회주의 정치제도의 한 가지 돌출된 우월성은 당이 전체적인 국면을 총괄하고 각 방면을 조정하는 영도적 핵심 작용을 한다는 것이다. 이를 비유해서 말하면, 뭇 별들이 달을 에워싸는(衆星捧月) 것과 같으며, 여기서 달이 곧 중국공산당이다"라고 말했다.[2]

이러한 인식의 바탕에는 중국의 넓은 국토와 다양한 민족적 구성 등의 특징이 서방 국가와 근본적으로 다르다는 생각이 깔려 있다. 시진핑은 2014년 한 회의에서 "우리는 나라 밖의 정치문명의 유익한 성과를 참고할 필요는 있다. 그러나 절대로 중국 정치제도의 근본을 포기해서는 안 된다. 중국은 960만여 평방킬로미터의 토지와 56개 민족이 있다. 우리가 다른 누구의 모델을 따라 한단 말인가? 누가 감히 우리에게 함부로 이러쿵저러쿵 어떻게 하라(指手畵脚)고 말할 수 있단 말인가?"라고 지적했다.[3] 또한 중국은 국제질서의 파괴자가 아니며 국제 분업 체계의 '모범적 노동자'라고 강조한다. 중국은 과거 서방 제국주의처럼 약탈식 식민화와 군사화의 길을 걷지는 않겠다고 주장했다.

넷째, 국가통일의 과업을 지고 있는 세계 유일의 강대국이란 시각이다. 향후 상당 기간 중국은 다양한 요소의 방해와 정치군사적 위험, '대만독립파'의 저항을 이겨 내고 통일의 위업을 이루어야 진정한 '책임대국'이 된다는 인식이다.

이러한 대국 의식은 2012년 11월 공산당 제18차 대회 보고에 반영되었다. 중국공산당은 향후 5~10년을 전면적 소강사회 건설을 위한 매우 중요한 '전략적 기회의 시기'로 보고, 자국의 국제적·지역적 영향력을 확대하고 국가안보와 발전이익에 상응하는 외교정책 수립의 필요성을 강조했다. 이를 위해 시진핑 정부는 국제질서에 '적극 참여(積極叁與)'하고 '주동적으로 형세 만들기(主動塑造)'에 나서 '중국 특색 대국외교'를 전폭적으로 추진하고, 평화발전을 견지하면서, 대국 의식과 운영 능력을 증강하고, 국가이익을 보위하면서, 전략적 주동성과 발언권(話語權)을 증강한다는 방침을 정했다.[4]

'신형 대국관계' 밑바탕엔 '강군몽'

대국외교의 핵심적 내용은 '신형 대국관계'와 '주변 외교 우선' 원칙이다.[5]

신형 대국관계란, 중국이 이전에 가졌던 '발전도상국'이란 정체성을 버리고 '대국'으로서 미중 두 나라가 대등하게 '불충돌, 불대항, 상호 존중, 협력과 공영'하면서 주권과 영토 등 핵심 이익과 체제 및 발전 방식을 존중하자는 관점이다. 중국의 핵심 이익이란 『중국백서』의 정의에 따르면, '국가주권, 국가안전, 영토의 온전한 보존, 국가통일, 중국 헌법이 정한 국가 정치제도와 사회 전반의 안정, 경제 사회의 지속가능한 발전의 기본 보장'의 6가지를 말한다.[6] 중국은 미국의 핵심 이익을 건드리지 않을 테니, 미국도 중국의 핵심 이익을 존중해 달라는 것이다. 얼핏 보기에 이는 정당한 요구 같지만, 실은 남중국해와 대만 문제 등에서 주변국의 이해를 침해하고 대만인의 자결권을 제한할 소지가 있다. 이에 미국은 소극적으로 대응했다.

'주변 외교 우선'은 중국이 강대국 정체성을 기반으로 대국외교를 추구하는 과정에서 주변국의 지지가 절실해졌기 때문이다. 특히 미국이 '아시아 회귀' 선언 이후 아시아 각국들과 양자 및 다자관계를 강화하고 군사협력의 수준을 높이자, 중국은 이를 '중국 봉쇄'로 인식하고, 주변 외교에 대한 전략적 조정을 추진하였다. 대표적인 사례가 2013년 10월 당정 지도부가 참가한 '주변외교업무 좌담회'다. 이 회의에서 시진핑은 '두 개의 100년'과 '중화민족의 위대한 부흥'을 주변 외교의 전략목표로 설정하고, 주변국에 대한 '친성혜용'의 외교 이념과 '운명공동체'라는 개념을 제시했다.[7] 이는 중국의 부상에 대한 주변국의 경계감을 풀고 미국의 중국 포위망을 약화시키기 위한 외교전략이다.

시진핑의 주변 외교 중시는 '아시아 신안보관'으로 나타났다. 시진핑은 2013년 11월 18차 당대회 3중전회에서 '중앙국가안보위원회'의 설립을 결정하여, 정치·영토·군사·경제·문화 등 11개 분야의 총체적 안보 구현을 강조했다. 그는 이어 2014년 5월 상하이에서 개최된 '아시아 교류 및 신뢰구축회의(CICA)' 제4차 정상회의에서 "아시아 신안보관을 적극 수립하여 안보 협력의 새로운 판도를 공동으로 창조하자"고 제창했다. 그는 이 회의에서 '공동(公同), 종합(綜合), 협력(協力), 지속가능(可持續)'을 핵심으로 하는 '아시아 신안보관'을 설명하고 공동 건설과 공유, 공영의 길을 제안했다.[8] 시진핑의 아시아 신안보관은 미국의 영향력을 배제하고 중국이 주도하는 '아시아인에 의한 안보질서' 구축을 위해 내놓은 외교전략이라 할 수 있다.

중국 주도의 아시아 질서를 구축하기 위해서는 강력한 군사력이 뒷받침되어야 한다. 시진핑 정부가 강한 군대의 육성, 즉 '강군몽(强軍夢)' 정책을 적극 펼친 것은 국가 핵심 이익을 보호하고 중국몽을 실현하기 위한 필연적 정책이었다. 중국은 국방비를 두자릿수 이상 늘리면서, 항공모함과 스텔스기를 비롯한 첨단 무기와 장비 증강에 박차를 가하고 있다. 이는 남중국해에서 발생할지도 모를 군사적 충돌에 대비하고 대만의 독립 시도를 사전에 차단하려는 군사전략이기도 하다.

시진핑 정부의 '강군몽' 의지는 필연적으로 중국의 적극적인 군사력 강화를 불러올 수밖에 없다. 게다가 일대일로와 같이 자국의 영향력 확대를 위한 전방위적 경제정책의 시행은 전략적 확장(strategic expansion)을 넘어 전략적 과잉(strategic overdrawing) 상태에 이르렀다는 평가도 나온다.[9]

미국 오바마 정부는 시진핑 정부의 이러한 적극적 외교와 군사안보전략에 대해 침묵하면서 대외적으로는 협력하는 모습을 보였다. 이 시기 미국은 금융위기의 후유증에서 빠져나오려는 시기로 중국과의 경제협력이 필요했고, 중국이 지속적으로 미국의 국채를 매입하기를 기대했다. 또 기후 문제와 에너지 문제 등에서도 중국과의 협력이 필요했다. 이에 따라 미국은 중국의 인권 문제에 대한 비판의 강도를 낮추고, 오바마는 달라이 라마 접견도 연기하는 등 협력적 자세를 보였다.[10]

2013년 6월 시진핑 주석이 미국을 방문, 오바마 대통령과 비공식 정상회담을 갖고 공유하는 컨센서스를 핵심으로 양국 관계를 발전시키고 신형 대국관계를 추진하는 데 합의했다. 또 모든 문제에 대해 모든 차원에서 대화를 추진하는 '긴밀한 협력 정신'을 추구하기로 합의했다. 양국은 그해 7월 워싱턴에서 개최된 제5차 중미 전략경제대화(SED)에서 환경 문제, 에너지 문제와 투자보호협정에 대한 협력의 당위성에 동의했다.[11] 중국 부총리 왕양(汪洋)은 중국 신정부의 대미 외교를 설명하면서, "중미관계가 부부이자 이혼할 수 없는 관계"라고 설명하기도 했다. 왕양은 이 자리에서 미국이 중국의 핵심 이익을 존중할 것도 요구했다.

오바마·시진핑 시기 미중관계는 '적극적으로 협력하는 전면적 관계(積極合作全面關係)'라고 할 수 있다.

미중은 전략이익 부딪치는 '가짜 친구'

이 시기 미중이 표면적으로는 협력하는 듯했지만, 적어도 동북아 지역에서 양국의 전략적 이익이 부딪치는 문제가 한두 가지가 아니었다. 북핵 문제를 비롯해 대만 문제, 남중국해 문제 등에서 미국은 동맹국과 함께 군사력을 투사하고 있다. 게다가 한반도에서 미중 양국이 추구하는 전략적 목표는 공존하기 어렵다.

한반도는 지정학(geo-political)과 지경학(geo-economics)적 측면에서 미중이 추구하는 이익의 이중성과 모순점을 가장 명확하게 드러내며 양국이 '가짜 친구' 관계를 맺고 있는 곳이기도 하다.[12] 이곳에서 미국의 전략목표는 자국의 패권을 유지하고 중국의 부상을 효과적으로 제어하는 것인 반면, 중국의 전략목표는 역내 패권의 우위를 점하여 국제사회에서 운신의 폭을 확대하고, 중국 특색 사회주의를 넘어 새로운 정치경제적 국제규범을 수립하는 것이다.

양국 관계의 실상은 미국의 '아시아 회귀(아시아 재균형)' 정책이 표면화되면서 드러나기 시작했다. 미국은 중동 전쟁을 종결지음에 따라 해외 군사력의 중심을 아시아로 이동시켰다. 또 미국은 환태평양 경제동반자협정(TPP) 체결을 계기로 일본, 호주 등과의 협력을 강화하면서 아시아·태평양 지역에서 경제세력권의 확장을 추구했다. 당초 7개국으로 출발한 TPP는 그 후 베트남, 말레이시아, 캐나다, 멕시코까지 가담하여 11개국으로 늘어났다. 미국의 이러한 움직임은 국제사회에서 중국의 경제적 팽창을 저지하기 위한 시도라는 것이 명백했다.

오바마의 뒤를 이은 트럼프 정부(2017. 1~)는 중국 봉쇄 의지를 더욱 명확히 하고, 무역과 환율 등 경제 문제뿐만 아니라 남중국해와 대만 문제 등에도 적극 개입하기 시작했다. 2017년 6월 CICA에서 시진핑이 '아시아의 문제는 아시아인의 손으로'라는 구호를 제창하자, 트럼프 대통령은 일본·호주·필리핀·베트남 등과의 군사 협력을 강화함으로써 아시아에서 중국의 군사적 패권 확장 억제에 나섰다.[13] 트럼프 대통령은 2018년 대만여행법을 통과시켜 미국과 대만 고위공무원의 교류를 허용했으며, 미국 함대는 남중국해에서 '항행의 자유'

작전을 지속적으로 펼쳐 중국의 주장을 무력화하고 있다. 2017년 말 발표된 트럼프 행정부의 안보전략 보고서는 '자유롭고 공정하며 상호적인 경제관계'를 지향하고, "과학기술과 발명 및 혁신 분야에서 미국이 리드하며" "국가안보의 혁신 기지를 촉진, 보호하고" "다른 나라의 위반행위와 부정행위, 경제적 공세를 못 본 척하지 않겠다"고 강조했다.[14] 다분히 중국을 겨냥한 보고서였다.

이상 살펴본 바와 같이, 시진핑 1기에 해당하는 2013~17년 기간은 대체로 미중 간의 갈등이 표면화되지 않은 채 전방위적으로 협력 관계를 유지하였으나, 2017년 초 미국 트럼프 행정부 등장 이후부터는 양국의 대결이 본격화되었다. 트럼프 정부는 2017년 북한을 향해 '화염과 분노(fire & fury)', '완전한 파괴' 등을 언급하며 강경 방침을 피력하였다. 이에 따라 시진핑 정부의 대외전략과 대북정책에도 변화 조짐이 일어났다.

2. 시진핑 1기의 대북정책: 심판자

시진핑 역시 후진타오 못지않게 북한 지도자를 싫어했지만, 그의 대북정책은 전임자가 남겨준 양국 관계의 유산 위에서 전개되었다.
2012년 말부터 시작된 시진핑 시대의 북중관계는 2018년 이전과 이후로 나누어 살펴볼 수 있다. 2018년을 분기점으로 삼은 이유는 2012년부터 2018년 초까지 약 6년간 양국 간 최고지도자의 상호 방문이 중단되었다가, 2018년 3월부터 1년 반 사이에 양국 간 정상회담이 다섯 차례나 열렸기 때문이다.

중국, 북 3대 세습 가장 먼저 지지

북한 김정일이 사망하자(2011. 12. 17) 중국은 가장 먼저 북한의 3대 세습과 김정은 체제를 공식 지지하는 입장을 표명했다. 북한의 정치적 후견국임을 분명히 드러낸 것이다.

중국은 공산당 중앙위원회와 전인대 상무위원회, 국무원, 중앙군사위 등 당·정·군(黨政軍) 최고권력기관 명의로 북한에 조문을 발송했다. 중국은 조문에서 "조선 인민은 김정일 동지의 유지를 계승해 김정은 동지를 지도자로 하는 조선노동당 주위에 단결해 사회주의 강성대국을 이룩하기 바란다"면서 "북한의 새로운 지도자 김정은의 중국 방문을 환영한다"고 발표했다. 중국의 신속한 행동은 김정은 체제와의 전략적 소통을 통한 대북 영향력 확대, 북한의 정책 변화 유도, 국제사회에서의 발언권 확대 등의 전략적 의도를 가지고 있었던 것으로 분석되었다.[15]

중국의 '김정은 체제 아우르기'는 2012년으로 이어졌다. 양국은 그해 4월 북한의 장거리 로켓 발사에도 불구하고 7월 북한 리명수 인민보안부장의 방중을 중국이 환영한 데 이어, 왕자루이 대외연락부장이 북한을 방문해 김정은과 강석주, 김양건 등을 면담했다. 북한의 장성택이 그해 8월 중국을 방문해 국가정상급 대우를 받으며 후진타오와 원자바오를 모두 만나고 황금평과 나선시 공동 개발에 합의함으로써, 김정은 시대 북중 밀월관계를 예고하는 듯했다.

시진핑 정부는 후진타오 2기의 '대북정책 조정'의 연장선에서 북한 끌어안기 정책을 펼쳤지만 북한의 핵도발을 막지는 못했다. 북한 비핵화 문제에 대한 중국의 '최저선'을 낮춘 후 정부의 결정은 북한의 태도를 바꾸기는커녕 오히려 "핵개발을 위한 추가 도발에도 중국은 침묵할 것"이란 메시지로 작용한 듯하다. 중국이 북한 비핵화보다 북한의 안정을 중시하기로 한 이상, 북이 다시 도발해도 중국이 강하게 북을 압박하지 못할 것을 알았기 때문이다.

북 3차 핵실험, 중국 잔칫상에 재 뿌려

아니나 다를까, 북한 김정은은 2013년 2월 12일 3차 핵실험을 단행했다. 2차 핵실험 이후 4년 만의 도발이었다.

김정은 체제 출범 이후 첫 핵실험의 시점은 북중관계에서 매우 상징성이 있는 선택이었다. 그 시점이란, 중국의 5세대 지도자 시진핑이 '국가주석'으로 취임하는 전인대를 코앞에 남겨 둔 시점이었다.

중국 전인대는 통상 매년 3월 초 열린다. 특히 2013년의 전인대는 중국의 새로운 지도부가 출범하는 행사였다. 시진핑이 최고지도자로 취임하는 경사스런 행사를 20여 일 남겨 둔 시점에 북한 김정은이 3차 핵실험을 감행한 것이다. 누가 봐도 중국의 잔칫상에 재를 뿌리는 행동이었다. 이는 김정은이 "국제사회의 어떤 압박에도 굴하지 않고 핵강국의 길을 가겠다"는 메시지를 던진 것이었다. 시진핑을 비롯한 중국의 새 지도부가 북한에 얼마나 분노했을지는 짐작하고도 남는다. 이러한 분노가 중국 정부의 대북정책에 영향을 미쳤을 것으로 보는 것은 합리적 추론이다. 이와 관련, 성균관대 이희옥은 북한의 핵실험으로 시진핑 개인의 감정 외교(sensibility in diplomacy)가 작동했다고 분석했다.[16]

중국은 북한 3차 핵실험에 대해 지재룡 주중 북한 대사를 외교부로 초치해 강력히 항의하고, 유엔 안보리 대북제재 2094호에도 찬성했다. 2094호는 고급 자동차, 보석, 요트 등 사치품의 금수(禁輸) 내용을 포함하고 있어 김정은을 직접 겨냥했다는 평가가 나왔다(표 3 참조). 중국은 또 중국은행, 건설은행, 공상은행, 농업은행 등 4대 은행

[표 3] 유엔 안보리 대북제재 결의안과 핵심 내용

연도	결의안	북한의 도발	제재 내용
2006	1718호	1차 핵실험	북핵 및 미사일 관련 인물·기관 자금 동결, catch-all 방식의 수출 통제 강화 등
2009	1874호	2차 핵실험	무기 금수, 화물 검색, 금융 제재 등
2013	2087호	장거리 로켓 발사	제재 대상(단체, 개인) 확대, 의심 선박 검색 강화
2013	2094호	3차 핵실험	화물 검색, 금융 제재, 북한 외교관 감시 등
2016	2270호	4차 핵실험	광물 수출 제한(민생용 외), 화물 검색 의무화
2016	2321호	5차 핵실험	석탄 수출 봉쇄, 수출 금지 품목 추가
2017	2356호	중단거리 미사일 발사	여행 금지, 자산 동결 대상 확대
2017	2371호	ICBM 발사	북한 광물·수산물·노동자 송출 차단
2017	2375호	6차 핵실험	대북 정유제품 수출량 200만 배럴로 제한
2017	2397호	탄도미사일 발사	정유제품 50만 배럴로 감축, 해외 노동자 2년 내 송환 등

의 북한 계좌를 폐쇄하고 그해 9월에는 대북 수출 금지 품목도 발표했다.

당시 중국 외교부 화춘잉(華春瑩) 대변인은 "중국과 북한은 정상적인 국가관계"라고 말하여, 북한과의 전통적 혈맹관계를 부정하는 듯한 태도를 보였다.[17] 중국 외교부 류젠차오 부장조리 역시 2014년 6월 한국 언론과의 간담회에서 "중국과 북한이 군사동맹 관계에 있다는 것은 맞지 않다. 어떤 국가와도 군사동맹을 맺지 않는 것이 중국 외교의 가장 중요한 원칙 중 하나"라고 말해 중국 정부의 분위기를 암시했다. 그러나 양국 관계가 악화되었을 때 중국 외교부가 보여주는 이러한 '분노의 발언'은, 뒤에 보면 상대국을 압박하고 국제사회에 보여 주기 위한 일종의 외교적 '레토릭(언사)'이었다는 것에 유념

할 필요가 있다. 왜냐하면 그런 발언에도 중국의 대북정책이나 양국 관계가 근본적으로 변화하는 것은 아니기 때문이다.[18]

그럼에도 중국은 여론으로 북한을 계속 압박했다. 공산당 기관지 〈인민일보〉는 2013년 4월 10일자 '화이원(華益文)'이란 기명 평론을 통해 북한을 직접 비난했다. 〈인민일보〉는 "조선은 형세를 오판 말라"면서 "북한이 군비와 과학기술을 강화할 100가지 이유가 있고, 자신의 안보에 대한 합리적인 우려가 있다고 해도, 유엔 안보리의 결의를 위반해 핵실험을 단행하고 탄도미사일을 발사할 하나의 이유도 없다"고 지적했다. 신문은 "지난해부터 한반도 긴장 국면이 갈수록 상승하는 데 있어 북한은 회피할 수 없는 책임(不可推卸的責任)이 있다"면서 북한을 직접 거명해 비판했다.[19] 중국은 이전에는 '관련 당사국'이란 애매한 표현으로 북한을 자극하지 않으려고 노력했으나 이때는 달랐다. 이는 정부 입장이 반영된 것으로 보아야 할 것이다. 특히 '화이원'은 실존 인물이 아니라 '중국에 이익을 주는 글'이란 뜻으로 만든 가명으로서, 〈인민일보〉가 중국공산당 대외연락부나 외교부의 입장을 상대국에 전달하고자 할 때 이 이름을 종종 사용해 왔다.[20] 따라서 〈인민일보〉 칼럼은 곧 북한에 주는 중국 정부의 '경고'였던 것이다.

김정은이 중국의 새 '황제'인 시진핑의 체면을 짓밟은 데 대해 중국은 국민과 지식인을 동원한 여론전으로 북한을 계속 압박했다. 북한 핵실험 후 4일이 지난 2013년 2월 16일 선양 북한 영사관 앞에서 중국 주민 3~4명이 경찰의 제지에도 아랑곳하지 않고 '핵실험에 항의한다(爆核抗议)', '항의, 조선 핵실험, 동북지방 위험(抗议, 朝鮮核爆, 東北危险)'이라는 글귀를 쓴 팻말을 들고 시위를 벌이는 장면이 언론에 보도됐다. 또 같은 날 중국 남부 광둥성 광저우의 인민공원에서도 7~8명의 인권운동가들이 모여 '조선의 핵실험은 은혜를 원수로 갚는 것', '조선은 무뢰하고 중국은 무기력하다', '핵은 재앙' 등이 적힌 플래카드를 들고 북 핵실험을 규탄했다. 그동안 중국 정부는 북한에 부정적인 뉴스가 자국 언론에 보도되는 것을 막아 왔다. 중국 신문과 인터넷에 대북 항의 장면이 그대로 실렸다는 것은 정부가 이를 지시했다는 의미가 된다.

지식인들도 북한 비판에 나섰다. 중국의 대표적 한반도 문제 전문가인 주펑 베이징대 교수(당시)는 싱가포르 〈연합조보〉에 실은 기고문을 통해 "지금 시점에서 김정은의 바람막이가 되어야 한다는 중국 관료가 있다면 정신병자일 것"이라고 질타했다. 중국 상무부 산하 무역경제협력연구원 메이신위(梅新育) 연구원은 2월 17일 〈환구시보〉 평론을 통해 "북한이 개발한 핵과 미사일은 의외의 변고 상황에선 중국의 무기에 대항할 수도 있다. 중국 최고지도층과 국민은 이웃 우방이 제멋대로 하는 행위를 용인해 주는 데도 일정한 한도가 있어야 한다"고 비판하고 "북한 지도층이 그것을 충분히 인식하지 못한다면 반드시 대가를 치러야 할 것"이라고 경고했다.

북, 중국 압박에도 핵·경제 병진 노선 천명

중국 국무원 산하 국가질량감독(國家質量監督) 검험검역총국(檢驗檢疫總局)은 2013년 2월 말 북한으로부터 수입되는 광물질에 대해 방사능 검사를 실시하고 있다는 소식을 사진과 함께 홈페이지에 공개했다. 이에 따르면, 중국 창바이(長白) 출입국사무소는 2012년 북한으로부터 수입된 광물 1,227건에 대해 방사선 오염 검사를 실시하여 그중 허용기준치를 넘은 18건을 적발해 북한에 돌려보냈다고 밝혔다. 창바이 사무소는 향후 북한 수입 물품의 방사능 오염 여부를 더욱 철저하게 감시하기 위해 검사 설비를 대폭 보강하였다고 밝혔다.[21] 중국 정부기관이 그동안 공개하지 않던 북한과의 광물 거래에 대한 방사능 검사 사실을 공개한 것 자체가 북한에 대한 압박 성격을 띠고 있다.

시진핑 정부는 또한 북중 국경지대에서 군사훈련을 강화하고 북한 핵실험에 따른 방사능 오염 가능성에 대비하는 조치를 취했다. 2013년 2월 북한의 3차 핵실험 직후 일부 외신은 중국이 북중 접경지역에 다량의 탱크 등 무력을 증강 배치했다고 보도했다. 중국 국방부는 이 보도 내용을 곧 부인했지만, 비슷한 시기 북한의 신의주에서 북한이 헬기를 동원한 낙하산 훈련을 실시하는 장면이 중국 단둥에서 목격되어, 북중 간 군사적 긴장이 높아지고 있다는 관측이 나오기도 했다.[22] 북중 변경지역의 병력 증강과 군사훈련은 북한 내부의 돌변 사태나 한미의 휴전선 돌파 등 다양한 변수에 대비한 중국의 군사적 조치로 해석된다. 이는 한미 정부는 물론 북한 정권에도 무언의 압력이 된다.

또 지린성 훈춘(琿春)시 정부는 2013년 4월 11일 시민들을 대상으로 한 공습대피훈련을 실시했다. 이 훈련은 대피 준비, 대피훈련, 대피 해제 순서로 진행되었다. 공습경보가 울리자 주민들은 지도대원들의 인도 하에 지하 방공대피소로 대피했다. 훈춘시 시민방재실 간부는 "이번 훈련은 민중들의 방공방재 응급 대응 능력을 향상시키고 미래의 공습 대피 작전과 재해 중의 대피 능력을 제고하기 위한 것"이라고 설명했지만, 두 달 전 실시된 북의 핵실험 같은 긴급 상황을 염두에 둔 훈련이었다.[23]

중국의 전면적 압박에도 불구하고 북한은 3월 13일 당 중앙위원회 전원회의 보고에서 '경제건설'과 '핵무력 건설'의 병진(竝進) 노선을 공식 발표하는 등 미국과 중국의 압박에 굴복하지 않겠다는 입장을 확고히 했다. 그해 5월 최룡해 특사가 중국을 방문하여 시진핑 주석을 면담했지만, 최룡해는 핵·경제 병진 노선만 강조했을 뿐 양국 관계 개선에는 관심이 없었다. 당시 시진핑은 지방 시찰을 이유로 최룡해를 방문 이틀 뒤에나 만났으며, 이 자리에서 시진핑은 "정세가 어떻게 변해도 한반도 비핵화를 유지한다"는 원칙을 강조하여 회담 분위기가 좋지 않았다고 한다.[24]

게다가 김정은은 2013년 말 고모부 장성택을 처형하여 세계를 놀라게 했으며 북중관계를 얼어붙게 만들었다. 북중 경협을 총괄하던 장성택의 처형은 그나마 유지되던 북중 간 대화 채널을 단절시켰다. 장성택은 개혁개방을 통해 북한이 정상적인 국가로 국제사회에 나올 수 있도록 역할을 할 수 있는 유일한 인물로 기대를 모았으나, 그의 처형으로 그런 기대가 사라졌다. 국가정보원에서 해외담당차장을 지낸 라종일은 『장성택의 길』에서 중국 고위층의 발언을 인용해 "김정은의 장성택 처형은 북한에서 중국의 영향력을 제거하려는 시도"라고 평가했다. 장성택이 중국을 등에 업고 나라를 외국 자본과 기술에 개방하는 방향으로 끌고 가려다 처형되었다는 것이다.[25]

중국은 북한을 압박하면서도 대화를 병행하여 6자회담 테이블로 끌어내려고 노력하였다. 리위안차오(李源潮) 국가부주석을 단장으로 하는 중국공산당 대표단이 2013년 7월 북한을 방문해 김정은에게 시진핑의 구두 친서를 전달하고, 김정은의 6자회담 지지 발언도 이끌어 냈다. 또 한반도 특별사무대표인 우다웨이가 8월에 방북하여 6자회담을 모색했다. 그러나 북한은 '조건 없는 대화'를 내걸고 한·미·일의 '비핵화를 위한 진정성 있는 선행조치' 요구를 거절했다.

2014~16년 중국의 류전민(劉振民)·류윈산(劉雲山)·우다웨이 등이 북한을 방문하고, 북한의 최룡해·리수용·최선희·김성남 등이 중국을 방문하는 등 양국 관계를 유지하기 위한 접촉이 이어졌다.

2015년 10월 중국 정치국 상무위원 류윈산은 대표단과 함께 공식 방문단을 이끌고 평양을 방문, 김정은을 만나고 시진핑 주석의 친서를 전달했다. 이 친서에서 시진핑은 "중북 간의 전통 우의는 선대 지도자들이 직접 이어 준 공동의 보배로서 우리가 더욱 소중히 여겨야 한다"면서 "중국 당과 정부는 중조관계를 고도로 중시하고 전략적으로 높고 긴 시각으로 양국 관계를 잘 유지하고, 더욱 공고히 하고, 발전시켜야 한다"고 강조했다. 이에 대해 김정은은 "조선도 중국과 계속 고위층의 밀접한 왕래를 유지하고 각 영역에서 교류와 실무 합작을 강화하기를 원한다"고 회답했다. 아울러 류윈산은 북한의 추가 핵실험에 강력히 반대하며 6자회담을 재개해야 한다는 중국 지도부의 의사도 전했다. 그해 10월 15일 양국은 단둥 궈먼완(國門灣) 중조변경주민 호시(互市)무역구를 정식으로 개장하였고, 신의주 압록강변에 '현대화 종합여행 복무구역(現代綜合旅遊服務區)'의 개원식도 가졌다.[26]

그러나 이러한 중국의 양국 관계 개선 노력에도 불구하고 북한은 핵과 미사일 개발을 결코 중단하지 않았다. 조선중앙통신사는 2015년 5월 9일 김정은이 직접 지켜보는 가운데 잠수함 발사 미사일(SLBM) KN-11을 발사했다고 보도했다. 그해 9월 북한 국가우주개발국은 "조선의 위성은 당 중앙이 결정하는 시간과 장소에서 하늘을 향해 날아오를 것"이라고 발표했다.[27]

그해 12월 김정은의 측근 인물인 현송월이 이끄는 모란봉악단이 베이징에서 공연할 예정이었으나 내용을 둘러싸고 양국 간에 이견이 발생해 공연이 돌연 취소되었다. 그로부터 한 달 후인 2016년 1월 6일 북한은 중국에 사전 예고도 하지 않고 4차 핵실험을 전격 단행했다. 이는 시진핑 지도부를 무시하는 태도일 뿐만 아니라, 국제사회에서 중국의 체면에도 큰 상처를 입혔다. 북한은 이에 그치지 않고 그해 9월에 5차, 2017년 9월 6차 핵실험까지 잇따라 단행했다. 중국을 포함한 국제사회의 어떤 압력에도 결코 핵보유국의 길을 포기하지 않겠다는 강력한 의지의 표명이었다.

중, 유사시 한반도 군사 개입 태세 과시

중국은 북한의 4, 5차 핵실험 이후 북중 국경지대에 군사력과 감시능력을 강화하는 것으로 북한의 도발에 대응했다.

미국 〈월스트리트저널〉 보도(2017. 7. 24)에 따르면, 중국은 북한에 대한 미국의 군사행동을 우려해 1,400여 킬로미터에 이르는 북한과의 국경을 둘러싼 준비 태세를 강화했다. 저널은 중국 정부 웹사이트와 전문가 분석을 종합해, "중국이 2016년부터 최근 몇 달 동안 새 국경수비여단의 배치, 드론(무인기)을 통한 산악지역 24시간 정찰, 핵이나 화학무기 방어를 위한 벙커 구축 등의 조치를 취했으며, 국경에 배치된 부대들을 현대화하고, 특수부대와 공수부대의 훈련을 공개하기도 했다"고 보도했다. 이러한 중국의 행동에 대해 미국 전직 국방정보 관리인 마크 코사드는 "중국의 긴급 사태 준비가 단순히 북쪽 완충지대나 국경 안보를 장악하는 차원을 넘는다"고 주장했다. 중국은 미군과 한국군의 북진 때 북 핵시설을 장악하고 북한의 북부지역을 점령할 역량을 강화하고 있다고 그는 분석했다.[28]

또 미국의 자유아시아방송(RFA)은 2018년 2월 2일자 보도에서 중국이 북중 국경에 30만 명의 병력을 증강 배치했다고 전했다. RFA는 중국에 주재하는 북한 고위 소식통을 인용해 "중국군이 지린성 옌벤조선족자치주 룽징(龍井)에 탱크기갑사단을 배치한 데 이어 작년 말부터 허룽(和龍)에 요격미사일 1개 포대를 추가로 증원했다. 이들 부대는 모두 헤이룽장성에서 옮겨 온 것으로 파악되고 있다"고 전했

다.[29]

중국의 이러한 군사 조치는 한반도 유사시 중국 인민해방군이 북한지역을 신속히 점령하여 향후 전개될 한반도의 새로운 판짜기에서 중국의 국익을 극대화하려는 의도로 해석된다. 중국은 또한 이를 통해 김정은 체제의 모험주의를 억제하고, 중국의 비핵화 의지에 대한 미국 등 국제사회의 의구심을 해소하며, '책임대국'의 이미지를 확산시키는 효과도 거둘 수 있다.[30]

중국은 또 북한의 1~3차 핵실험 때보다 더욱 강력한 대북제재에 참여하였고, 북중 국경의 화물 검색도 강화하였다. 그렇지만 북한의 생명줄을 죄는 석유 차단이나 식량 공급 중단 카드는 쓰지 않았다. 중국은 자신들의 비핵화 노력과 압박을 무용지물로 만든 북한을 '처벌'하는 모습을 국제사회에 보일 필요가 있었고, 강화된 제재와 압박은 그런 표현이었다.[31] 이는 시진핑 정부가 전임 후진타오 정부의 대북정책 조정, 즉 '북한 비핵화'보다 '북한의 안정'을 중시하기로 한 결정(그 자리에 시진핑 당시 국가부주석도 있었다)을 벗어나지 않았다는 뜻이다. 시진핑 정부 역시 이전보다 대북제재의 강도를 높이기는 했지만, '뒷문'을 열어 두어 북한이 필요로 하는 최소한의 물자가 밀수 등의 방법으로 흘러들어 가게 놔두었다.

중국은 빅터 차가 지적한 바와 같이 '부유하고 강력하고 민주적이며 미국과 동맹인 통일한국'보다 '우호적이지만 약하고 때로는 중국을 당황하게 하는 북한'을 더 편하게 여긴다. 중국이 '북핵 저지'를 한반도 정책의 맨 앞 순위로 올리지 않는 한 중국은 북핵 저지에 자신의 카드를 모두 쓸 이유가 없고, 북한 역시 핵무장을 포기할 이유가 없다. 이것이 시진핑의 중국과 김정은의 북한이 국제사회의 비핵화 요구를 외면하고 '혈맹관계'를 유지하는 비결이다.

중국 대북정책의 이러한 본질을 누구보다 잘 아는 김정은은 시진 핑 정부에 대해 '거리 두기'와 '무시하기'로 일관했다.

김정은은 아버지 김정일로부터 권력을 승계한 이후 6년 동안 북 중 간 최고지도자 교류의 전통을 무시했다. 북한의 가장 큰 불만은 중국이 북한과의 오랜 혈맹관계를 저버리고 미국 주도의 대북제재 에 동참하여 북한의 숨통을 조인다는 점이었다. 가령 2016년 9월 북 한의 5차 핵실험 이후 유엔 안보리는 북한의 석탄 수출을 완전히 봉 쇄했다(표 3 참조).[32] 이는 북한의 가장 큰 외화 수입원을 차단한 것이 었다. 이에 조선중앙통신은 2017년 2월 23일자에 '정필'이란 필명의 기고문을 통해 "명색이 대국이라고 자처하는 나라가 줏대도 없이 미 국의 장단에 춤을 추면서도, 마치 저들의 너절한 처사가 우리의 인민 생활에 영향을 주려는 것은 아니며 핵계획을 막기 위한 것이라고 변 명하고 있다"고 주장했다. 이 글이 중국을 직접 거론하지는 않았지 만, '대국'이라는 우회적인 표현을 통해 중국을 겨냥했다는 것은 누 구나 알 수 있었다.[33]

김정은은 또 2017년 10월 중국의 제19차 당대회 직후 특사로 평 양을 방문한 쑹타오(宋濤) 대외연락부장을 만나 주지 않았다. 북한의 6차 핵실험(2017. 9. 3) 이후 중국의 대북제재 참여에 대한 김정은의 불 쾌감을 단적으로 보여 준 것이라 할 수 있다.[34]

중국은 북한의 이러한 태도에 대해 공식적인 입장 표명을 자제하 면서도, 김정은을 중국에 초청하지 않음으로써 불쾌감을 표시했다.

3. 시진핑 2기(2018~현재)의 대내외 환경

시진핑 1인 권력 강화와 여론 통제

2017년 10월 열린 공산당 제19차 당대회와 이듬해 3월 열린 13기 전인대에서는 세 가지 중요한 결정이 내려졌다.

첫째, '시진핑 신시대 중국 특색 사회주의 사상(習近平新時代中國特色社會主義思想)'을 당장(黨章)에 삽입하였다.[35] 한 해 전인 2016년 18기 6중전회에서 이미 당 지도부의 '핵심' 지위를 획득한 시진핑은 19차 당대회에서 전임 후진타오가 누리지 못한 자기 이름이 들어간 '사상'을 당장에 넣음으로써 마오쩌둥과 동격의 지위를 확립했다.[36]

둘째, '격대지정(隔代指定)'의 관행을 파기했다. 중국은 덩샤오핑 이래 최고권력자가 차차기 최고지도자를 미리 지정하여 통치자 수업을 쌓도록 하는 관행을 지켜 왔다. 덩샤오핑은 장쩌민의 후임자로 후진타오를 지정했고, 후진타오는 장쩌민 2기에 국가부주석으로서 통치 수업을 쌓았다. 또 장쩌민은 후진타오의 후임으로 시진핑을 미리 지정했고 시진핑은 후진타오 2기에 국가부주석으로서 활동할 수 있었다. 이런 관례에 따라 후진타오 역시 자신의 후계자 후보로 후춘화(胡春華)와 순정차이(孫政才)를 지명하였다. 2017년 10월 19차 당대회에서는 이들 두 사람 중 최소 한 명이 정치국 상무위원에 진입하여 사실상의 후계자 수업에 들어가야 했으나, 시진핑은 이들 중 순정차이는 체포하여 낙마시켰고, 후춘화 역시 상무위에서 배제한 채 정치국원으로만 남겨 두었다.

셋째, 2018년 3월 제13기 전인대에서 헌법 개정을 통해 국가주석 연임 제한 규정을 삭제함으로써 장기집권의 가능성을 열어 놓았다. 기존 헌법은 제79조 3항에서 "중화인민공화국 주석·부주석은 매기 전인대와 같은 임기이며, 연속 재임은 2기를 초과할 수 없다"고 되어 있으나, 개정 헌법은 "중화인민공화국 주석·부주석의 매기 임기는 전인대 매기 임기와 동일하다"라는 문장으로 끝난다. 즉 "연속 재임은 2기를 초과할 수 없다"는 뒷부분이 삭제된 것이다.[37]

이상과 같은 시진핑 1인 권력의 공고화는 미국과의 갈등과 대립이 심화되는 가운데 공산당의 영도력을 강화함으로써 안정적인 국정 운영과 공세적인 대외정책을 수행하여 국가이익을 수호하기 위한 당 지도부의 합의에 따른 것으로 분석된다. 중국공산당은 신시대 공산당의 역사적 사명으로 '중국 특색의 강군(強軍)의 길'과 '일국양제(一國兩制)를 통한 조국통일', '평화적 발전의 길을 통한 인류 운명공동체'를 주요 목표로 제시했다. 또 이를 실현하기 위한 대외전략으로는 평화공존 5원칙에 기초한 우호 합작, 상호 존중, 공평 정의, 합작 원윈(win-win)의 신형 국제관계와 같은 긍정적 구호를 내세웠다. 그러나 상호 존중, 공평 정의와 같은 용어들은 외교적 수사에 불과할 뿐, 실제 중국이 보여 주는 행보는 강한 군대 육성을 통한 군사력 증강, 일대일로를 통한 자국 중심의 이익 실현에 초점을 맞추는 모습을 보였다.[38]

중국이 추진한 '강군몽'은 곧 미국의 경계와 억제에 부딪혔으며, 일대일로 역시 파키스탄, 스리랑카, 미얀마 등의 반발을 초래했다. 이에 중국 내부에서는 중국의 국력을 지나치게 과장하고 호도하여 국제사회의 과도한 경계와 견제를 만들어 냈다는 자성의 목소리까지 제기되었다.

시진핑 권력 강화에 대한 불만과 비판도 터져 나왔다. 대표적인 반발 사례는 2018년 7월 4일 상하이 여성 둥야오충(董瑤瓊, 29)이 루자주이(陸家嘴)의 한 건물 앞에서 '중국몽' 선전 간판에 있는 시진핑의 얼굴 사진에 먹물을 뿌린 사건이다. 이 여성은 "나는 시진핑의 독재전제적인 폭정에 반대한다. 나를 비롯해 수많은 중국인들이 중국공산당으로부터 뇌를 공격당하는 박해를 받고 있다. 나를 체포할 거라면 여기서 기다리겠다"고 말하며, 이를 동영상으로 촬영해 소셜미디어로 배포했다. 이 동영상이 확산되자 중국 인터넷에서는 "독재자의 얼굴에 먹물을 끼얹자"는 글이 퍼지기도 했다. 이 여성은 그 후 정신병원에 강제 수용된 것으로 알려졌다.

이 밖에도 2018년 5월 4일 베이징대학 캠퍼스에 시진핑 장기집권을 비판하고 민주화를 요구하는 대자보가 나붙었다. 베이징대 동문인 판리친(樊立勤, 당시 73세)이 붙인 이 대자보는 "당장을 지켜라. 중국은 결단코 개인 숭배를 반대한다. 국가 지도자는 반드시 임기 제한 규정을 실천해야 한다"는 내용을 담고 있었다. 그는 10분 만에 연행되었고 대자보도 철거됐다.[39]

시진핑의 권력 강화와 그에 따른 반발은 대내적으로는 정보 통제의 강화를 불러왔고, 대외적으로는 역설적이게도 지도자에 대한 불신과 권력 누수의 원인이 되었다. 이를 방지하기 위해서는 다시 통제를 강화하는 악순환이 이어질 수밖에 없다.[40]

트럼프, '미국 우선주의'로 대중 공세 강화

시진핑 2기 중국의 대북정책에 가장 큰 영향을 미친 대외 변수는 2017년 미국 트럼프 정부의 등장이다.

'미국 우선주의(America First)'를 내세운 트럼프는 대선 유세 과정부터 이미 중국에 대한 공세와 압박을 예고했다. 흥미로운 사실은 트럼프의 '미국 우선주의'는 '미국을 다시 위대하게(Make America Great Again)'라는 선거 구호로 표현되었는데, 이는 시진핑이 내세운 '중화민족의 위대한 부흥'이라는 중국몽과 닮았다는 점이다. 두 나라 모두 과거의 영광을 재현하겠다는 꿈이 패권의 격돌로 나타나고 있다.

트럼프는 2016년 6월 한 유세에서 "미국이 알 카에다(9·11 테러 집단)를 격퇴하는 일보다 중국을 WTO에 가입시키는 데 더 힘을 쏟은 것은 재앙이었다. 이로 인해 미국에서 사상 최대의 일자리 도둑질이 일어났다"고 비판했다. 그는 전임 지도자들이 중국과 밑지는 협상을 하여 값싼 중국 상품이 미국 시장으로 밀려왔고, 미국 내 공장들이 문을 닫으면서 수많은 일자리가 사라졌다고 주장했다. 그는 또 중국을 지식재산권 절도국, 위안화 환율 조작국, 무역보조금 지원국으로 규정하고, 취임 후 중국에 새로운 무역질서를 압박할 것을 예고했다. 게다가 미국은 자국의 자본과 기술, 시장을 중국에 내주고 중국을 '키웠는데도(raised)' 중국이 미국 패권에 도전한다고 분노한다. 트럼프는 중국으로부터 일자리를 되찾아 오겠다는 공약으로 러스트 벨트(Rust Belt)의 백인 노동자층의 지지를 얻어 대통령에 당선되었고, 선거 유세 기간 그가 한 발언은 2017년 1월 취임 이후 모두 현실화되었다.[41]

트럼프 정부의 군사안보정책 역시 중국의 대외전략과 대북정책에 영향을 미치는 요소다. 트럼프는 레이건 대통령의 안보 슬로건이었던 '힘의 평화'를 내세우고 아시아·태평양 지역에 미군의 배치를 강화하겠다는 의지를 피력했다. 트럼프는 "남중국해에서 중국의 모험주의를 꺾기 위해 미군을 증강하겠다"고 공언했다. 이 지역에서 중국의 군사력 증강과 인공섬 건설 등에 대비해 미 해군 함대의 증강 목표도 설정했다. 함대 규모를 274척에서 장차 350척으로 증강하겠다는 계획이다. 이는 중국이 2030년까지 태평양에 415척의 구축함과 100척의 잠수정을 배치하겠다는 계획에 대응하기 위한 것이다.[42] 동아시아에서 기존 질서를 유지하려는 미국으로서는 중국의 반접근 및 지역거부(A2AD) 전략에 적극 대응하지 않으면 안 될 상황에 직면한 것이다.

2019년 10월 7일 트럼프 대통령은 시리아 주둔 미군 철수를 전격 발표해 쿠르드족의 강력한 반발을 초래했는데, 이 역시 미국이 중동 지역에 대한 군사력 비중을 줄이고 아시아·태평양 지역의 군사 역량을 강화하려는 의도로 분석되고 있다. 미국은 자국 내 셰일 가스(shale gas, 퇴적암 지층 매장 가스)의 대대적 개발 이후 중동 석유에 대한 의존에서 벗어나자 중동 분쟁에서 발을 빼려는 모습을 보이고 있다.

트럼프는 또한 동맹국들을 향해 "미군 주둔 비용 부담을 높일 것"이라고 공언해 충격을 안겨 주었다. 그는 2차대전 종전 후 미국의 납세자들이 낸 돈으로 일본과 한국의 안보를 보장해 주고 재건과 발전을 도왔으므로 동맹국들이 미군의 주둔 부담금을 증액하는 것이 당연하다는 입장이다. 트럼프의 이러한 발언은 동맹국들이 이에 협조하지 않을 경우 미군을 철수하거나 감축할 수도 있다는 우려를 불러일으켰으며, 나아가 미국 안팎에서 트럼프 정부가 동맹의 가치를 지나치게 비용의 관점에서 바라본다는 비판을 초래했다. 트럼프 정부는 특히 2019년 한국과의 방위비 협상에서 주한 미군의 주둔 비용 외에 해외에 배치 중인 미군 자산의 유지 비용을 포함해 총 47억 달러(한화 약 5조 5천억 원)를 요구하여 한국에 충격을 주었다.[43] 이 액수는 2019년 분담액(1조 389억 원, 10억 달러)의 약 5배에 달하는 규모다.

트럼프 대통령과 시진핑 주석은 2017년 4월 6일 정상회담을 가졌으나, 공동성명문 발표도, 합동 기자회견도 없는 특이한 회담으로 끝났다. 공동성명문이 없는 것은 1975년 포드 대통령의 방중 이후 처음 있는 일이었다. 정상회담은 1주일 전에 급작스레 결정되었으며 의제도 없이 진행되었고, 아무런 성과도 없이 끝을 맺었다. 트럼프는 회담 첫날 만찬 전에 기자들에게 "시진핑과 장시간 대화했지만 아무것도 얻은 것이 없다"고 불만을 토로했다.[44]

이날 정상회담에서 오간 대화는 그로부터 며칠 뒤인 4월 12일 〈월스트리트저널〉이 트럼프 대통령과 단독 인터뷰를 하면서 공개됐다. 이 인터뷰에 따르면, 트럼프는 중국에 대한 미국의 엄청난 무역적자 문제와 북한핵 문제 등에 대해 대화를 나눴고, 시진핑이 자신에게 "한국은 실제로 중국의 일부였다(Korea actually used to be a part of China)"고 말한 사실도 전했다.[45] 시진핑이 했다는 이 발언은 중국 지도부가 여전히 조공·책봉(朝貢冊封)이 행해지던 전통 시대의 '수직적 세계관'으로 21세기의 한반도를 바라보고 있음을 시사한다. 시진핑은 또한 한반도 역사에 대해 깊이 알지 못하는 트럼프를 상대로 과거 중국이 한반도에 배타적인 관할권이 있었다는 인식을 심어 주어 향후 한반도 문제 처리에서 중국의 입지를 강화하려는 의도를 드러낸 것으로 분석된다.[46]

트럼프는 또 이 정상회담에서 미국의 대 중국 무역적자 문제와 북한핵을 연계시키는 발언을 해 주목을 끌었다. 트럼프는 "미국은 수많은 나라와의 거래에서 무역적자를 보고 있지만, 중국과의 무역적자가 가장 크다. 그것은 오랜 기간 수천억 달러에 달한다. 우리는 이런 식으로 계속 갈 수는 없다. 그래서 나는 (시 주석에게) 이렇게 말했다. 미국과 합의를 성사시키고 싶으면 북한(핵) 문제를 풀어라. 그렇게 되면 우리가 적자를 감수할 가치가 있다. 그러면 우리가 정상적으로 할 수 있는 만큼의 좋은 무역 합의가 아니어도 된다. 우리 위대한 합의를 만들자"고 말했다.[47] 트럼프는 또 북핵 문제에 대해 시진핑과 나눈 대화도 공개하면서 "우리는 북한 같은 나라가 핵무기를 갖도록 허용할 수 없다. 그것은 대량 살상 무기다. 그(김정은)는 아직 이동 수단(미사일)은 가지지 않았다. 그러나 그는 그것을 가질 것이다. 우리(트럼프와 시진핑)는 북한에 대해 허심탄회한 대화를 나눴다. 우리는 좋은 관계를 가지고 있다. 나는 그(시진핑)를 무척 좋아한다"고 말했다.[48] 트럼프의 이러한 발언은 미국이 대중 무역적자 문제와 북핵 문제를 연동해 대응할 것임을 강력히 시사하는 것이었고, 그 후 트럼프는 이를 실행에 옮겼다.

미중 무역전쟁은 패권 경쟁 예고편

2018년 3월 22일 트럼프 대통령은 '중국의 경제 침략을 표적으로 하는 행정명령'에 서명함으로써 중국과의 무역전쟁을 개시했다. 트럼프 대통령은 그해 3월 500억 달러 규모의 중국산 제품에 대해 25퍼센트의 관세 부과를 결정한 데 이어, 6월 2천억 달러의 중국산 수입품에 10퍼센트의 관세 부과를 발표했다. 미국은 트럼프의 공화당은 말할 것도 없고 민주당까지도 중국의 불공정무역을 바로잡아야 한다는 인식이 팽배해 있어, 미중 간의 무역전쟁은 오랜 기간 지속되고, 나아가 과학기술과 군사 등 패권 경쟁으로 치달을 것으로 학자들은 예측한다.

중국에 대한 미국인들의 반감은 2018년 10월 5일 마이크 펜스 미국 부통령의 '허드슨 연설'에 압축적으로 나타나 있다. 펜스 부통령은 "중국은 (트럼프 대통령이 아닌) 다른 미국 대통령을 원하고 있다. 중국은 무역전쟁에 대한 보복 차원에서 트럼프 대통령과 공화당에 타격을 주기 위해 정교한 시도를 통해 미국인들을 분열시키고 있다"고 비판했다. 펜스 부통령은 "중국이 표적으로 삼은 미국 선거구의 80퍼센트는 2016년 대선에서 트럼프를 지지했던 곳이며, 중국의 이러한 시도는 러시아를 훨씬 능가한다"고 지적했다. 중국이 미국 농산물 수입을 줄여 트럼프 지지층인 농민들의 불만을 야기하거나, 기업계 리더들이 트럼프의 무역정책을 비난하도록 유도했다는 것이다.[49]

미국의 무역전쟁 개시와 중국 비판에 대해 중국 시진핑 주석은 "중국은 뺨을 맞으면 주먹으로 되돌려준다"며 강력한 대응을 다짐했고, 중국 정부 역시 "목에 칼을 대는 상황에선 대화하지 않겠다"고 반발했다. 시진핑은 9월 말 중국 동북지방을 시찰하면서 '자력갱생'을 강조하며 미국에 굴복하지 않겠다는 의지를 재천명했다. 양국은 2018년 11월 말~12월 초 아르헨티나에서 '90일간의 휴전'에 돌입한 뒤 협상을 벌였으나, 2019년 5월 결국 합의에 이르지 못하고 협상은 결렬됐다. 이에 트럼프 대통령은 미뤄 두었던 2천억 달러어치의 중국 제품에 대한 관세율을 10퍼센트에서 25퍼센트로 인상하고, 중국의 대표적 IT기업인 화웨이(華爲)에 대한 대대적인 제재에 나섰다.

양국의 쟁점은 단순히 무역적자뿐만 아니라 지식재산권 침해, 중국 진출 미국 기업에 대한 기술이전 강요, 중국 국유기업에 대한 정부의 보조금 지급 등 광범위한 분야에 걸쳐 있다. 미국은 중국이 선진국을 따라잡기 위해 첨단기술 육성에 천문학적인 정부 지원금을 쏟아붓고, 국가정보기관과 유학생, 기업인 등 모든 수단을 동원하여 범국가적으로 외국의 기술을 훔치고 기술이전을 강요한다고 보았다. 가령 미국의 매파로 불리는 피터 나바로 백악관 국가무역위원회 위원장은 2018년 10월 폭스TV 및 CNN과의 인터뷰에서 "중국은 다른 나라의 희생으로 경제를 키우는 기생충이다", "중국 경제가 이익을 내는 건 다른 나라의 기술을 훔치기 때문이다", "일본·유럽연합(EU)·한국·캐나다·멕시코 등과 달리 중국은 협상 상대로 믿을 수 없다"고 말했다. 라이트 하이저 미국 무역대표부 대표도 "중국 경제와 유대를

끊는 것이 오히려 미국 경제에 유익하다고 본다"고 지적했다.[50]

중국이 이러한 불공정한 방식으로 인공지능(AI)과 사물인터넷(IoT) 등 미래기술이 포함된 '중국제조 2025' 프로젝트를 집중 육성할 경우, 미국은 4차산업뿐 아니라 군사안보 분야에서도 중국에 추월당할 수 있다고 우려했다. 미 의회의 초당적 자문기구인 미중 경제안보 검토위원회(USESRC)는 2018년 11월 14일 연례 보고서에서 "미군의 군사적 우위가 위험한 수준으로 악화됐다. 중국이나 러시아를 상대로 한 전쟁이 벌어지면 힘겹게 승리하거나 패할지도 모른다", "중국이 차세대 통신기술인 5G, 사이버 공격에 사용될 수 있는 인터넷 연결 장치 등에서 지배력을 높여 가는 데 대해 우려한다"는 분석을 내놓은 것이 이러한 위기감을 보여 준다.[51] 이에 미국은 불공정하고 불투명한 중국의 '국가자본주의'를 개혁하고 경제 운영 방식을 국제규범에 맞추라고 요구하고 있다.

양국 간 무역분쟁은 2020년 1월 중순 중국이 미국산 농산물과 공산품, 에너지, 서비스 등 총 2천억 달러어치를 추가 구매하고, 미국은 중국을 '환율 조작국'에서 제외하는 내용으로 1단계 합의에 성공했다. 그러나 미중 경쟁은 단순한 무역적자 해소의 문제가 아니라 미래 기술 패권과 군사 패권, 중국공산당 체제의 개혁 문제와 연결되기 때문에 장기간 지속될 것으로 전망된다.

미, 태평양·인도양에서 중·러 견제 노골화

이와 관련, 트럼프 정부는 중국과 러시아의 군사력 증강에 맞서 군비 확충을 적극 추진하고 있다.

트럼프 정부는 2018년 5월 30일 미군 '태평양사령부'를 '인도태평양사령부'로 개칭함으로써 군사적으로 중국을 견제, 봉쇄하겠다는 의지를 명확히 드러냈다. 제임스 매티스 미 국방장관(당시)은 태평양 사령관 교체식에서 "태평양과 인도양에 걸친 동맹국 및 우호국과의 관계는 지역 안정을 유지하는 것 이상으로 매우 중요하다"며 "인도 양과 태평양의 연결성이 높아져 태평양군의 명칭을 인도태평양군으로 변경한다"고 밝혔다. 인도태평양사령부의 관할 지역은 동아시아 에서부터 동남아시아, 오세아니아, 남아시아, 인도양까지이며, 이 관할 범위 내에 총 36개국이 포함돼 있고, 그중 일본, 한국, 베트남, 호주, 인도 등 동맹국 혹은 우호국이 포함돼 있다. 미국의 이 조치는 중국 해군의 태평양·인도양 진출을 억제하고, 시진핑의 거대경제권 구상인 '일대일로'를 견제하려는 전략으로 풀이된다.[52]

게다가 미 국방부는 2019년 6월 1일자로 발표된 『인도태평양 전략보고서(Indo-Pacific Strategic Report)』에서 대만을 '국가(country)'로 표현함으로써 '하나의 중국' 원칙을 무시하는 태도를 보였다.[53] 앞서 2017년 『미국 국가안보전략 보고서』나 2018년 『중국 군사력 보고서』에서 트럼프 정부는 '하나의 중국 원칙'을 인정했었다. 2019년 들어 트럼프 정부가 처음으로 대만을 '국가'로 표현함으로써 양안을 둘러싼 미중 갈등도 더욱 격화될 것으로 예상된다. 미국은 또 2019년 8월 2일 구소련과 맺은 중거리핵전력 파기조약(INF)에서 탈퇴하겠다고 선언하고, 동아시아에 중거리 미사일을 증강하겠다고 발표했다. 아시아에서 중국의 핵무력에 정면 대응하겠다는 뜻이다.

시진핑 2기 초 중국의 대북정책에 결정적 영향을 미친 요소는 한반도에서 터져 나왔다. 박근혜 대통령에 대한 돌연한 탄핵으로 2017년 5월 출범한 한국의 문재인 정부는 과거 보수 정권 시절 차단되었던 남북관계 개선을 적극 모색했다.

문 정부는 2018년 2월로 예정된 평창 동계올림픽을 앞두고 일부 종목의 남북 단일팀 참가를 적극 추진하였고, 이 과정에서 남북 정상회담 개최를 북측에 제안했다. 국제사회의 대북제재로 고통을 겪던 북한의 김정은은 문재인 정부가 내민 손을 잡았고, 평창올림픽에 여동생 김여정을 전격 파견하였다. 이로써 9년간 단절되었던 남북의 대화 실마리가 마련되었다. 이때부터 남북 정상회담과 미북 정상회담 논의가 급물살을 타면서 한반도 정세에 큰 변화 조짐이 나타나자, 중국의 대북 태도도 바뀌기 시작했다.

4. 시진핑 2기의 대북정책: 보호자

중, 평창 올림픽 후 한반도 정세 급변에 초조감

시진핑 2기 정부는 미국과의 패권 경쟁이 격화되는 가운데 우호국 및 주변국과의 관계를 강화할 필요성에 직면하였고, 거기에는 북한도 포함되었다. 평창 동계올림픽을 계기로 한반도 정세에 급격한 변화 조짐이 일어나자, 중국은 기존의 태도를 버리고 대북 외교 노선을 급선회하였다.

중국을 자극한 것은 한국을 매개로 추진된 미북 정상회담이었다. 2018년 3월 6일 평양을 방문하고 돌아온 문재인 정부의 정의용 청와대 국가안보실장과 서훈 국가정보원장은 곧바로 워싱턴을 방문, 3월 9일(미국 시각) 트럼프 대통령을 접견하여 김정은의 '비핵화 의지'와 '조속한 정상회담 개최 용의' 메시지를 미국 측에 전달했다. 정 실장은 트럼프 대통령과 면담 후 가진 백악관 정원 브리핑에서 "김정은 위원장이 트럼프 대통령을 가급적 이른 시일 내에 만나길 갈망하며,

추가 핵·미사일 시험을 하지 않겠다고 말했다고 트럼프 대통령에게 전달했다"면서, "이에 트럼프 대통령은 김정은 위원장을 5월 안에 만나겠다는 의사를 밝혔다"고 발표했다. 이러한 한국의 중재외교로 남북한과 미국을 중심으로 한 대화와 화해의 분위기가 급물살을 탔고, 4월 말 문재인·김정은 첫 정상회담, 5월중 트럼프·김정은 정상회담의 윤곽이 잡혔다.

이와 같이 한반도 정세가 급변하는 조짐을 보이자, 중국은 한반도 문제에서 중국만 소외될 것을 우려하며 초초감을 드러냈다. 중국 〈환구시보〉는 2018년 3월 18일자 "중조 우호관계는 결코 한·미·일의 간섭을 받을 수 없다(中朝友好关系决不可受韩美日干扰)"라는 제목의 사설에서 "중국과 북한이 우호관계를 유지하는 것은 양국의 국가이익에 부합한다. 이는 중국의 주변 우호 전략의 완성에 유리하고, 중국이 동북아 업무를 수행하는 데 공간을 제공한다. 또 북한이 한·미·일 3국을 단독으로 상대하는 것은 곤란하고 위험하다. 중국은 북한이 국가안전을 도모하는 정당한 권리를 지지하며, 이는 또한 북한이 한·미·일과 담판하는 지위를 강화시키고 리스크를 해소한다"고 주장했다. 이 신문은 또 "한·미·일의 여론이 부단히 북중 간 상호 인식을 방해하지만, 중국과 북한의 양당 관계는 양국 관계의 안정을 위해 중요한 작용을 하며, 양국 관계 파탄을 부채질하는 자들에게 결코 공간과 기회를 주지 않으며, 양국 관계가 안정적으로 전진하도록 한다"고 강조했다.[54] 북한이 한미와 관계를 강화할 조짐을 보이자 중국은 황급히 손을 내밀어 북중 공동 대응을 주문한 것이다.

중국은 한국 정부 주도의 한반도 정세 급진전을 우려의 시각으로 보는 동시에, 중국의 강대국화를 견제하는 미국 트럼프 정부의 노련한 '북한 다루기'에도 적지 않게 당황했다.[55] 앞에서 살펴본 바와 같이 시진핑 정부는 출범 이후부터 북한의 잇따른 핵실험에 분노하여 줄곧 북한을 압박하면서 냉각 상태를 지속해 왔다.

중국 정부는 한국의 문재인 정부와도 사드 배치 문제로 갈등을 겪는 상태였다. 휴전협정 당사자로서 한반도 문제에 일정한 지분을 갖고 있다고 생각하는 중국은 남북관계의 급속한 변화 과정에서 자국이 소외될 경우 향후 한반도 문제에서 입지가 약화되고 국외자로 내몰리는 불확실성을 우려한 것으로 보인다.

통일연구원 전병곤 박사는 중국의 우려를 다음과 같은 다섯 가지로 정리했다. 첫째, 향후 미북 간 급속한 관계 개선이 지정학적, 안보적 완충지대였던 북한의 상실을 야기할 수 있다. 둘째, 한중 및 북중 관계가 원만하지 않은 상황에서 남북관계의 개선, 발전, 통합은 중국의 대 한반도 영향력을 약화시킬 수 있다. 셋째, 한반도 평화와 비핵화 과정에서의 소외는 책임대국으로서의 위신을 실추시킬 수 있다. 넷째, 미국 주도의 한반도 질서가 형성될 가능성이다. 다섯째, 이와 관련 미국의 전면적인 대 중국 압박 수단과 도구가 될 수 있는 주한 미군의 지속 주둔 여부다.[56]

북, '자극 외교술'로 중·한·미 연쇄 정상회담

이러한 위기감 속에서 중국은 한반도에 대한 자국의 영향력 유지에 고심할 수밖에 없었으며, 그러한 고민은 세 가지 전략으로 나타났다고 한양대 국제학대학원 문흥호 교수는 지적한다. 첫째, 한반도 문제의 평화적 해결을 위한 움직임을 환영하되, 둘째, 한반도 문제의 성격상 남북한, 특히 미국이 논의 과정과 정보를 독점해서는 안 되며, 셋째, 한반도 문제에 대한 자국의 전통적 지분을 확대 유지하기 위해 북한과의 전략적 연대를 강화하는 것이었다.[57]

[표 4] 2018년 이후 한반도 주변 연쇄 정상회담

남북	미북	북중
평창 올림픽(2018. 2. 9~25) 남북한 접촉 → 미북 정상회담 촉진	정의용, 김정은 메시지를 트럼프에 전달(2018. 3. 6) → 북중 정상회담을 자극	① 2018. 3. 25, 베이징
① 2018. 4. 27, 판문점		② 2018. 5. 7, 다롄
② 2018. 5. 26, 판문점		
	① 2018. 6. 12, 싱가포르	③ 2018. 6. 19, 베이징
③ 2018. 9. 18~20, 평양		
	② 2019. 2. 28, 하노이	④ 2019. 1. 7, 베이징
④ 2019. 6. 30, 판문점 남·북·미 정상 회동	③ 2019. 6. 30, 판문점 남·북·미 정상 회동	⑤ 2019. 6. 20~21, 평양(시진핑 첫 방북)

이런 배경에서 중국은 1차 남북 정상회담 개최(2018. 4. 27) 한 달 전인 2018년 3월 25일 김정은을 베이징으로 전격 초청해 시진핑과의 첫 정상회담을 성사시켰다. 한반도 정세 변화의 시동은 남북한과 미국이 걸었지만, 첫 번째 열매는 중국이 먼저 딴 셈이다.

이때부터 1년 3개월 동안 북중→남북→미북으로 이어지는 총 12회의 연쇄 정상회담이 열렸다(표 4 참조).

연쇄 정상회담이 개최된 순서는 다분히 북한의 '자극 외교술'에 따른 것이라고 할 수 있다. 북한은 한 나라와 정상회담을 추진함으로써 비중이 큰 다른 나라와의 회담을 성사시키고, 이 성과를 활용하여 더 비중이 큰 국가와의 회담을 이끌어 냈다. 이는 마치 당구의 '스리쿠션' 게임과도 같이 하나의 공(회담)이 다음 공(회담)을 치는 것과 같다.

이는 이미 2000년대 초 김정일이 사용하여 꽤 재미를 본 전략이다. 당시 김정일은 김대중 정부와의 정상회담을 추진한다는 정보를

[표 5] 2018~19년 시진핑·김정은 정상회담

회차(기간), 회담 장소	이동 수단	수행자	북한 보도 태도
1차 (2018. 3. 25~28) 베이징	열차 (김정은 첫 방중)	리설주, 최용해, 박광호, 리수용, 김영철, 리용호 등	사후 보도 (조선중앙통신, 3. 28 오전 8시 50분)
2차 (2018. 5. 7~8) 다롄	항공기	리수용, 김영철, 리용호, 김여정, 최선희 등	사후 보도 (조선중앙통신, 5. 8 오후 8시 52분)
3차 (2018. 6. 19~20) 베이징	항공기	리설주, 김영철, 리수용, 리용호, 최용해, 박봉주 등	방문 중 보도 (조선중앙통신, 6. 20 오전 7시 11분)
4차 (2019. 1. 7~10) 베이징	열차	리설주, 김영철, 리수용, 리용호, 노광철, 김여정	사전 보도 (조선중앙통신, 1. 8 오전 8시)
5차 (2019. 6. 20~21) 평양	항공기 (시진핑 첫 방북)	(공항 환영식) 김정은·리설주 부부, 김여정, 리용호, 리만건, 리수용, 최휘, 김수길, 리영길, 노광철, 리룡남	방문 중 보도 (조선중앙통신, 6. 20 오후)

중국에 흘려 중국 장쩌민과의 회담을 먼저 이끌어 냈고, 또 이 성과를 바탕으로 일본 고이즈미 총리와 역사상 최초의 북일 정상회담을 성사시켰다. 그로부터 18년이 지난 뒤 김정은은 아버지와 같은 수법으로 연쇄 정상회담을 이끌어 낸 것이다. 남북관계를 이용해 미국을 끌어들이고, 미국을 활용해 중국의 태도를 바꿨다. 이 '자극 외교술'의 총설계자는 2000년대 초에는 김정일이었고, 2018~19년에는 김정은이었다. 이에 대해 전병곤 박사는 북한이 "중국 카드로 미국의 강경한 입장을 완화시키고, 미국 카드로 중국의 협력을 유인하는 이중 헤징(hedging) 전략을 운용하고 있다"고 분석했다.[58]

중, 5차례 회담으로 혈맹관계 복원, 체제 보장 약속

시진핑과 김정은은 5차례 정상회담(표 5)을 통해 양국의 공통 이익과 대미 협상 전략, 중국의 대북 군사·경제 협력과 지원 등을 논의함으로써 전통적 우호관계를 회복하고, '혈맹관계'와 '순치의 관계', '운명공동체'를 재확인했다.

2018년 3월의 1차 정상회담에서 시진핑은 "전통적 중조 친선은 '피로써 맺어진 친선'으로서 세상에 유일무이한 것"이라고 했고, 김정은 역시 "장구한 기간 공동의 투쟁에서 서로 피와 생명을 바쳐 가며 긴밀히 지지 협조해 온 조선 인민과 중국 인민"이라고 말해, 양국이 '혈맹관계'임을 재확인했다. 시진핑은 또 "중조 간의 전통적 우호관계는 한 시기, 혹은 하나의 일로 인해 변해서도 안 되고, 변할 수도 없다"고 강조, 그동안 일부 연구자들의 '북중동맹 해체' 주장과 달리 양국의 관계가 굳건함을 과시했다.[59] 시진핑은 한 달여 뒤 열린 2차 정상회담에서도 "중조 두 나라는 공동운명체, 변함없는 순치의 관계다"라고 말했다.[60]

시진핑의 이러한 발언은 그 5년 전인 2013년 북한 3차 핵실험 직후 방중한 최룡해 특사에게 했던 태도와 대조적이다. 당시 시진핑은 지방 시찰을 이유로 이틀 뒤에 최룡해를 만났으며, 그 자리에서 "정세가 어떻게 변해도 한반도 비핵화를 유지한다"는 원칙을 강조했었다. 이러한 시진핑 '발언의 변화'는 시진핑 1기와 2기의 대북정책 변화를 상징한다. 즉, 1기 때는 '비핵화 압박'을 강화했다면, 2기 때는 양국간 혈맹관계 복원을 우선시한 것이다.

시진핑은 또한 3차 회담(2018. 6. 19~20)에서 북한에 '3가지 불변(不變)'을 약속했다. 3가지 불변이란, "△북한과 중국의 협력은 국제와 지역 정세가 어떻게 변하든 북중관계의 공고한 발전을 위한 당과 정부의 노력은 변하지 않는다, △조선 인민에 대한 중국 인민의 우호적 정의(情誼)는 변하지 않는다, △사회주의 조선에 대한 중국의 지지는 변하지 않는다"는 것이다.[61] 이 세 가지 중 '사회주의 조선'에 대한 지지는 '중국식 체제 보장'을 의미한다는 해석도 있다.[62] 이는 또한 1992년 한중 수교 이후 북한이 고민해 온 체제 불안 문제에 대한 중국식 해법(Chinese solution)이라 할 수 있다.

중국은 2018년 초 한반도 대화 국면의 초기 단계에서는 남북한 및 미국의 주도적인 역할을 인정하면서, 진행 과정에서 자국의 이익이 배제되지 않도록 움직였다. 4·27 판문점 선언 이후 중국의 루캉(陸慷) 외교부 대변인은 "우리는 남북 쌍방이 이번 영도자회담이 공통된 인식을 확실하게 실천하여 화해와 합작을 지속적으로 추진하고, 유관 각방이 대화의 추세를 유지하여, 한반도 비핵화와 한반도 문제의 정치적 해결을 함께 추진하기를 희망한다고 믿는다. 중국도 이를 위해 적극적인 작용을 계속 발휘할 것이다"라고 긍정적으로 평가했다.[63]

그러나 미북 회담 과정에서 중국은 북한을 적극적으로 지원함으로써 북한에 대한 발언권과 영향력을 높이고자 하였다. 중국은 미북 1차 정상회담 때 김정은을 위한 싱가포르행 항공기를 지원했다. 하노이 2차 미북 회담 때는 중국 주민들의 불편을 감수하면서 김정은의 전용 열차가 중국 내로 이동하도록 허용했다. 이는 북한의 배후에 중국이 있음을 세계에 과시하는 동시에 북한이 한국 및 미국과의 회담에서 중국의 이익을 배제하지 못하도록 하는 압력의 의미도 있었다. 북한 역시 중국의 이러한 지원을 활용하여 미국에 대한 협상력을 높였다. 미북 회담이 틀어질 경우 중국이라는 '기댈 언덕'이 있다는 무언의 시위였다.

한반도 정세 변화와 미북 회담에 의해 촉발된 중국의 급작스런 대북 관계 봉합은, 중국의 대미 전략을 보완하는 차원의 '과시용 동맹'의 성격도 갖는다. 북한 비핵화 문제에서 실질적인 진전이 없는 상태에서 중국이 북한과의 혈맹관계를 복원하였다는 것은 북핵에 대한 '최저선'을 더욱 낮추었다는 의미가 되기 때문이다.

이런 점에서 시진핑 1기의 대북정책은 '(북핵에 대한) 심판자'로서 '동맹 제지'에 중점을 두었다면, 시진핑 2기는 대미 전략 차원에서 북한을 '포용'하는 '보호자'의 역할에 충실하였다.

김정은이 대화 나선 4가지 이유

한편, 북한이 2018년 초 대화의 장으로 나오게 된 원인이 무엇인지에 대해서는 여러 가지 분석이 있다.

첫째, 북한이 6차례의 핵실험을 통해 핵기술을 완성했기 때문에 경제제재 완화를 위한 국면 전환이 필요했다는 시각이다. IAEA 사무차장을 지낸 올리 하이노넨은 2019년 12월 미국의 소리 방송과의 인터뷰에서 "북한은 이미 충분한 실험을 거쳤고 성공적인 결과를 얻었다고 본다. 1천 번이 넘는 핵실험으로 경쟁하던 미소 냉전 시대와 달리, 이제는 억지력을 갖출 목적으로 북한과 같이 작은 나라가 많은 실험을 할 필요는 없다"고 지적했다.[64] IAEA는 북한이 2017년 9월 마지막(6차) 핵실험으로 핵무기 기술을 완성했다고 판단했다는 뜻이다. 북한은 당시 핵무기 소형화와 다종화(多種化) 기술은 물론 한국과 일본을 타격할 중단거리 미사일 기술을 확보한 상태여서 충분히 협상력이 있었다. 또 미국과 핵동결 내지 감축 카드로 협상하면서, 만약 미국이 자신들의 요구를 들어주지 않을 경우 '장거리 미사일 개발' 카드를 휘두를 여지도 남겨 두었다.

둘째 원인은, 미국 트럼프 정부의 대북 군사 공격 가능성을 김정은이 매우 우려했다는 분석이다. 트럼프 대통령은 2017년 8월 '화염과 분노', '완전한 파괴' 등을 언급하며 북미 간 긴장을 최고조로 끌어올렸다. 그는 북한의 6차 핵실험을 전후해 항공모함을 포함한 미국 군사력을 대거 한반도 주변에 배치해 김정은을 압박했다. 그리고 "북한은 더 이상 미국을 위협해선 안 된다. 그렇지 않으면 전 세계가 경험하지 못한 화염과 분노, 힘에 맞닥뜨리게 될 것이다"라고 경고했다.[65] 미국의 대북 군사 공격은 중국 전문가들도 우려할 정도로 당시에는 가능성이 높아 보였다. 언론에선 미국의 '코피 작전(Bloody Nose Strike)'을 거론하기도 했다.

셋째, 김정은이 미중 공동의 북핵 제거 군사작전을 우려했을 가능성도 있다. 이를 뒷받침하는 사실로는 2017년 8월 미국 댄퍼드 합참의장이 베이징을 방문해 중국 연합참모장과 만나 "한반도 위기 시 미중 간 오판(誤判)을 피하기 위해 효과적인 대화 채널을 갖는 것이 필요하다"고 말한 것이다. 한반도 작전 시 미중이 미리 대화하자는 뜻이다. 일본 아이치(愛知)대학 국제문제연구소 고다마 가쓰야(兒玉克哉) 연구원 역시 2017년 하반기 작성한 미국의 북한 공격 3가지 시나리오 속에 이러한 가능성을 포함시켰다. 3가지 시나리오는 △미국 공격 시 중국군이 북한에 진입, 북한군을 제압하고 괴뢰정부를 수립, △중국군이 북한군과 함께 미국에 대항, 이에 러시아·일본까지 가세해 3차대전으로 발전, △미중이 협력해 김정은의 망명을 허용하고 평양에 괴뢰정부 수립이다. 이 중 첫째와 둘째가 미중의 협력 가능성을 상정하고 있다. 만약 미중이 대북 작전에서 협력한다면, 미국은 북한 핵무기를 타격하고 중국 지상군은 영변, 길주 등 핵 생산시설을 장악하는 역할 분담이 가능하다. 이는 김정은으로서는 최악의 시나리오이며,[66] 김정은이 이런 염려에서 2018년 대화 국면으로 전환했을 가능성도 배제할 수 없다.

이상 세 가지 외에도 2018년 북한을 대화로 끌어낸 요소로 '경제적 변수'를 빼놓을 수 없다. 경제적 변수란, 북한의 6차 핵실험을 전후로 유엔 대북제재가 전례 없이 강화된 가운데, 중국에 대외무역의 90퍼센트 이상을 의존하는 북한이 중국의 약간의 제재 강화에도 견디기 어려운 상황으로 빠진 것을 말한다. 강화된 유엔 대북제재로 인해 북한은 현금 수입원인 석탄의 수출 길이 막히고 노동자 해외 송출도 크게 감소하였다. 또 에너지 수입이 엄격하게 제한되면서 석유 부족으로 트랙터 등 농기계를 제때 가동하지 못해 그해 식량 생산량이 20퍼센트가량 감소했다. 김정은 집권 이후 연평균 2.5퍼센트가량 성장하던 북한 경제는 2017년 한 해 마이너스 2퍼센트를 기록한 것으로 추정되었다. 북한의 달러 수입이 크게 감소하여 외환위기 가능성까지 점쳐졌다.

김정은을 더욱 아프게 한 것은, 자신에 대한 개인적 감정이 좋지 않던 시진핑이 1기 임기 내내 대북 압박 강도를 높인 데 이어, 2016~17년 트럼프의 강력한 대북제재에 적극 동참한 것이다. 중국이 제재의 강도를 약간만 높여도 북한은 에너지와 생필품 공급이 줄어 위기를 맞게 된다. 달러와 에너지가 고갈되어 가는 상태에서 북중 간의 음성적 거래마저 줄어들자, 김정은으로서는 더 이상 버티지 못하고 한국이 내민 손을 잡았다는 분석이다.

중, 한반도 상황 바뀌자 '북한 껴안기'로 급선회

그러나 중국은 북한이 대화 국면으로 전환하고 한국·미국과 관계 개선에 나설 움직임을 보이자, 대북 압박정책을 버리고 북한 껴안기로 급선회했다.

북한의 경제난을 덜어 주기 위해 중국이 먼저 선택한 것은 유엔 제재에 해당되지 않는 관광산업이었다. 자유아시아 라디오방송에 따르면, 2019년 7월부터 중국 지린성의 북한 관광이 상당히 활성화되었는데 이는 시진핑 주석의 지시로 공무원은 물론 학교와 유치원 선생들까지 의무적으로 한 번 이상 북한 관광에 나서도록 한 때문이라고 한다. RFA는 중국 소식통을 인용해 "올 6월 방북 회담에서 시진핑·김정은 양국 수뇌가 이를 합의했고, 시 주석이 '북조선 관광으로 조선을 도와야 한다'는 요지의 지시를 내린 것이 발단이 되었다"고 보도했다.[67] 그 결과 2018년 20만 명 규모이던 중국의 북한 여행객이 2019년에는 100만 명을 넘을 것으로 추산되었다.[68]

중국은 또 국경 지역의 자국 공장에서 일하는 북한 노무자를 북한으로 돌려보내지 않음으로써 김정은을 지속적으로 돕고 있다. 유엔 대북제재 2397호는 해외 파견 북한 노동자를 2019년 12월 22일까지 본국으로 돌려보내도록 규정하고 있으나, 중국과 러시아는 이 규정을 무시하고 있다. RFA는 북중 접경 지역 중국 기업들이 북한 노무자를 '산업연수생'이라 속이고 식당, 닭고기 가공공장 등에서 일을 시키고 있다고 보도했다.[69]

이 밖에도 중국은 유엔 제재 대상인 북한의 광물 등이 중국 밀수업자들에 의해 밀수출입되는데도 단속을 느슨히 하고 있다. 일본 언론매체 아시아프레스 보도에 따르면, 북한 양강도 혜산시 부근 압록강 상류 지역에서 중국 측 밀수업자들이 북한산 동과 몰리브덴 등 광물자원 수백 톤을 15~20톤 덤프트럭에 실어 얼어붙은 압록강 위로 실어 나르고 있다고 한다. 심지어 동해에서 잡힌 오징어도 컨테이너째로 중국으로 넘겨지고 있다.[70] 또 동북 3성을 중심으로 하는 국경

[표 6] 시진핑 정부의 외교전략과 대북정책 추세

	시진핑 1기 (2013~2017)	시진핑 2기 (2018~현재)
대내외 환경	대내: 중화민족의 위대한 부흥 대외: 오바마 정부와의 전방위적 협력 (미중 협력기)	대내: 시진핑 1인 권력의 강화 대외: 미중 무역전쟁 (미중 패권경쟁기)
외교전략	신형 대국관계와 아시아 신안보관	강군몽, 인류 운명공동체론
대북 비핵화 정책	'국제규범'의 적용, 자발적 대북제재	트럼프의 대북제재에 동참
대북 정치적 영향력	中下 (북한의 3~6차 핵실험)	中上 (2018~19년 사이 4회 정상회담)
대북 경제정책	창지투 계획 통한 북한과의 SOC 연결	금융·에너지 분야로 협력 확대
대북 경제적 영향력	上 (북의 대중 무역의존도 2016년 92.5%)	上 (2018년 95.6%)

지방의 '밀무역'을 통해 원유도 유통되고 있다고 한다.[71]

중국은 2000년대 들어 대북 경협 프로젝트를 체계적으로 추진하였고, 이를 통해 북한과의 사회간접자본(SOC)과 주민 간 무역 거래망, 관광 통로, 밀수 루트 등을 구축하였다. 이러한 북중 간 거래망이 경제난에 처한 북한에 생명줄 구실을 하는 것으로 판단된다(제6, 7장). 시진핑의 중국은 2020년 이후에도 계속 북한의 '보호자' 역할을 할 것으로 전망된다.

시진핑 정부의 대내외 환경과 대북정책 변화를 정리하면 **표 6**과 같다.

제6장
중국의
대북 경제협력 전략

이 장에서는 북한의 핵위협에도 불구하고 중국 정부가 북한과의 경제협력을 일관되게 확대해 나가는 과정을 살펴보려고 한다.

2006년 북한의 1차 핵실험 이후 미국과 한국, 일본, EU 등 국제사회는 북한이 핵개발 노선을 포기하도록 압력을 가하기 위해 대북 경제제재를 강화하고 이를 철저히 이행하려고 노력해 왔다. 북한과의 교역과 투자도 모두 축소·중단하였다. 그러나 중국은 이러한 국제사회의 움직임과 정반대로 행동했다. 중국은 표면적으로는 대북제재에 동참하는 척하면서도 양자 관계에서는 대북 교역과 투자를 지속적으로 늘렸고, 관광 활성화와 밀수 허용과 같은 방법으로 현금이 북에 흘러들어 가도록 하였다.

중국의 이러한 행동은 기업 차원에서 할 수 있는 범위를 넘어선 것이며, 정부의 허락 혹은 주도 없이는 불가능한 일들이다. 특히 북중을 잇는 도로·교량·철도 등 SOC의 건설은 중앙정부의 허가와 자금 지원이 필요하다. 따라서 중국의 대북 경협 정책이 전체적인 대북 정책 속에서 어떤 의미를 가졌으며, 그것이 양국 관계의 성격에 어떤 영향을 미쳤는지 검토할 필요가 있다.

1. 경제협력의 토대 구축

1) 동북진흥전략(2003~2020)

한중 수교 이후 북중 간 교역 방식은 냉전 시기의 '우호가격제'에서 '경화 결제 방식'으로 바뀌어 북한에 큰 압박을 주었다.

1994년 김일성 사망 이후 북한이 국제적 고립과 자연재해의 영향으로 최악의 경제난 속에서 '고난의 행군'에 돌입하자, 중국은 1996년 식량과 석유를 지원하는 등 부분적으로 우호가격 교역 방식을 복원하여 북한 경제에 숨통을 틔워 주었다.

한중 수교의 여파로 중단됐던 북중 정상 간 상호 방문의 전통이 2000년 김정일의 방중으로 재개되면서 두 나라 간 경제협력도 서서히 회복되기 시작했다. 중국은 2002년 말 후진타오를 필두로 하는 제4세대 지도부가 출범하자 전임 장쩌민 시대의 '도광양회' 전략에서 '화평발전(和平发展)' 전략으로 전환하고, 북핵 문제와 북한 문제에도 적극적으로 개입하는 자세를 보였다.

2003년 미국 부시 행정부의 대 이라크 전쟁 발발로 에너지 확보에 비상이 걸리자, 후진타오 정부는 '에너지 안보'를 대외정책의 중요한 전략으로 설정했다. 중국은 2005년 10월 공산당 16기 5중전회에 제출된 제11차 5개년규획(11·5规划)에서 국내 총 에너지 소비액을

20퍼센트 감축하는 목표를 제시하고, 에너지 구조의 다원화와 석유 비축 제도, 예보 제도를 수립하였다. 후진타오의 이러한 '신 에너지 안보관'에서 북한의 지하자원도 자원외교의 대상이었다. 중국의 자원외교 강화는 곧 북중 경협의 동력으로 작용하였다.

이 시기 북한 역시 1998년부터 경제위기 탈출을 위해 '강성대국 건설'(완성 연도 2012년)을 구호로 대대적인 경제개발에 나서면서 이에 필요한 건설차량, 수송기기, 공장 설비, 기계제품의 수입이 크게 증가했다. 또 화학 플라스틱 제품, 철강, 알루미늄 제품의 수입도 크게 늘어났다. 이를 위해서는 북한의 광물자원 수출을 통한 현금 확보가 필요했다.

중국 4세대 지도부의 자원외교와 북한 지도부의 경제건설 전략이 맞아떨어지면서 2000년대 초반부터 북중 경협은 활성화되기 시작했다.

2003 동북진흥전략에 북·러와의 협력 명시

2003년 10월 중국 국무원과 공산당 중앙위(中共中央)가 공동 명의로 "동북지역 노공업기지 진흥전략 실시에 관한 약간의 의견(关于实施东北地区等老工业基地振兴战略的若干意见)"을 하달했다.[1] 이 '동북지역 진흥계획'의 핵심은, 구조조정을 통하여 동북 3성 국유기업의 비중을 대폭 줄이고, 자원이 고갈된 상황에서 자원 의존적 산업을 조절하여 기업의 기술과 설비의 낙후 현상을 극복하고, 노후화된 공업기지를 혁신하여 중국의 새로운 경제성장의 견인차로 육성한다는 것이다. 중국 연해지역의 자본과 외자 유치를 통해 전통적으로 중공업 기업이 밀집된 동북지역의 산업구조를 혁신함으로써 연해 도시의 경공업 위주 발전에 이어 중공업 발전정책을 추구한다는 국가 차원의 전략

이었다.[2]

중국이 발표한 동북진흥전략의 사업 내용을 보면, 대외 개방을 진일보 확대함으로써 외자 유치 강도를 강화하고, 외자의 품질과 수준을 높이며, 동시에 우수한 산업의 대외 합작을 격려하고, '쩌우추취(走出去, 밖으로 나감)' 전략을 채택해 실력 있는 기업들이 주변국에 대외산업기지와 경제무역 합작구를 설립하고, 동북아 국가와의 경제무역 관계를 공고히 한다는 것이다. 이를 위해 랴오닝(遼寧) 연해도시 경제벨트, 창지투(長吉圖) 개발개방 선도구, 선양경제구 등 3개 성장축이 제정되었다. 국무원이 하달한 '의견'은 특히 변경무역을 힘껏 발전시키고, 주요 변경 출입 세관 도시에 변경 경제합작구, 호시(互市)무역구, 수출가공구, 초(超)국경 공업구를 건설하여, 주변국과 에너지, 원자재 및 지하자원 등 영역의 개발협력을 추동하며, 투먼강(圖們江) 지역 합작 개발을 지속적으로 추진하기로 하였다. 중국은 동북진흥전략을 시작할 때부터 이미 북한 및 러시아와의 국경지역 경제협력을 염두에 두었다는 것을 알 수 있다.

후진타오 정부가 동북진흥계획을 추진한 배경에는 다음과 같은 경제적 요인이 있었다.

첫째, 아시아 경제위기의 영향으로 2000년대 초 미국과 EU 국가들의 경제마저 불안정한 모습을 보이자, 선진국 시장 수출 비중이 높은 중국은 안정적인 경제발전을 위해 새로운 성장 동력인 내수시장이 필요해졌다. 이에 중국은 주장(珠江) 삼각주, 창장(長江) 삼각주, 징진지(京津冀: 베이징, 톈진天津, 허베이河北) 프로젝트에 이어 동북지역을 4대 성장축으로 육성하기로 하였다. 중국 지도부는 인프라 등 기초적인 경제 환경이 미비한 서부지역보다 동북지역이 천연자원, 산업

기초, 과학기술, 기술 인재 등의 분야에서 우세하여 경제개발이 훨씬 더 효과적일 것으로 판단하였다.[3]

둘째, 중국은 지속적인 발전을 위해 주변국으로부터 안정적인 에너지와 자원 공급의 통로를 확보하고자 하였다. 이에 중국은 러시아와 중앙아시아의 자원뿐만 아니라 북한의 천연자원에도 관심을 가지고 북한과의 협력을 추동하려 하였다.[4] 중국의 동북지역 개발은 또한 대북 경협과 두만강 다국적 협력의 배후기지 조성의 의미도 갖고 있었다.

셋째, 중국은 인구 1억 명 이상이 살아가는 동북지역의 전체 물류가 다롄·단둥 쪽으로만 집중되는 데 큰 부담을 느끼고 있었다. 특히 지린성은 바다로의 출구가 없는 고립된 지역이어서 경제발전에 어려움을 겪어 왔다. 이에 중국은 물류와 교통의 분산을 위해 두만강 유역을 이용한 동해 출구의 확보(차항출해)가 절실했다. 두만강 유역은 북한·중국·러시아 3국이 국경을 맞대고 있고, 한국·일본·미국 등 경제 강국들과 지리적으로 가까워 초국경 다국적 경제협력의 잠재력이 매우 큰 지역으로 평가받아 왔다. 극동 러시아의 천연자원과 에너지, 중국의 풍부한 노동력과 자본, 북한의 지하자원과 노동력 및 물류망(항구), 한국·일본 등의 기술과 자본이 결합한다면, 동북아는 물론 세계의 새로운 경제성장 동력으로 발전할 가능성이 충분하였기 때문이다.

이 지역에 대한 개발계획은 1991년 유엔의 두만강지역개발계획(Tumen River Area Development Program, TRADP)으로 처음 구체화되어 10년 이상 추진되었으나, 참가국의 이해 상충과 재원 확보의 어려움으로 성과를 거두지 못했다. 이에 따라 두만강 개발 주도권은 2001년 WTO에 가입한 중국에 넘어갔다. 중국은 당시 경제구조 전반을 국제적 규범과 요구에 맞춰 조정할 필요성을 느꼈다. 또한 경공업 중심

의 산업 구조를 중공업 성장 모델로 수정하여 이른바 '풀세트형 산업 기반'을 구축할 필요에 직면했다.[5]

이러한 시대적 요구에 따라 2002년 11월 중국공산당 제16차 전당대회에서 장쩌민 주석이 최초로 "동북 노후 공업기지의 조정과 개조를 지지하고, 자원 의존형 도시와 지역에서 신흥 산업을 발전시키며 식량 주산지의 발전을 지지한다"는 내용을 공식 언급하였다. 이어 2003년 5월 원자바오 총리는 랴오닝성을 시찰하면서 서부 대개발과 동북 3성 진흥을 중국 경제발전에 필요한 '두 개의 수레바퀴'에 비유하면서 제11차 5개년규획(2006~10) 기간 동북 3성을 중국 제4의 경제 성장 축으로 육성하겠다고 강조했다.[6] 당시 원자바오 총리는 '국무원 동북노공업기지 부흥지도소조'의 조장을 겸직하고 있었으며, 부조장은 황쥐(黃菊) 정치국 상무위원과 쩡페이옌(曾培炎) 부총리가 맡았다. 이런 점에서 원자바오 총리는 일찍부터 동북 3성 경제와 북한 경제를 연계, 발전시키는 문제에 관심이 컸을 것으로 추정된다.

2003년 가을 중국은 공산당 16기 3중전회에서 "사회주의 시장경제 체제를 보완 개선할 데 대한 약간의 문제에 대한 결정"을 통과시켰다.[7] 이 결정은 경제 체제 개혁을 서둘러서 2010년까지 완전한 사회주의 시장경제 체제를 이룩한다는 목표를 제시한 데 이어, "동북지역 등 노후 공업기지를 진흥시키고, 동부지역의 조건을 갖춘 지구가 선도하여 현대화를 기본적으로 실현하는 것을 장려한다(振兴东北地区 等老工业基地, 鼓励东部有条件地区率先基本实现现代化)"고 명시했다(결정 제 6장 18조).

왼손엔 6자회담, 오른손엔 대북 경협

동북진흥전략은 한반도와 깊은 연관성을 가지고 추진되었다는 점에 주목할 필요가 있다.

중국 지린대학 동북아연구원 장후이즈(張慧智) 부원장은 동북진흥전략에 대해 "북중 경제협력을 촉진하기 위해 얻기 어려운 기회를 제공하고 양호한 조건을 만드는 데 대외 개방의 기본 방향과 목표가 있었다"고 평가했다.[8] 동북진흥전략의 대외 협력의 1차 대상이 북한이었던 것이다.

이 시기 중국이 북한 문제를 다룬 방식을 살펴보면 다분히 북중 경협을 염두에 두고 한반도 전략을 편 정황이 나타난다. 먼저 중국은 2003년 8월부터 6자회담을 주도하면서 북핵 문제를 안정적으로 관리하고자 했다. 이어 그해 10월 중국 국무원과 공산당 중앙위는 공동 명의로 "동북지역 노공업기지 진흥전략 실시에 관한 약간의 의견"을 발표하여, 북한과의 변경무역을 비롯해 변경 경제합작구, 수출가공구, 초국경 공업구 등을 건설하고 지하자원 개발 협력도 추진하기로 하였다.[9]

6자회담은 중국이 북한과의 교류 협력을 확대할 수 있는 정치적 조건을 만들어 주었다. 따라서 중국은 왼손으로는 6자회담, 오른손으로는 동북진흥전략을 추진하는 두 얼굴을 가지고 있었던 것이다. 두 손이 하는 일은 달랐지만, 북핵 위협의 관리와 대북 경협의 확대, 이를 통한 중국의 대북 영향력 확대라는 데로 초점이 모아진다.

중국은 또한 그동안 유엔의 두만강 개발계획 추진 과정에서 북한이 중국 및 러시아의 정치적 영향력 확대를 매우 경계했다는 점을 교훈 삼아, 동북진흥전략을 추진하면서 중앙정부 대신 지방정부를 전면에 내세웠다. 북한의 경계심을 풀기 위한 방안이었다. 2003년 11월 지린성 당위원회와 성 정부, 옌볜자치주 정부의 지도 하에, 훈춘시는 '차항출해(借港出海, 항구를 빌려 바다로 나감)와 창통구안(暢通口岸, 국경 세관을 원활하게 통하게 함)' **전략**을 중앙에 제안하였는데, 그 지도 방침은 "경제협력 방면에서 나라의 문을 열고, 프로젝트 건설 방식을 써서 국경 세관을 원활히 통하게 하고, 양국(중조) **지방정부의 간접 조종으로 경제발전을 촉진한다**"는 것이었다(강조 인용자).**10** 이러한 방침을 보면, 중국은 2003년 동북진흥전략 출범 단계부터 대북 경협의 목표를 북한 나진항을 통한 동해 진출에 두었고, 그것을 실현하는 방법으로는 중앙정부 대신 지방정부를 통한 간접 조종 방식으로 추진하는 치밀함을 보였다. 훈춘시는 UNDP의 두만강 개발계획이 오랫동안 제대로 추진되지 않은 데 대한 반성 위에서 '동북진흥'이라는 중앙정부의 전략을 활용하여 대북 협력의 기회를 포착했다.

2005년 6월 중국 국무원은 "동북노공업기지 대외개방의 진일보 확대를 촉진하는 것에 관한 의견(关于促进东北老工业基地进一步扩大对外开放的实施意见)"을 공표, 두만강 유역 개발을 위한 접경 국가와의 국제협력을 본격적으로 추진해 나갔다.**11** 이 '의견'은 대외 개방 부분에서 '지역 간 경제협력의 발전'과 '대외 개방 가속화'의 두 갈래를 강조했다. 특히 "조선을 포함한 주변 국가와의 경제협력을 서둘러 성사시키는 것이 중국의 **동북진흥계획의 전략적 수요**이며, 지극히 중요한 의의를 **가진다**"고 평가했다(강조 인용자).

국무원 2003년 의견과 2005년 의견을 비교하면, 전자가 두만강 지역을 포함한 변경 경제합작을 포괄적으로 지적하는 선에 그쳤다면, 후자는 한 발 더 나아가 "조선(북한)과의 경제협력을 서둘러 성사시키는 것이 지극히 중요한 전략적 수요"라고 북한을 직접 거명하고 있다. 중국의 대북 경협이 경제적 차원만이 아니라 국가전략적 차원에서 다루어졌음을 말해 준다.

국무원의 '의견'에 따라 북한의 에너지, 원재료 및 광산의 개발,

특히 2005년 혜산 구리광산, 용등 석탄광산, 무산 철광산에 대한 중국의 투자와 해저 유전에 대한 투자개발 프로젝트가 본격 추진되었다. 단둥시 국가발전개혁위원회(發改委) 보고서는 중조 압록강대교 건설, 경의철로선(서울~신의주)의 조선 구간에 대한 투자, 단둥 동항(東港)의 확장, 중조 해상운수선의 개설, 압록강대교 출입국관리소의 개설, 중조 자유무역구의 건립 등 장기 전략도 제기했다.[12] 이 같은 동북 노공업기지 확대개방 전략에 따라 훈춘·나진의 '루강취(路港區) 일체화'(후술) 등 북한에 대한 중국의 투자가 이루어졌다.

북 대중 무역의존도, 2018년 95%까지

2005년 10월 후진타오는 북한을 공식 방문, 김정일과의 정상회담에서 "중조관계를 공고히 발전시켜 나가는 것이 중국공산당과 정부의 확고부동한 전략적 방침"이라고 강조하고 한반도 문제를 대화로 해결하기로 합의했다. 이 방문에서 그는 4가지 교류협력 방안을 제시했다. 첫째, 지속적인 고위층 교류를 통한 정책 조율의 강화, 둘째, 교류 영역의 확대를 통한 협력 내용의 심화, 셋째, 경제무역을 통한 공동 발전, 넷째, 상호 협조를 통한 공동이익 수호이다.[13]

후진타오 정부의 대북정책은 2003년부터 추진된 동북진흥전략을 통해 '경제적 개입'이 추가되었고 2005년 방북을 통해 구체화되었다고 평가할 수 있다. 이는 중국이 양국 관계를 특수 관계에서 전략적 협력 관계로 전환하고자 하는 의도를 드러낸 것으로 해석되기도 한다.[14]

이 방문에서 후진타오는 북한과 '투자촉진 및 보호에 관한 협정'을 체결, 대북 투자의 위험성을 감소시켜 대북 투자 활성화를 위한 환경을 구축했다. 당시 중국이 5천만 달러를 무상원조하여 건설한 대안친선 유리공장은 '북중 우호'의 상징이 되었다. 당시 후진타오는 김정일에 5년간 20억 달러의 경제지원도 약속한 것으로 알려졌다.[15]

후진타오의 지원 약속은 공교롭게도 북한이 마카오의 방코델타 아시아(BDA) 은행에 예치해 둔 2,500만 달러의 자금을 한 달 전(2005. 9) 미국에 의해 동결당한 직후에 나온 것이다. 북한이 자금난으로 어려움을 겪을 때 중국이 구원의 손길을 내민 것이다. BDA 동결 자금 중 일부는 2007년 미국이 6자회담 협상 진전을 위해 해제해 주었다.[16]

중국의 이러한 노력에도 불구하고 북한은 2006년 10월 1차 핵실험을 단행, 중국을 분노케 했다. 중국은 북한의 핵실험에 전례 없는 용어를 동원해 북한을 비난했지만, 2007년부터 6자회담을 통해 북핵 위기가 협상 국면으로 바뀌자, 그해 8월 20일 발개위(發改委) 명의로 동북 3성 진흥계획의 구체적 실천 방안인 '동북지구 진흥계획(東北地區振興計劃)'을 발표했다. 이 계획은 랴오닝·지린·헤이룽장 등 3개 성과 네이멍구(內蒙古) 동부 5개 지역을 포함하고, 총면적 145만 평방킬로미터, 총인구 1억 2천만 명을 대상으로 하는 계획이었다.

중국의 적극적 대북 경협 전략에 따라, 2000년대 들어 북중 간 교역 규모는 큰 폭으로 늘어났다(표 7 참조). 장쩌민 말기인 2000년 북중 교역액은 4억 8,805만 달러로 북한의 대중 무역의존도는 24.7퍼센트에 불과했으나, 후진타오 말기인 2010년에는 34억 달러를 넘어섰고 무역의존도는 80퍼센트에 달했다. 이어 시진핑 1기인 2014년엔 교역액이 63억 6,399만 달러로 팽창했고 무역의존도는 90퍼센트를 넘어섰다. 중국이 북한의 핵실험에 구애받지 않고 양국 경협을 지속적으로 추진해 온 결과였다.

[표 7] 북한의 대중국 무역액과 무역의존도 추이(2000~2018)(단위: 천 달러, %)

연도	수출	수입	무역액	증감률 (전년대비)	무역의존도
2000	37,214	450,839	488,053	31.8	24.7
2001	166,797	570,660	737,457	51.1	32.6
2002	270,863	467,309	738,172	0.1	32.7
2003	395,546	627,995	1,023,541	38.7	42.8
2004	582,193	794,525	1,376,718	34.5	49.0
2005	496,511	1,084723	1,581,234	14.9	52.6
2006	467,718	1,231,886	1,669,604	5.6	56.7
2007	581,521	1,392,453	1,973,974	16.1	67.1
2008	754,046	2,033,233	2,787,279	41.2	73.0
2009	808,728	1,815,880	2,624,608	- 5.8	78.5
2010	1,187,862	2,277,816	3,465,678	32	83.0
2011	2,464,186	3,165,006	5,629,192	62.4	89.1
2012	2,484,699	3,445,843	5,930,542	5.4	88.3
2013	2,911,544	3,633,150	6,544,694	10.4	89.1
2014	2,841,476	3,522,515	6,363,991	- 2.8	90.2
2015	2,484,000	2,946,000	5,430,000	- 14.7	91.3
2016	2,634,000	3,192,000	5,826,000	7.3	92.5
2017	1,651,000	3,328,000	4,979,000	- 14.5	89.7
2018	196,800	2,527,200	2,720,000	- 45.4	95.6

한국무역협회(www.kita.net), 통계청, KDI 북한경제리뷰, 유엔 컴트레이드(UN Comtrade) 등의 자료를 가공
2009년 무역통계는 양운철(세종연구소)의 논문 "북중 광물자원 교역의 증가에 따른 북한경제의 대중국 종속 가
능성에 관한 논의"(2012)에서 인용

북중 경협은 중국의 '新 개입 전략'

이 시기에 북중 간 무역 구조에 약간의 변화가 일어났다.

2004년까지 북한의 대중 수출은 농수산품이 절반 이상을 차지했으나, 2005년부터는 철광석, 무연탄, 석회석 등 광물자원이 비약적으로 늘어났다. 2007년 이후부터는 천연광물자원이 대중 수출 품목의 70퍼센트 이상을 차지하였으며, 여기에 농수산물까지 합칠 경우 90퍼센트 이상이 1차 생산품 위주가 된다.[17] 중국 후진타오 정부의 에너지·자원 확보 전략이 북한에도 영향을 미쳤음을 알 수 있다.

2000년대 초·중반 북중 간 교역이 급속도로 늘어난 요인으로는 다음과 같은 몇 가지가 지적된다.

첫째, 2002년 북한의 고농축 우라늄 개발 프로그램 시인으로 촉발된 2차 북핵 위기로 국제사회의 대북제재와 국가별 제재가 시작되면서 북한은 중국 외에 경협을 할 수 있는 나라가 거의 없어졌다. 한국, 중국과 더불어 북한의 3대 무역국이었던 일본은 2006년부터 대북 교역을 사실상 금지했다.

둘째, 이른바 '국제무역의 중력 이론'이다. 경제협력은 지리적 거리와 경제 규모의 영향을 받는데, 북한과 국경을 접한 중국은 지속적인 경제발전으로 구매력이 크게 늘어나면서 북한과의 교역 규모도 빠르게 늘어났다. 특히 중국의 광물자원 자급률이 떨어지자 북한산 석탄과 철광석의 수입이 급증했다. 북중 간 교역의 확대는 양국 간에만 일어난 특수한 현상이 아니라, 중국과 국경을 접한 주변국에도 공통적으로 일어난 현상이다. 중국과 베트남, 몽골, 미얀마, 캄보디아 간의 교역은 북중 간 교역보다 오히려 빠르게 증가했다.[18]

셋째, 2009년 북한 2차 핵실험 이후에는 남북관계 악화가 북중 교역을 촉진하는 주요 원인이 됐다. 2010년 천안함 사건으로 이명박 정부가 남북 경협을 중단하는 5·24 조치를 단행하자, 남북 교역 중 일부가 북중 교역으로 대체되는 현상이 일어났다. 가령 남북의 의류 위탁가공 교역이 중단되자, 거의 같은 규모로 중국의 대북한 의류 수입이 증가했다. 수산물도 북중 교역이 남북 교역을 일부 대체했다.[19]

넷째, 중국의 인건비 상승과 인력난, 노무 관련 법제 강화 등 노무 환경의 변화는 대북 위탁가공 확대와 중국 접경지역에서 북한 근로자를 활용하는 주요 원동력으로 작용했다. 북한 역시 남북관계 악화와 국제제재로 외화가 부족해지자, 중국 훈춘경제협력구 등 변경의 중국 공장에 대한 노무 수출을 통해 외화 획득에 나섰다. 북한 근로자만큼 저렴하고 성실하며 숙련된 인력을 찾을 수 없다는 현실적 요인이 작용했다.[20]

이상 살펴본 바와 같이, 후진타오 정부는 출범 초기부터 북핵 문제로 어려움을 겪었지만, 오히려 북한과 '새로운 우의(新型友誼)' 관계를 수립하기 위해 경제협력이라는 개입정책(engagement policy)을 선택했다. 이는 양국 관계에 '새로운 방식, 새로운 사고, 새로운 경로(新圖徑)'를 도입하려는 것이었다. 이러한 전략은 중국이 '동북진흥전략' 시작 단계부터 북한과의 연계성을 중시한 데서 확인된다.

중국의 개입 전략은 북중 간 교역의 확대로 서서히 효과가 나타나기 시작했다.

2) 루강취(路港區) 일체화계획(2005~2020)

중국의 대외정책은 반드시 중앙에서 먼저 큰 원칙을 정한 뒤 지방과 기업이 그에 맞추어 구체적인 방안을 마련해 추진한다. 지방에서 아무리 좋은 아이디어가 있어도 단독으로 추진할 수 없다. 중앙정부의 비준을 반드시 받아야 한다. 대북정책도 마찬가지다.

중국 랴오둥(遼東)학원 한반도연구소의 만하이펑(滿海峯) 교수에 따르면, 중국 정부의 대북 경협 지도 방침은 두 단계를 거쳐 변화했다.[21]

제1 단계는 2005년 10월~2008년 말까지로, 이 시기 북중 간 경협의 지도 방침은 '정부 인도, 기업 참여, 시장원칙(政府引导, 企业参与, 市场运作)'의 12자로 요약된다. 이 기간에 냉전 이후 양국 간 경제합작 관계의 조정이 기본적으로 끝났고, 그로 인해 변경지역의 경제합작이 전례 없는 새로운 국면으로 나타났다는 것이다.

이 시기 중국 훈춘과 북한 나선 간의 '루강취(路港區) 일체화계획'이 추진되었다.

경협 원칙, 2010년부터 '정부 주도·상호 이익'

제2 단계는 2010년 8월 김정일의 중국 방문 시기로, 이때 후진타오는 양국 간 경제협력 원칙으로 '정부 주도, 기업 위주, 시장원칙, 상호 윈윈(政府主导, 企业为主, 市场运作, 互利共嬴)'등 '4대 원칙 16자 방침'을 밝혔다(강조 인용자). 이는 북중 간 경제협력이 기업 중심에서 정부·공기업 차원으로 승격되고, 전통적인 원조 중심의 경협에서 상호 이익과 공동발전을 중시하는 실용적 방식으로 바뀌는 것을 뜻한다.[22]

후진타오의 '16자 방침'은 중국국무원이 2009년 '창지투 선도구 개발계획'을 비준한 이후 나왔다. 중앙정부가 지린성 차원에서 추진되는 창지투 계획에 힘을 실어 준 것이다.

여기서는 루강취 일체화계획(2005~20)을 먼저 살펴보기로 한다.

2003년 11월 훈춘시는 지린성과 옌볜자치주의 지도 하에 지방정부 차원에서 북중 협력을 통한 '차항출해'와 '창통구안' 전략을 중앙 정부에 제안했고, 국무원이 이 제안을 수용하여 2005년 6월 "동북 노공업기지의 대외개방 진일보 확대에 관한 의견"(국무원 36호 문건)을 발표하였다는 점은 앞에서 언급하였다. 이 '의견'에서 조선에 대한 '도로(路)·항만(港)·경제특구(區) 일체화' 건설 방침이 처음으로 공표되었다. '의견'은 '기초시설 건설 강화' 항목에서 "동북지역 항구와 변경무역구, 도로, 철도, 교량 및 변경 농장, 기초시설 건설 자금의 투입 강도를 강화하여, 되도록 빨리 동북 동부 철도 통로 건설을 끝내고, 러시아에 대한 도로·항만·무역구(口岸)와 **조선에 대한 도로(路)·항만(港)·경제특구(區) 일체화 건설**을 촉진하며, 국제협력 프로젝트의 실시를 촉진한다"고 적시했다(강조 인용자).[23] 동북진흥전략의 첫 번째 지방정부 간 대북 프로젝트로 '루강취(路港區) 일체화' 계획이 확정된 것이다.

국무원 36호 문건에 의해 중앙정부의 허가를 얻은 훈춘시 인민정부 김상진(金相鎭) 시장은 2005년 9월 북한 나선시 인민위원회 김수열(金秀悅) 위원장과 함께 창춘에서 열린 동북아 투자박람회장에서 중북 쌍방의 '합자기업 계약서'에 서명했다. 계약서의 내용은 크게 3가지로, △취안허(圈河)~나진 간 비포장도로를 48.8킬로미터의 왕복 2차선 직선도로(시멘트 포장)로 개량하고, △나진항 1호 부두를 확장 건설하여 50년간 사용하고, 또한 4호 부두를 신설하여 50년간 사용하며, △부두 주변 판곡동의 5만 평방미터 토지에 가공수출단지와 보세가공구, 상업서비스센터를 건설한다는 것이다.

이 사업을 위해 훈춘시 둥린(東林)무역유한공사와 훈춘변경경제합작구보세유한공사는 북한 나선시 인민위원회 경제협력국과 '조선나선 국제물류 합영공사'를 공동 창립했다. 이 회사가 '루강취 일체화 프로젝트'의 전체 건설을 담당하게 되었다. 양측은 루강취 일체화 사업에 6억 5,800만 위안(1,120억 원)을 투자하기로 합의했다.[24] 이어 그해 11월 중국은 도로 및 공업단지 개발을 위한 북측의 토지이용권을 발급받았고, 원정리~나진 간 도로세 징수권도 취득했다.

중, 2009년 나진항 통해 '차항출해' 숙원 실현

'루강취 일체화 프로젝트'의 각 항목을 살펴보면, 이름 그대로 북중의 도로와 항만, 경제개발구를 하나로 묶는 계획으로 짜여 있다.

'루강취' 가운데 먼저 '도로(路)'는 훈춘 취안허 세관에서 북한 나진항까지 이어지는 도로의 개보수 공사를 말한다.

이 도로는 원래 좁고 굴곡이 심해 대형 트럭이나 컨테이너 차량이 다니기 어려웠다. 비포장이어서 비가 오면 노면 상태가 질퍽거려 차량 운행이 어려웠다. 중국 측에서 오래전부터 이 도로의 개보수를 북한에 제안했지만 북한은 이를 계속 거절하다가, 2009년 11월 훈춘 창리(創力)공사와 나선 강성(强盛)무역이 합동으로 이 도로 보수공사를 진행하는 것을 평양 정부가 허가했다. 길이 48.8킬로미터, 도로폭 9미터(도로기반폭 12m), 두께 22밀리미터의 2급 시멘트 포장도로로 개보수하는 공사였다.[25] 총 공사비 1억 6,500만 위안(약 320억 원)이 투입되어 2011년 완공된 이 도로 덕분에 훈춘~나진 간 운행 시간이 90분에서 40분으로 단축되었다.

'항구(港)'는 중국의 오랜 숙원인 '동해로의 출항구(借港出海)' 문제를 풀어 줄 나진항 사용권 확보이다.

나진항은 수심이 20미터로 비교적 깊으면서 조수간만의 차가 적고, 항구 전면의 대초도와 소초도가 천연 방파제 구실을 하는 천혜의 항구다. 또 철도가 항만 부두까지 연결돼 하역 작업이 편리하다. 1938년 일제 때 건설된 나진항은 3개의 부두가 있고 총 안벽 길이가

2.5킬로미터에 달하며, 5천~1만 톤급 선박 13척이 동시에 접안할 수 있다. 하역 능력은 300만 톤에 달한다. 이보다 규모가 작은 선봉항은 유류 전용 항만으로 사용되고 있다.

북중의 합의에 따라 2008년 7월 중국 훈춘의 촹리해운물류공사는 북한 나선의 강성무역회사와 나진항 1호 부두의 개조 및 이용 계약을 체결했다. 촹리는 그해 12월부터 2009년 7월까지 총 3억 위안을 투입하여 나진항 1호 부두 내에 연간 150만 톤의 하역 능력을 갖춘 길이 300미터, 폭 27미터의 저장창고와 석탄적재기, 운송통로 공사를 끝냈다.[26]

촹리는 2010년 12월 7일 2만 톤의 석탄을 훈춘 취안허 세관에서 나진항 1호 부두로 운송한 뒤 중국해운그룹의 1만 톤급 진보하오(金博號) 화물선을 이용하여 1월 14일 상하이 부두로 운송 완료하였다. 이는 중국 동북지역 물자가 외국 항구(북한 나진항)를 거쳐 다시 중국 영토 내(상하이)로 운송된 최초의 '초(超)국경 국내무역(內貿外運)' 사례다.[27] 촹리는 이후 나진항에 컨테이너 적재 설비 공사도 완공해 가동 중이다.[28]

북한은 나진항 부두 가운데 1호 부두는 중국에, 2호는 스위스에, 3호는 러시아에 각각 50년 사용권을 허가했다. 북한이 항구 사용권을 3개국으로 분산한 것은 한 국가에 모두 넘길 경우 오는 리스크(위험)와 횡포를 예방하고 3개국 간 상호 견제를 유도하려는 의도로 보인다. 그러나 신설되는 4~6호 부두 건설권과 사용권을 모두 중국에 넘겨 중국의 영향력이 점점 커지고 있다.[29]

'경제구역(區)'은 나진항 주변 판곡동에 건설되는 경제특구로서, 2개의 구역으로 나뉜다. 하나는 나진항 배후지에 건설되는 보세구역(면적 3.7km²)이고, 다른 하나는 나선 중국투자합작지역(1.3km²)에 건설

[표 8] 북중 접경 나선지역 기초기반시설 협력 현황

도로시설	[완료] △훈춘~나선 간 고속도로 건설(2011. 5 착공, 2012. 10 개통. 2,268억 위안): 2급도로, 훈춘에서 나진항까지 1시간 소요, 연간 20만 대 통과능력 [진행중] △신두만강대교: 너비 23m, 길이 637m, 왕복 4차선 교량. 진입도로 포함 총길이 921.78m. 1.5억 위안 투입 예정
철도시설	[계획] △나진~선봉~남양 철도 개보수, 러시아 하산~중국 투먼~북한 나진항 연계 광궤철도 보수공사 △투먼~남양~하산~두만강역~청진, 허룽~난핑~무산~투먼~나진 연결 철도: 2020년까지 건설, 중국이 재원 지원
항만시설	[계획] △나진항 1, 2호 부두 임대, 4호 부두 건설(최대 5만t 선석, 300만t 이상, 항만 총면적 38만m², 노천화물 면적 20.3만m², 창고 면적 2.6만m² △선봉항 개발(원유항, 항구 면적 20만m²) △웅상항 개발(건자재 위주, 50만t)
전력시설	[계획] △나선에 석탄발전소 건설(선봉화력발전소의 중유발전기 대체), 풍력발전과 태양열발전을 이용하여 송전량 확대 △100V 변전소 및 송전선 설치, 낙후된 송배전 시설 모두 교체 △훈춘~나진 고압배전과 화력발전소 건설(중국 국영기업 진행) △나진의 2,200만m³ 수원지 확보를 통하여 2,100kW 수력발전소 건설
통신시설	[계획] △단기적으로 고정전화망, 이동전화망 등 지대전력 연결 통신망 구축 △중장기적으로 기초통신망 시설 구축, 주변국으로 연결
관광시설	[진행중] △팡촨(防川) 국제관광 협력시범 프로젝트(중국 팡촨~러시아 하산진~북한 두만강리, 총면적 48,000m² 지역 내 관광자원 공동 개발, 공동 관리

윤승현, "북-중 접경지역 경제협력 현황과 참여방안", *LHI Jounal* 6(2): 86(2015) 참조

되는 공업단지와 상업서비스센터다. 이 경제특구를 건설, 가동하기 위해 중국은 북한에 전력을 공급하는 시설도 건설할 계획이다.

나선 경제특구는 조성 후 중국의 의류·봉제 기업이 대거 진출했으며, 중국의 한 은행은 지점을 개설한 것으로 전해졌다.[30] 그러나 북한의 6차 핵실험 이후 미국 트럼프 정부의 강력한 대북제재에 따라 중국의 의류·봉제 기업들은 제재를 피하기 위해 북한 국경 밖의 공장을 주로 가동하면서 북한 노동력을 활용하는 것으로 알려졌다.

2018년 초 나선 경제특구 내에는 북중 합작의 20층 이상 고층 아파트 건설 사업이 활기를 띠고 있다고 언론이 전했다. 이 아파트는 중국 사업자가 건설 자재와 설계를, 북한 무역회사가 부지와 인력을 각각 분담하여 건설한 후 판매 수익을 나누는 개발 방식이다.[31]

루강취 일체화계획에 따른 나선지역 기초기반시설 건설 사업은 표 8에서 보는 바와 같이 도로, 철도, 항만, 전력, 통신, 관광 시설까지 다양한 프로젝트가 포함돼 있다.

'쉬운 것 먼저, 경제 먼저' 전략

루강취 일체화계획이 북중관계에 갖는 의미는 매우 크다.

첫째, 지린성을 포함한 중국 동북지역의 안전과 경제적 안정에 전략적 의의를 가진다. 북한의 국제적 고립 상황에서 중국의 정치적 지지와 경제적 지원은 북중관계를 강화하게 된다.

둘째, 북한은 나진선봉 특구를 통해 외국 자본 유치와 경협 활성화의 경험을 쌓게 된다. 나선특구가 성공하면 북한의 개혁개방 가능성도 높아질 수 있다.

셋째, 북중관계가 강화되고 북한 경제가 안정되면, 북한과 한미 간의 충돌 가능성이 낮아져 동북아는 더욱 안전해질 것이다.[32]

중국 정부는 동북진흥전략을 추진함에 있어, 북한의 사회 안정에 대한 우려와 당면한 경제난을 감안하여 변경지역 경제개발 방식을 채택하였다. 중국과 달리 종심(縱深)이 깊지 않은 북한으로서는 내륙보다 변경지역을 개발하는 것이 사회주의 체제에 대한 위협을 줄일 수 있기 때문이다. 중국과 북한이 2011년 여름 황금평과 위화도 및 나선 경제특구를 정식으로 발족하고 '공동 개발'과 '공동 관리'의 원칙을 천명한 것도 이 지역이 평양에서 멀기 때문이다. 또한 이러한 경협 방식은 과거의 '수혈식(輸血式)' 경제 원조를 뛰어넘어 북한의 '조혈(造血)' 능력을 향상시키기 위한 전략이라고 할 수 있다.[33]

중국의 루강취 일체화 프로젝트는 구체적 영역의 협력사업을 앞세우면서도, '쉬운 것을 먼저 하고 어려운 것을 나중에 하며(先易后难), 경제를 먼저 하고 정치를 나중에 하는(先经后政)' 합작 전략을 택했다.[34] 중앙정부가 큰 방향은 제시하지만 직접 나서지 않고, 구체적인 사업은 지방정부의 의사결정에 맡겼다.

중국은 또한 경제협력의 기반 위에서 상호 이익을 확대하는 방식을 채택하였고, 한국의 햇볕정책에 비해 '더욱 간접적이고 조용하게' 추진하였다. 이런 방식으로 중국은 정치적 민감성을 낮춰 북한의 경계심을 완화할 수 있었다.[35] 국경을 넘는 관광이 전형적인 사례다. 훈춘시 지카이치(紀凱奇) 부서기(2006년 당시)는 "훈춘시는 대두만강 개발이 가속추진기로 들어가는 역사적 기회를 잡아 온 힘을 다해 대외 통로 건설을 첫째 임무로 하는 세관무역구 경제발전의 새로운 국면을 구축할 것"이라며 지방정부 차원의 협력에 강한 의지를 드러냈다.[36]

이처럼 후진타오 1기 중국의 대북 경협정책은, 북한의 핵도발에 따른 양국 갈등에도 불구하고 북한의 경계감을 누그러뜨리고 실질적인 성과를 거두기 위해 매우 치밀하고 체계적으로 추진되었다.

다음에는 창지투 프로젝트에 대해 살펴보기로 한다.

3) 창지투 선도구계획(2009~2020)

후진타오 2기 정부는 2008년 말 세계 금융위기 이후 내수 부양 정책이 필요하게 되자, 동북지역 인프라 건설 투자를 적극 검토하였다.

중국은 그동안 실시해 온 동북진흥전략이 11차 5개년규획(2006~ 10)과 맞물려 많은 성과를 거두었으나, 그 성과가 주로 랴오닝성과 헤이룽장성에 집중되고 지린성은 소외된 점을 확인하였다. 그 원인은 동북 3성에서 랴오닝성과 헤이룽장성에 중공업 기지가 보다 많이 집중돼 있고 경제 기반도 지린성보다 우월했기 때문이었다. 특히 랴오닝성은 동북지역에서 유일하게 바다를 접한 항구를 가지고 있어 교통과 물류 환경이 우월했다. 항구가 없는 지린성은 발전 속도가 늦을 수밖에 없었다.[37]

2005년 6월 중국 국무원이 '36호 문건'을 통해 조선에 대한 '루강취 일체화' 건설 방침을 처음 공표하자, 랴오닝성은 단둥~신의주 연계 개발 계획을 포함하는 '연해 경제벨트 발전계획(2009~20)'을, 지린성은 훈춘~나진선봉 연계 개발 계획을 포함하는 '창지투 개발개방 선도구계획(2009~20)'을 각각 제기했다.[38] 이 중 지린성의 창지투 개발계획은 동북진흥계획의 대외 개방 확대, 주변국과의 경협 강화를 위한 교통 물류 인프라 건설 목표와도 일치하는 것이었다. 또 2005년부터 추진되고 있는 '루강취 일체화계획'을 뒷받침하기 위해서도 배후 교통물류망 건설이 필수적인 것으로 인식되었다.

창춘~지린~투먼을 경제·물류·관광 벨트로

2008년 6월 중국은 국가발전계획위 주도로 1992, 1999년 편제된 '중국 두만강지역 개발계획'에 대한 수정 작업을 거쳐, "중국 두만강 지역 합작개발규획 강요: 창지투 개발개방 선도구를 중심으로"를 중앙정부 차원의 프로젝트로 격상하였다. 이러한 단계를 거쳐 2009년 8월 30일 중국 국무원은 "창지투를 개발개방 선도구로 하는 중국 두만강구역 합작개발계획요강(以长吉图为开发开放先导区的中国图们江区域合

作开发规划纲要)"('창지투 계획')을 공식 비준했다. 중국 동북 3성 진흥계획의 핵심 축으로 지린성 창춘~지린~투먼(圖們)을 벨트화하여, 북한 나진항과 청진항을 포함한 두만강 주변지역을 하나의 경제권으로 묶겠다는 개발 계획이다.

창지투 계획의 전략적 목표는 크게 두 가지다. 첫째, 두만강 지역 합작 개발에 새로운 돌파구를 찾아 지린성을 포함한 동북 노공업기지의 전면적인 진흥을 추동하고, 둘째, 국가적 차원의 외교와 상무적인 담판을 거쳐 국제 대통로를 열고, 북한·러시아의 항구를 이용하는 장기적인 협의를 쟁취하여, '차항출해'를 실현하는 것이다.[39]

이 같은 전략목표를 실현하기 위해 창지투 선도구 건설은 '훈춘을 창구로, 옌지(延吉)·룽징·투먼을 전초지로, 창춘·지린을 엔진으로' 삼아 동북지역 개방의 새로운 관문을 만드는 데 중점을 두고 8가지 프로젝트를 추진했다. ① 두만강 지역의 자유무역구, ② 창춘·지린의 내륙통상구, ③ 과학기술 창신구, ④ 성(省)급 국제협력 산업구, ⑤ 현대화한 물류단지, ⑥ 생태관광구, ⑦ 고급 서비스 집중단지, ⑧ 현대화한 농업 시범단지가 그것이다.[40] 또 2010년 상반기 창지투 프로젝트의 3개 시(市)는 3천만 위안 이상의 공업 프로젝트 1,185개를 새로 시작하거나 계속 수행하였다.[41] 이와 함께 밖으로는 중국·몽골을 포함한 동북아 6개국을 연결하는 대통로 건설을 추진하였다. 이 통로가 건설되면 동북아에서 유럽을 잇는 또 하나의 운수 통로가 형성되며, 그것은 중국의 일대일로 프로젝트와도 연결된다.

창지투 계획은 중국이 중앙정부 차원에서 처음으로 비준한 변경지역 개발계획으로 변경 소수민족, 특히 조선족자치주의 번영과 장기적 안정을 추진하는 데도 목적이 있었다. 이를 통해 중서부지역 각성과 자치구 및 기타 변경지역의 초국경 광역경제권 형성에도 파급

효과를 염두에 둔 신모델이었다.[42] 중국이 지린성 차원을 넘어 중앙 정부에서 창지투 계획을 비준한 까닭은, 지방정부의 행위로는 두만 강 지역 개발의 현실적인 수요에 적응하지 못하고 개방형 두만강 지역 개발 목표 실현이 불리해진다고 판단했기 때문이다. 북한, 러시아, 몽골과 국경을 맞대고 있는 지역으로서 출입국 심사, 세관 통상구 설치, 자원 수출 등의 문제는 중앙정부가 통제하기 때문에 응당 국가의 전략적 행위로 두만강 지역이 개발되어야 한다는 인식을 하였던 것이다.[43]

원자바오, 대북 경협에 적극 개입

창지투 프로젝트와 관련, 원자바오 총리의 역할에 주목할 필요가 있다. 그는 2008년 말, 북중 수교 60주년인 이듬해 2009년을 '북중 친선의 해(中朝友好年)'로 지정했다. 이어 2009년 8월 30일 지린성 정부가 요청한 '창지투 개발개방 선도구' 프로젝트를 국무원 차원에서 공식 비준했다. 비준 주체가 국무원이었으므로, 원자바오 총리는 누구보다 이 프로젝트에 대해 잘 알고 있었다. 그리고 북한의 2차 핵실험 넉 달 뒤 2009년 10월 3일 평양을 방문했다. 이 방문은 유엔 대북 제재 결의안 1874호가 나온 지 4개월, 중국공산당 중앙외사영도소조에서 대북정책을 조정한 지 3개월 만이다.

원자바오는 이 방문에서 "전통을 계승하고, 미래를 향하며, 우호를 돈독히 하고, 협력을 강화한다는 정신에 따라 중조의 선린우호 합작 관계를 부단히 발전시키고, 양국 인민에게 행복을 가져다주며, 지역의 평화와 안정, 발전을 촉진하자"고 말했다. 원자바오 총리의 이 방문에서 '경제원조에 관한 합의문서', '경제기술협조에 관한 협정' 등 8개 문서에 조인하고, 10억 위안(약 1,700억 원)의 예산이 투입되는 신압록강대교 건설에 합의하는 등 북중 간 새로운 경제협력이 모색되었다.[44] 또 압록강 개발 프로젝트를 신의주 특구와 연계시키겠다는 방침과 함께 훈춘~나진 간 도로의 확포장공사도 약속했다.

북중 간 경협에서 중앙정부 지도자가 나서 대규모 SOC 투자계획을 밝힌 것은 이때가 처음이다. 이 일련의 과정을 보면, 중국 지도부는 북핵에 크게 구애됨이 없이 북한과의 경제협력을 확대하는 조치를 착착 진행해 온 것을 알 수 있다. 또 창지투 프로젝트를 직접 비준하여 가장 잘 아는 원자바오 총리가 방북한 것은 창지투와 북한 경제를 접목시키기 위한 목적이라고 봐야 할 것이다.[45]

중국은 원자바오 총리의 방북을 계기로 소극적인 대북 경제관여 정책(economic engagement policy)에서 적극적 경제관여 정책으로 전환하고, 지방정부와 국영기업이 적극 개입하도록 하였다. 중국 입장에서는 제11, 12차 5개년 경제개발계획에 반영되어 본격화되고 있는 동북 3성 개발의 성공을 위해 북중 간 인프라 연계와 접경지대 개발이 정책적으로 필요했다.

중국은 2010년 5월부터 1년 사이에 북한 김정일을 3차례 연속으로 중국에 초청했다. 중국은 건강이 악화된 김정일에게 '대를 이은 조중 친선'을 강조해 북한 권력 승계에 대한 지지를 표명하였다. 이에 김정일도 창지투 지역을 시찰하면서 동북 3성과 북한 경제의 연계 발전에 긍정적인 입장을 보였다.

중국이 북한과 경제협력을 넓히기로 한 것은, 북한 내부 불안정의 가장 중요한 원인인 경제난을 완화하고 북한의 안정을 유도하려는 데 목적이 있었다고 보는 것이 타당하다.[46] 중국의 대북 경협에는 대북 영향력을 확대하는 정치적 동기가 내재되어 있긴 하지만, 또한 북한의 안정적 관리와 개혁개방으로의 변화 유도에 초점이 맞춰진 것이기도 하였다.[47] 국제사회의 경제봉쇄에 직면한 북한은 '안정과 발전'이야말로 경제협력 개발 방향의 정책적 선택이며, 이에 따라 북한으로서는 중국 변경지역의 경제개발과 협력을 통해 시장경제의 요소를 이용하면서도 내륙지역에 대한 외부의 영향을 차단하는 방식을 선택할 수밖에 없었다.

중국의 대북정책 전환의 가장 큰 계기는, 북한 2차 핵실험 직후인 2009년 6월 후진타오 주석을 조장으로 하는 중앙외사영도소조에서 북한 문제와 북핵 문제를 분리하기로 한 결정이었다. 이어 창지투 계획은 대외적으로 권력교체기 북한의 사회적 안정이라는 전략적 문제와, 국내적으로 수출 항구가 없는 지린성의 발전을 위한 북한과의 경제협력이라는 '두 마리 토끼'를 잡으려는 선택이었다.

북중 간 두만강과 압록강의 양대 경협 축을 비교해 보면, 두만강 하류 훈춘~나선 축이 경협의 중심축으로 부상하면서 압록강 하구의 단둥~신의주 축보다 더 중요한 대북 지렛대 역할을 하고 있다.

이와 달리, 2011년 6월 경제특구로 지정된 압록강 하구의 황금평 경제개발구는 그해 12월 김정일 사망과 2013년 말 장성택 처형 이후 2019년까지 개발에 큰 진척이 없는 상태다.[48] 위화도 개발구에는 2016년 11월 중국과 대만 등의 기업이 60억 위안(약 1조 466억 원)을 출자해 공단을 조성하기로 북한과 합의했다고 하지만,[49] 실질적인 진행 상황은 전해지지 않고 있다. 한편 북한은 외국 기업의 투자 유치를 촉진하기 위해 2013년 13개로 시작한 지방 경제특구를 2019년 20여 개로 확대하는 조치를 취하였고 여기에 황금평과 위화도가 포함돼 있으나,[50] 유엔의 대북제재 상황 하에서 실질적 투자로 이어지지는 않고 있다. 2011년 북한의 장성택 노동당 행정부장과 중국의 천더밍

(陳德銘) 상무부장이 참석해 착공한 황금평 조중합작 경제지대의 경우 2019년 10월 말 현재 잡풀만 무성한 채 개발계획도는 햇볕에 바래 글자가 거의 지워진 상태로 방치돼 있다.[51] 따라서 북중 경협에서는 요란한 선전과 실제 성과를 구분할 필요가 있다.

2. 북한의 대중 경협 수용 태도

북한은 중국과의 경제협력에 대해 긍정적인 시각과 부정적인 시각이 공존했다.

긍정적인 시각으로는, 북중 경협이 북한 주민들의 물자 부족을 해결하고 생활 수준을 향상시킨다고 보는 관점이다.

1990년대 중·후반 고난의 행군 이후 변경무역은 북한 주민의 생명줄이었다. 북중 교역을 통해 들어온 물자는 북한의 허가된 400개 장마당의 60만 개 점포로 퍼져 나갔다. 골목시장 등 소규모 장마당까지 포함하면 약 800개의 시장이 북한 경제에 일종의 산소호흡기로 작용하였다. 북한 가구 수입의 70~90퍼센트가 여기서 나오는 것으로 평가된다.[52] 이러한 시장경제의 경험은 북한 주민들의 의식을 변화시킬 뿐만 아니라, 장기적으로 남북한 통합 과정에서 북한 재건을 위한 한국 측 비용을 줄여 주는 긍정적 역할도 할 수 있을 것이다.[53]

북, 대중 경협에 기대와 우려 공존

이런 점에서 북한 측 경제 전문가들도 중국과의 경제협력에 많은 관심을 보였다고 한다. 지린성 사회과학원 조선한국연구소 소장 장위산(張玉山)은 2011년 북한 학자들과 만난 경험을 다음과 같이 소개하고 있다.

> 필자가 최근 조선사회과학원을 방문하여 조선 대표단과 만나는 과
> 정에서 조선이 중국의 경제특구 건설과 발전 과정에 특별히 관심을
> 가지고 있다는 것을 느꼈다. 특히 경제특구 발전 과정에서 토지정책
> 이나 노동력동원정책, 임금정책, 세무정책, 관세정책을 포함한 정책
> 변화에 높은 관심을 가지고 자료를 요구했다. 조선측은 창지투 선도
> 구 건설과 두만강유역 합작개발문제에 특별한 관심을 보였는데, 창
> 지투 선도구의 전략적 위치와 전략적 지향, 구체적인 실시계획, 두
> 만강유역 개발계획 등을 궁금해했다. 조선측은 창지투 선도구와 나
> 진선봉 경제특구 건설방면에서 합작연구도 진행할 것을 희망했다.[54]

하지만 북한 전문가들은 북중 경협의 위험성에 대한 경계감과 부
정적인 시각도 강했다. 북한의 대중국 수입 의존도가 심화되고, 중국
이 북한의 인프라 구축형 투자와 자원 개발형 투자를 통해 북한 시장
을 선점하려는 의도를 가지고 있다고 보았기 때문이었다.

당시 북한을 바라보는 중국 기업인의 시선은 '먼저 점령해야 할
처녀지'라는 생각이 강했다. 가령 중국 푸젠(福建)성 대외경제무역청
베이징주재판사처 주임 왕웨이리(王偉力)가 "조선의 현재 상황은 중
국의 지난 세기 70년대 말 80년대 초와 비슷합니다. 지금 조선으로
진입하는 것이 시장을 '점령'함에 있어 가장 좋은 시기라고 할 수 있
지요. (…) 그곳은 자본의 마지막 하나의 처녀지이고 중국 기업이 출
국하기에 가장 적합한 토양이기도 합니다"라고 말한 데서 이러한 시
각이 드러난다.[55]

이에 북한 경제 관계자들은 중국과의 경협이 북한의 자체 자본

축적을 통한 소비재 생산 증가 → 소비 증가 → 자본 축적 → 투자 증가라는 선순환 구조를 형성하지 못하고, 소비재의 수입 대체 → 국내 상품 도태 → 국내 기업 도태 → 소비재 수입 증가라는 악순환 구조를 심화할 것을 우려했다.

북한 경제의 '중국 종속론'을 의식한 북한 학자들은 자립적 민족 경제를 바탕으로 하여 국내시장을 대상으로 하는 생산을 기본으로 하고, 그 위에서 대외시장을 개척할 것을 주장하였다. 가령 북한 경제학자 류정렬은 "외국과의 경제 교류에서 무엇보다 자체의 경제력을 강화해야 하며, 대외무역을 통한 경제적 교류나 경제합작과 합영을 통한 경제적 연계와 협조는 국제경제관계와 다른 나라들의 경제에 대한 연구를 심화시킬 것을 요구한다"고 주장하였다.[56] 또 북한의 최영옥은 2013년 논문에서 실리 보장을 위해 대외무역 전략을 세우는 데 3가지 중요한 문제를 지적하면서, "나라의 경제 토대가 강화되는 데 맞게 수출품 생산기지를 튼튼히 꾸리고 원료 수출을 가공수출로 전환시켜 나갈 수 있도록 대외무역 전략을 세워야 한다"면서 "원료상품의 수출에만 매달리는 것은 수입도 얼마 얻지 못하면서 나라의 귀중한 자원만을 낭비하는 것"이라고 비판하였다.[57] 김철준도 대외무역에서 원료를 그대로 팔지 말고 가공하여 파는 것이 중요하다고 주장했다. 그의 주장은 북한의 중국 수출품 가운데 1차 산품이 많은 것을 비판하기 위한 목적이었다.[58]

"친미 한국은 잘사는데 친중 북한은 못산다"

북한 최고지도부가 이 문제의 심각성을 모르고 있었던 것은 아니다. 김정은은 2012년 4월 "몇 푼의 외화를 벌겠다고 저마다 나라의 귀중한 지하자원을 망탕 개발하여 수출하려고 하고 있는데, 이것은 멀리 앞을 내다보지 않고 눈앞의 것만 보는 근시안적 태도이며 애국심도 없는 표현"이라고 질책하면서 "지하자원 개발을 국가자원개발성과 비상설 지하자원개발위원회에서 검토 승인하는 체계를 엄격히 세워 지하자원을 망탕 개발하거나 지하자원 개발에 무질서를 조성하는 일이 없도록 하여야 한다"고 지적했다.[59] 김정은의 이 발언은 일찍부터 북한 내부에서 지하자원의 난개발과 헐값 판매에 대한 문제 제기가 있었다는 것을 말해 준다.

김정은의 질책 이후 2012년 5월 북한 최고인민회의 상임위원장 김영남은 싱가포르와 인도네시아를 방문하여 경제협력을 모색했는데, 이는 '중국에 대한 과도한 의존'을 줄이기 위해서였다. 이듬해 4월 북한 잡지 『경제연구』는 "(자국의) 무역회사들이 한두 국가에만 집중한다"고 비판하고 "하나의 국가로만 해외무역을 제한하는 기업들 때문에 국가 전체가 정치경제적 압착을 겪을 수 있다"고 경고했다. 북한 정부가 중국 기업이 아닌 이집트 기업에 휴대전화 운영권을 부여한 것도 이러한 계산을 반영한 것이다. 북한의 이런 노력을 뒷받침하는 것은 기나긴 불신의 역사에서 비롯된, 중국 의존에 대한 깊은 불편함(discomfort)이었다.[60]

북한 주민들은 북한을 방문한 한국 언론에 북중 간 경협에 대한 불만을 드러내기도 했다. 가령 북한 대외경제성 소속의 관리는 2018년 5월 초 중국 단둥에서 한국 기자를 만났을 때 "미국과 동맹을 맺은 한국은 잘사는데, 중국과 동맹을 맺은 북한은 못산다"면서 "미국은 한국과 동맹을 맺은 이후 한국을 많이 도와주고 있지 않은가. 미국이 한국을 도왔던 것처럼 조선도 미국과 손을 잡으면 남조선처럼 살수 있다는 기대감을 가지고 있다"고 말했다.[61] 이는 북한 관리들이 중국과의 경협에 불신과 불만을 가지고 있다는 것을 역설적으로 말해 준다.

중국에 대한 경계감에도 불구하고 북한은 2000년대 이후 중국의 동북진흥전략에 협력하면서 중국과의 경협을 급격히 확대하게 되었다. 양국 간 교역액은 2000년대 들어 급증하였다. 북한이 중국을 불신하면서도 경협을 확대한 것은 유엔 대북제재와 국제적 고립 속에서 북중 경협 이외에는 다른 대안이 없기 때문이었다. 북한은 핵실험을 거듭하는 과정에서 유엔 제재로 대외무역과 국제금융, 외화벌이 노무 수출, 해외여행 등이 제한당하여 경제난에 빠질 수밖에 없었다. 경제적 곤경을 탈피하는 유일한 수단이 중국과의 경협뿐이었다. 중국은 지리적으로 가까워 북한이 밀수 등 비공식 무역으로 제재를 회피하기 용이했다. 또 중국산 제품은 가격이 저렴했다. 게다가 북중 간 무역은 그 주체와 행태 측면에서 인적 연고성에 뿌리를 둔 민간무역에서 출발하였다. 무역 주체가 국가기관인 무역회사 외에도 북한 내 화교나 중국 내 조선족, 중국에 연고를 둔 북한 주민 등 연고자 간 거래가 많았다.[62] 이런 특성 때문에 유엔 대북제재의 효과도 떨어질 수밖에 없다.

북한은 중국의 경협 프로젝트 가운데 먼저 두만강 협력사업에 관심을 보였다. 북한은 나진선봉 지역을 자유무역특구로 지정하고 대외개방의 첫 실험 창구로 삼았다. 대외 법규의 규범화를 위해 2004년 12월 외자기업에 대한 토지사용금, 세금 및 기타 비용을 감면하는 새로운 투자정책을 발표했다. 그 내용을 살펴보면, ① 외자기업에 고용된 노동자의 최저 월급여는 60~80유로에서 30유로로 낮추고 ② 외국 투자기업에 세금과 기타 비용을 낮추고 물·전기·가스 비용, 항구 사용료 등 운영 비용을 30퍼센트 낮추고, 북한 경내에서의 선물(先物) 매매세를 면제해 주며 ③ 외국기업의 등기 신청 기한을 50일에서

15일로 단축시켰다. 또 북한의 국무원 총리 박봉주는 2005년 3월 중국을 방문하여 중국과 '투자촉진과 보호협정'을 체결했다. 이로써 중국 기업의 북한 투자 리스크는 줄어들었으며, 북중 경협의 중요한 출발점이 됐다.[63]

북한의 적극적 조치는 중국의 북한에 대한 대규모 투자를 유인하는 요인으로 작용했다. 중국은 2005년 훈춘과 나진선봉을 연결하는 '루강취 일체화계획'을 발표하고 지방정부 차원의 투자를 본격화했다. 중국은 값싼 광물자원과 대북 영향력의 지렛대를 확보하고, 북한은 유엔 제재에 따른 경제난을 탈피한다는 점에서, 북중 경협은 쌍방의 전략적 이익이 만나는 지점이었다.

화폐개혁 실패와 5·24 조치 이후 북중 경협 가속화

북한은 김정일의 건강 악화와 후계 세습 문제로 인해 중국의 '적극적 경제 관여 정책'을 수용할 수밖에 없었다.

북한은 2008년 이후 변화된 한반도 정세와 김정은 3대 세습 체제의 급속한 구축 필요성, 2009년 11월 전격 단행한 화폐개혁의 실패와 이에 따른 경제 악화와 주민의 반발, 그리고 '2012년 강성대국 문패를 다는 해' 목표연도가 얼마 남지 않은 초조함 등이 맞물려, 대중 경제 개방의 불가피성에 부딪혔다. 김정일은 2009년 상반기 노동당 행정부장 장성택에게 나진 개발계획 수립을 지시하고, 2009년 12월 16일 12년 만에 나선시를 현지지도하면서 "나선시를 중요한 대외무역 기지의 하나로 전망성 있게 잘 꾸리라"고 지시했다.[64] 이에 따라 나선 경제무역지대에 대한 관심이 크게 증가했다. 김정일의 나선 방문 이후 2010년 1월 새로운 나선경제무역지대법을 마련하는 등 외국 투자자들의 요구를 반영한 나선 투자 관련 법률을 구체화하고 기존

법규도 현실에 맞게 수정했다. 북한은 나선을 특별시로 승격시켜 나선 지대 개발과 관리에 대한 자율권을 대폭 끌어올렸다.[65]

2010년 3월 천안함 폭침 사건을 계기로 한국이 단행한 5·24 조치로 남북 경협이 개성공단을 제외하고 전면 중단된 것도 북중 경협을 더욱 촉진했다.

김정일은 2010년 5월과 8월, 2011년 5월부터 1년 사이 3차례나 중국을 방문하여 중국과 함께 '대를 이은 조중 친선' 관계를 대내외에 과시했다.

첫 방문인 2010년 5월 3~8일의 방중 때는 중국공산당 중앙정치국 상무위원 9명 전원이 나와 김정일을 환대했다. 이런 예우는 다른 국가 정상의 경우 전례가 없는 일이다. 당시 중국으로서는 2010년 상하이 엑스포의 성공적 개최를 위해 동북아와 한반도의 안정된 상황 조성이 필요했고, 북한으로서는 화폐개혁 실패와 만성적 식량 부족 등 내부 문제의 해결과 국제사회의 여론 악화 및 미국의 압박에 대한 돌파구를 찾아야 했다.[66] 이 회담에서 후진타오는 '고위층의 교류 지속, 내정과 외교의 중대 문제 등에서 전략적 소통의 강화, 경제무역 협력의 심화, 인문 교류의 확대, 지역의 평화와 안정 수호' 등 5가지를 강조했다. 이에 김정일은 "후 주석의 5가지 제안에 전적으로 동의한다"면서 "선대 지도자들이 손수 맺어 정성껏 키워 낸 전통적인 양국의 우의관계는 시대풍파와 시련을 겪었지만 시간이 흐르고 세대가 교체된다고 해서 변할 리 없다"고 말했다. 김정일은 이어 "첫째, 북한은 신압록강대교 건설을 양국 우호협력의 상징으로 여긴다. 둘째, 중국 기업의 대북한 투자를 환영한다. 셋째, 중국인들이 중국 특색의 사회주의의 위대한 사업에서 새 성과를 이룬 데 대해 깊은 인상을 받는다. 넷째, 한반도 비핵화 견지의 입장에는 변함이 없다. 다섯째, 관련 당사국과 함께 6자회담 재개를 위한 유리한 조건을 조성하기를 희망한다. 여섯째, 편리한 시기에 조선을 다시 한 번 방문해 주기 바란다"고 말했다. 두 정상이 '양국 전통 우호관계의 대대손손 계승'을 약속한 발언 내용을 종합하면, 2010년 5월의 북중 정상회담은 그동안 갈등을 보였던 양자 관계가 '혈맹'으로 복원되는 동시에 북한의 후계 체제를 중국으로부터 확실히 보장받았다는 의미를 가진다.

2010년 8월 26일 김정일은 중국 창춘을 방문해 후진타오를 다시 만났다. 이 방문은 중국의 동북 3성 경제발전 현장, 즉 '동북진흥계획'의 성공적인 추진 현황을 확인하는 일정으로 짜여졌다. 김정일은 첫날인 26일 지린시 화학섬유그룹을 방문하고, 27일 후진타오 주석과의 정상회담을 가진 뒤, 28일 농업박람회장, 창춘궤도객차공사(公司)를 참관하고, 29일 하얼빈의 혜강식품공사, 하얼빈전기그룹을 둘러봤다. 정상회담에서 후진타오 주석은 "경제발전의 길은 자력갱생뿐만 아니라 대외협력과도 뗄 수 없고 시대 조류에 순응해야 한다"며 북한의 대외 개방을 강하게 촉구했다. 이에 김정일은 "조선은 중국 동북지역과의 교류협력을 강화하고, 중국의 발전 방법과 경험에 대해 진지하게 연구할 것이다"라고 밝혀, 5월과 달리 중국의 개혁개방 방식 전수 의도에 대해 적극적으로 화답하는 모습을 보였다.[67] 김정일은 또 "조중 친선은 역사의 풍파와 시련을 이겨 낸 친선으로 세대가 바뀌어도 달라질 것이 없다", "복잡다단한 국제정세 속에서 조중 친선의 바통을 후대들에게 잘 넘겨주는 것은 우리들의 역사적 사명"이라고 말했다.[68] 여기서 김정일이 말한 "후대들에게 잘 넘겨준다"는 것은 곧 자신의 아들 김정은에게 권력을 세습하는 것을 암시한 것이다.

김정일, 2010년 8월 방중 때 김정은 대동

이 2010년 8월의 방중 때 김정일은 셋째 아들 김정은을 경호원으로 위장시켜 데려간 뒤 후진타오 등 중국 지도부에 소개하였던 것으로 전해졌다.[69] 당시 중국의 한 북한 문제 전문가는 김정일이 김정은을 대동한 것에 대해 '량상(亮相, 모습을 드러냄)과 탁고(托孤, 고아를 맡김)'의 의미가 있다고 지적했다. '량상(양상)'이란 아들의 얼굴을 중국 지도자들에게 보이면서 인사시킨다는 의미이고, '탁고'는 자신이 죽은 뒤 고아가 될 김정은을 중국 지도부에 부탁하는 의미가 있다는 분석이다.

김정일의 5월 방중이 중국과의 관계 복원 및 후계 체제를 보장받는 회담이었다면, 8월 방문은 다음 단계로서 후계 체제의 사회적 안정을 위한 구체적인 경제협력 방식을 논의하기 위한 자리였다고 할 수 있다.[70] 방문 마지막 날인 8월 30일 김정일은 투먼을 거쳐 열차로 귀국하면서 "양국이 접경하고 있는 성(省)과 도(道)의 우호 교류 합작을 강화할 필요가 있다"고 언급해 중국의 호의에 화답했다.[71]

이상과 같이 2010년 5월과 8월 김정일의 두 차례 방중을 통해 양국 사이에는 '북한의 안정적인 권력 승계 지지', '경제협력을 중앙정부 차원으로 격상', '동북 3성과 북한을 연계하는 경협 방식'에 대한 잠정적 합의가 이루어졌다. 북한은 3대 세습 체제에 대한 중국의 지지 확보를 위해 중국과의 경협에 적극 응하는 태도를 보였고, 중국은 북한의 후계 체제 공고화를 계기로 삼아 북중 경협과 전략적 협력을 강화했다고 볼 수 있다.

서로의 전략적 이익이 맞아떨어진 지점은 중국이 오랫동안 원하던 '차항출해'의 타깃인 나진항이었다. 2010년 12월 북한 해외투자위원회 김영일 부위원장은 베이징에서 중국 지린성 고위관리들을 만나, 중국이 나진항 4~6호 부두를 개발해 50년간 사용한다는 내용의 협약을 체결했다. 이는 북한이 전에 없던 자세를 보인 것으로서, 나선지대 개발이 개별 기업의 투자를 넘어 국제적으로 공조해야 할 사업이라고 보고 중국 정부(러시아도 포함)와 적극 협력을 모색했다는 것을 말해 준다.[72]

북한의 중국에 대한 오랜 경계감이 완화된 것도 두만강 유역의 북중 경협을 강화한 요인으로 지적된다. 북한은 전통적 안보관에 따른 걱정과 이해득실의 고려, 자주적 개발 방식의 고집 등으로 오랫동안 두만강 지역을 독자적으로 개발하려고 했다. 그러나 18년 이상 두만강 개발이 진척을 보이지 못하고 국제합작 개발도 지지부진하자, 마침내 중국이 내민 손을 잡고 취안허~원정리 간 교량 등 국경을 넘는 통로에 대한 중국의 투자를 허용하게 되었다. 또 북한은 외국인 투자 제한도 완화하여 한국을 포함한 다자의 투자 유치도 허용했다.[73] 경협은 단순교역에서 산업개발 협력으로 확대되었고, 절차도 톱다운(top-down, 위에서 아래로 지시) 방식으로 바뀌었다. 양국 중앙정부가 큰 틀의 협력사업을 합의하면, 그다음 지방 단위 혹은 개별 기업 단위로 역할이 하달되는 방식이다.

이 시기 북한은 외국 자본 유치를 위해 14개 대외경제 관련 법제를 정비하여 나선특구와 위화도·황금평 경제개발구의 활성화를 도모하였다. 북한은 유럽 등 서구 자본의 유치를 목표로 하고 있지만, 개발 초기에는 어쩔 수 없이 중국 자본을 통한 인프라 구축에 주력하며 투자 여건 조성에 초점을 맞추었다. 2011년 6월 8일 황금평·위화도 경제지대와 나선 경제무역지대 공동개발 착공식이 열린 것도 이러한 정책 방향 전환을 반영한다. 2011년 12월 북한은 외국 기업의 토지이용권과 양도권, 기업 활동의 자유를 보장하는 내용의 '황금평·

위화도 경제지대법'을 제정하고, '나선경제무역지대법'을 개정하여 중국 등 외국 기업의 투자 유치에 적극 나섰다. 두 법은 중국의 대규모 자본 유치를 위해 중국 기업 친화적으로 보완했다.[74]

나선 및 황금평 특구법(2011. 12) 주요 내용
- 토지이용권과 건물소유권의 양도 허용

  경제지대에서 기업은 유효기간 안에 토지이용권과 건물소유권을 매매, 교환, 증여, 상속의 방법으로 양도하거나 임대, 저당할 수 있다. (제19조)
- 기업활동의 자유 보장

  [기업활동] 투자자의 회사 설립, 경제활동 자유 보장, 국가는 투자자에게 특혜적인 경제활동조건을 보장(제5조)

  [기업의 권리] 기업은 규약에 따라 경영 및 관리질서와 생산계획, 판매계획, 재정계획을 세울 권리, 근로자 채용 및 노임 기준과 지불 형식, 생산물의 가격, 이윤의 분배 방안을 독자적으로 결정할 권리를 가짐. 기업의 경영활동에 대한 비법적인 간섭은 할 수 없으며 법규에 정해지지 않은 비용을 징수하거나 의무를 지울 수 없음 (제40조)[75]

이 두 법은 개성공단을 통한 남북 경협의 경험을 많이 반영하였고, 중국 정부의 요구도 상당 부분 수용하였다. 이런 점을 보면, 북한은 대중 경제 종속화의 위험에도 불구하고 중국의 투자 유치를 통한 경제 회복으로 정책 방향을 결정했음을 알 수 있다.

북중 경협은 상호인질·결박 '빅딜'

북한은 중국의 경제적 지원과 협력으로 정권의 안정을 얻는 대신 중국이 원하는 동해 출해권을 주는, 외교적 '큰 거래(big deal)'를 했다. 중국은 북한이 아무리 말썽을 일으켜도 북한을 버릴 수 없고, 북한 역시 중국이 아무리 자원을 약탈하고 무시해도 중국의 경제지원과 협력을 끊을 수 없다. 빅터 차는 이를 '상호인질(mutual hostage)' 상황으로 표현했다. 중국 입장에서 대북 경협은 '수단의 혁신을 통한 내부 개입' 전략이기도 하다. 북한이 낮은 대외적 신뢰도와 국가신용도 때문에 주민의 일상적 생활이 불편을 겪을 때 중국은 국가 차원의 전략적 지지를 기반으로 북한 개별 기업의 행위를 구속하고, 북한이 약속을 지키는 습관을 체득하도록 영향력을 행사하는 측면도 있다.[76] 북한을 '중국식 경제체제와 문화'로 서서히 변화시키는 것이다. 이는 2003년 시작된 중국 동북진흥전략의 기본 목표이다.

이상과 같이, 후진타오 집권 10년 동안 중국은 북한의 핵개발에 아랑곳하지 않고 경제협력을 확대하는 정책을 체계적이고 지속적으로 추진했다. 동북진흥전략은 낙후한 동북 3성의 경제구조를 바꾸는 동시에 북한과의 경제적 연계성을 구축하는 것을 핵심과제로 설정했다. 동북진흥전략의 실천적 프로젝트로 2005년부터 추진된 루강취일체화계획은 훈춘~나진선봉을 잇는 경제벨트를 구축하여 함경·양강도 북부지역을 위안화 경제권으로 바꿔 놓고 있다.

중국은 이 과정에서 2008년 나진항 50년 사용권을 확보함으로써 오랜 숙원이었던 '차항출해'의 목표를 달성하였다. 나진항은 중국의 군사전략 측면에서도 중요한 의미를 가진다. 중국은 경협이란 수단을 통해 동맹 내부의 관리, 즉 와이츠먼이 지적한 '결박'에 성공하고 있다.

3. 북중 SOC 연결과 그 의미

중국과 북한이 시진핑 1기에 날카로운 감정 대립을 보이면서도 동맹 파탄으로까지 가지 않은 데는 경제협력의 영향이 컸다.

북중 간 교역은 2000년부터 전년 대비 31퍼센트나 증가하는 등 큰 폭으로 늘어났다. 특히 한국의 5·24 조치 이듬해인 2011년에는 62.4퍼센트나 폭증하여 56억 달러를 넘어섰다. 이에 따라 북한의 대중 무역의존도는 2000년 24.7퍼센트에서 2010년 83퍼센트로 급증했고, 2014년에는 90퍼센트를 넘어섰다.

약소국이 주변 강대국에 대한 무역의존도가 높아지면 정치외교적으로도 강대국의 영향권에서 벗어나기 어렵게 된다. 이러한 현상을 국제정치학에서 '핀란디제이션(Finlandization, 핀란드化)'이라 부른다. '핀란드화'란 '약소국이 주변 강대국에 의해 자결권을 제한 당하는 현상'으로 정의된다.[77] 냉전 시기 핀란드의 대소련 무역의존도는 최고 30퍼센트에 달하여 소련의 정치외교적 압박에서 자유로울 수 없었다. 당시 핀란드 총리는 수시로 크렘린을 찾아가 소련공산당 서기장과 보드카를 마시며 모든 외교안보정책을 상의할 정도였다.

2017년 한국의 대중(홍콩 포함) 무역의존도가 30퍼센트에 육박할 때 중국은 한국의 사드 배치에 대한 경제적 보복을 가했고, 이로 인해 롯데와 현대차 등 많은 한국 기업들이 큰 피해를 입었으나 한국 정부는 제대로 대응하지 못한 것을 생각하면, 북한의 대중국 무역의존도가 92퍼센트를 넘는 것은 '의존'을 넘어 '종속'이라고 해도 과언이 아니다. 이런 관점에서 보면, 중국은 마음만 먹으면 북한 경제를 단기간에 파탄 지경에 몰아넣을 수 있는 카드를 쥐게 되었다. 중국이 그렇게 하지 않는 것은 북한을 대미외교의 전략적 자산으로 보기 때문이다.

훈춘 '1핵'–북러 '양축' 교통망 재건

중국이 대북 경제 지렛대를 갖게 된 것은 앞에서 살펴본 바와 같은 체계적이고 지속적인 대북 경협 덕분이었다. 그중에서도 접경지역의 SOC 연결이 큰 역할을 하였다.

창지투 프로젝트(2009~20) 시행 초기인 2010년, 북중 국경선의 두만강 구간에는 1개의 철도와 7개의 도로(그중 교량으로 연결된 것은 6개)가 있었지만 대부분 낡아 보수가 필요했다.

이 중 철도는 북한 온성군 남양노동자구와 중국 옌볜자치주 투먼을 잇는 철교가 유일하다. 이 철도는 1933년 일제가 중국 동북지방의 자원을 이용할 목적으로 건설한 것으로, 중국 창춘이나 하얼빈에서 목재나 광물자원을 싣고 내려온 화물열차가 투먼~남양 간 철교를 지나 북한 나진항이나 청진항에 도착하면, 화물선이 이것을 일본 니가타(新潟)나 마이즈루(舞鶴)항으로 실어 날랐다. 지금도 중국의 대일 무역 화물 수송과 함경북도 김책제철소의 제선 작업에 소요되는 중국산 코크스 운송로가 되고 있다.[78]

7개 도로는 두만강 하류 쪽부터 △취안허~원정리 교량, △사퉈쯔(沙坨子)~유다섬 교량, △투먼~온성 교량, △싼허(三合)~회령 교량, △난핑(南平)~무산 교량, △충산(崇善, 허룽和龍)~삼장리(대홍단군) 교량 등 6개와, △교량이 없는 쌍무펑(雙目峰, 얼다오바이허二道白河)~쌍두봉(양강도 삼지연군) 간 도로이다. 이 밖에도 북한 경원(새별)군 훈융과 중국 투먼시 쇠이완쯔(甩灣子) 간의 훈융교, 함북 온성군과 투먼시 량수이진(凉水鎭) 간의 온성대교 등 2개의 교량이 있었으나 2차대전 말 퇴각하던 일본이 파괴하여 지금은 일부 교각만 남아 있다. 지금까지 남아 있는 도로

와 교량들도 시설이 노후하거나 북한 쪽이 비포장이어서 물류 교통망으로 활용하기에는 미흡하다.[79]

　이들 교량 중 일부는 세관무역구(커우안口岸)를 겸한다. 현재 두만강을 사이에 두고 중국 지린성과 북한을 연결하는 세관무역구는 모두 7개로, △취안허 커우안(국가 1급세관, 2010년 6월 보수공사 완료, 화물통과 중량 60만 톤, 2020년 확장공사 완공), △사퉈쯔 커우안(국가 2급도로세관, 10만 톤), △투먼 커우안(국가 1급세관, 20만 톤, 철도화물중량 250만 톤), △싼허 커우안(국가 1급세관, 30만 톤), △카이산툰(開山屯) 커우안(국가 2급세관, 2만 톤), △구청리(古城里) 커우안(국가 1급세관, 60만 톤, 2010년 보수공사 완료), △난핑 커우안(국가 2급도로세관, 100만 톤, 최근 보수공사 완료)이다.[80] 이 가운데 4개의 세관은 보수공사가 필요하다.

　이에 중국은 창지투 개발계획 기간 두만강 양편을 연결하는 교통 인프라 재건을 위해 '하나의 핵과 두 개의 축(一核兩軸)' 건설을 돌파구로 삼았다. 하나의 핵이란 훈춘시를 말하며, 두 개의 축이란 러시아와 북한으로 가는 도로·항만·세관의 물류 통로를 지칭한다.[81] 중국은 국제환경 변화라는 유리한 기회를 잡아 통로 건설의 제약 요건을 돌파하려 하며, 북한 역시 내외 환경에 따라 두만강 협력개발 정책을 조정하면서 발전의 기회로 활용하려 한다.[82]

북·중·러·몽 13개 도로로 연결 구상

　이에 창지투 선도구 개발계획은 100개 중점 건설 프로젝트를 수립하였고,[83] 여기에는 북한 나진항과 청진항으로 통하는 도로, 철도, 교량 및 통상구(커우안) 등 14개의 물류교통 인프라 건설 프로젝트가 포함돼 있다. 14개 프로젝트 중 고속도로 공사가 3개, 철도 건설 및 개조 사업이 5개, 통상구 교량 건설 사업이 6개이다. 여기에는 기존의 도로·철도를 보수 확장하는 것 외에 카이산툰~삼봉 간 철도처럼 신설되는 프로젝트도 포함되었다. 또 6개의 교량 공사가 끝나면 종전에는 다닐 수 없던 대형 화물트럭이나 탱크 같은 군 장비가 통과할 수 있게 된다.

철도 개조와 신설 공사가 많은 이유는 중국 동북지역의 수출 물자들이 열악한 북한의 도로 대신 철도를 이용할 경우 물류 비용이 절감되고 운송능력이 향상될 수 있기 때문으로 보인다. 이 인프라 건설에 총 160억 5천만 위안(2조 7,300억 원)이 투자될 계획이며, 이 중 중국 내 구간은 2015년까지, 북한 내 구간은 2020년까지 완공 목표이다. 14개 프로젝트 중 4개는 공사가 끝났고 10개는 진행 중이다. 이들 인프라 공사가 모두 완공되면, 북중은 교통·물류·관광 분야에서 예전과 비교할 수 없는 활발한 교류 협력이 예상된다(표 9 참조).

취안허 세관과 북한 원정리를 연결하는 신두만강대교는 2016년 10월 완공되었다. 정식 명칭이 '취안허통상구대교(圈河口岸大橋)'인 이 교량은 총길이 921.78미터, 교량 길이 637미터로 총 1억 5천만 위안(약 250억 원)의 예산이 투입되었다. 이 다리의 개통으로 물동량은 과거의 2배로 늘어났다. 기존의 원정리대교는 관광객 전용으로 활용될 예정이라고 한다. 여기에다 2019년 말~2020년 중국 측이 중앙정부의 승인 아래 두만강 하류의 취안허 세관을 신축하는 공사를 완공하여 북중 간 물류는 더욱 원활해질 것으로 전망된다.[84]

14개 교통 인프라 프로젝트의 공사 구간과 예산 규모는 표 9와 같다.[85]

한편 북중의 양대 도로 연결망 중 하나인 단둥~신의주 축은 2014년 신압록강대교가 완공되어 기대를 모았으나, 북측이 연결도로를 건설하지 않아 교량 남단이 논밭인 상태로 5년 이상 방치돼 왔

[표 9] 창지투 선도구계획 중북 연결 도로·철도 14개 프로젝트

구간	길이(km)	예산(위안)	완공(목표) 연도
바다오~싼허~청진 고속도로	47	28억	2015
훈춘~취안허~나진 고속도로	39	23억	2015
허룽~난핑~청진 고속도로	50	30억	2015
투먼~남양~두만강~하산 철도	126	24.3억	2020
투먼~청진 철도 개조	171.1	20억	2020
허룽~난핑~무산 철도 개조	53.5	16억	2015
투먼~나진 철도 개조	158.8	12.7억	2020
카이산툰~삼봉 철도 신설	2.5	1.5억	2020
취안허, 투먼, 사퉈쯔, 카이산툰, 싼허, 난핑 국경 통상구 다리(6개)	2,152	5억	2020
총 투자액		160.5억 (26억 달러)	

다. 그러나 2019년 6월 시진핑 주석의 방북 당시 김정은 국무위원장과 신압록강대교의 개통에 합의하고 중국 측이 비용을 부담하기로 한 것으로 외신들이 보도한 바 있다. 그 후 2019년 9월부터 공사가 시작되어 2020년 초 연결도로가 완공된 정황이 위성 사진으로 포착되었다. 왕복 4차선의 이 교량이 2020년중 개통되면 그동안 1차선 도로만 있는 중조우의교로 인해 제한받던 북중 간 물류 상황이 크게 개선될 것으로 예상된다.

중국은 북한과의 교통물류망을 연계하기 위해 국내의 SOC부터 먼저 정비했다. 국내의 교통물류가 원활해지면 그 '낙수(落水) 효과'가 인접한 북한으로 흘러넘칠 것으로 예상한 것이다. 중국은 2010년 창춘~지린~옌지~투먼~훈춘 간 583킬로미터의 고속도로를 완공했

[그림 2] 창지투 개발개방 선도구와 물류교통망

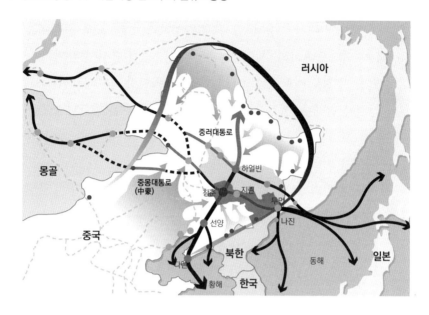

다. 이 고속도로 덕분에 창춘 시민이 자가용을 몰고 훈춘까지 오는 데 종전의 8시간에서 4시간 30분으로 단축되었다. 이들은 취안허 세관을 거쳐 북한 나진으로 직접 차를 몰고 여행을 할 수 있게 됐다. 또 2010년 12월 30일 창춘~지린 간 고속철도를 개통한 데 이어, 2015년 9월 20일에는 이를 다시 훈춘까지 연결한 창훈(창춘~훈춘) 고속철도 전 구간을 개통했다. 창지투의 핵심 교통 인프라 구축이 완성된 것이다. 지린성과 헤이룽장성 주민들이 자동차나 고속열차를 이용해 두만강 하류 방천 지역과 나진·선봉, 청진 등을 관광할 수 있는 기초적인 교통 인프라가 모두 갖춰졌다.

이에 앞서 헤이룽장성 무단장(牧丹江)시 쑤이펀허(綏芬河)에서 지린성의 투먼과 퉁화, 랴오닝성의 번시(本溪)와 단둥을 거쳐 다롄까지 이어지는 총연장 1,415킬로미터의 동북동부철도(일명 동변도철도)

가 2011년 완공되었다.[86] 두만강과 압록강의 북중 접경지대를 따라가는 이 철도의 구간 가운데 일제 때 완성하지 못한 퉁화~관수이(灌水), 허룽~얼다오바이허, 첸양(前陽)~좡허(莊河) 3개 단절 구간이 모두 이어졌다. 이 철도는 동북 3성 남쪽 지역을 동서로 가로지르며, 동으로는 러시아 연해주, 서로는 중국 랴오닝성, 남으로는 북한과 연결된다. 북·중·러 3국 간의 관광과 물류, 그리고 북한의 대외 경제협력에도 큰 영향을 미칠 것으로 예상된다(그림 2 참조).

창지투 계획의 교통 상황 개선 프로젝트가 모두 실현되면, 중국 동북지역과 북한·러시아·몽골까지 4개국은 모두 13개의 국가 간 도로를 통해 연결된다. 이는 또 기존에 있던 5개 철도와 함께 북한~러시아를 연결하게 된다. 여러 나라를 통과하는 도로와 철도의 연결은 각국의 제도, 체제, 정책 등의 차이점이 존재하는 상황에서 구동존이(求同存異)의 정신으로 최대한 정책의 조정과 합작의 형식을 모색해야 하는 어려운 과정이다.

이 과정에서 북한이 2010년 1월 5일 나진선봉시를 직할시(특별시)로 승격한 것은 북중 경협에서 의미가 깊다. 이를 통해 중국 훈춘과 북한 나선이 하나의 구역경제권으로 결합할 수 있는 환경이 만들어졌기 때문이다.[87] 또한 나선은 평양과 개성에 이어 제3의 특별시가 되었다.

북중 간 도로·철도망의 연결은 투자와 인적 교류, 관광의 활성화를 가져왔다. 2011년 7월 중국 지린성과 북한 나선시 정부가 나선 경제특구 계획에 합의한 뒤, 중국의 나선 특구 투자가 급증, 최소 8개의 국유기업이 나선 인프라 건설에 참여했다. 지린국영전력공사는 나선 지역에 전력을 공급하는 데도 합의했다. 중국과 나선의 협력이 깊어지면서 청진에 소재하는 중국 영사가 중국인과 중국 기업의 법적 권리를 보호하는 문제를 해결하기 위해 나선에 정기적으로 출장을 가고 있다. 2012년의 경우 나선 지역에 매일 4천~1만 명의 중국인이 상주하였고, 상점에는 중국 상품이 넘쳤으며, 나선 통화량의 절반 이상이 중국 인민폐였다고 한다. 훈춘 취안허 통상구를 통과하는 중국인의 수가 연간 17만 명에 달했다. 2012년 11월 7일부터는 옌지~나선을 왕복하는 국제정기버스가 운항하기 시작했다. 나선 경제특구에서는 중국 지린성 차량 번호판을 단 자가용 차량을 쉽게 볼 수 있고, 모든 도로의 표지판은 한국어와 중국어, 영어 3개 언어로 표기돼 있다.[88]

교통망 확충은 경제뿐 아니라 군사적 의미도

도로교통망의 확충 덕분에 창지투 지역을 안팎으로 연결하는 다양한 여행 노선이 개발되고 있다. 창지투 동부지역에서는 백두산~옌지 노선, 훈춘~옌지~백두산~둔화(敦化) 황금삼각주 노선은 물론, 훈춘~나선, 훈춘~자루비노(러시아)~블라디보스토크~니가타(일본)~속초(한국)~나선(북한) 등 국경을 넘나드는 노선을 이미 활성화했거나 개발 중이다. 중부지역에서는 창춘과 지린을 중심으로 주변지역을 연결한 여러 개의 노선을, 서부지역에서는 창춘~차간하오터(査干浩特)~샹하이(向海)~아얼산천지(阿爾山天池)와 온천 노선 등 초원과 소수민족 문화유적 여행 노선을 개발하고 있다. 중국은 백두산 부근의 풍경과 조선족 문화, 고구려 역사 유적 등을 활용하고, 북한 및 러시아와의 연결에도 적극적이다.[89] 이에 따라 그동안 주목받지 못했던 중국 동북 3성과 북한의 관광산업이 활성화될 것으로 전망된다.

한편 청진항은 나선 특구에 속하지 않지만, 중국의 두만강 지역 물류 운송 통로 구축의 총체적 전략에 포함돼 있다. 청진항은 나진항에서 남쪽으로 80킬로미터 떨어져 있고 연간 화물하역능력은 800만 톤에 달한다. 이 항구는 중국의 창지투 선도구의 투먼과 북한을 연결하고 바다로 나가는 중요한 관문이 될 수 있다. 2010년 북한 정부는 중국 옌벤자치주가 제기한 '청진항 종합이용 프로젝트'를 국가 주요 전략으로 승격시키고, '투먼·청진 철도수송 협의', '청진항 합작이용 협의', '남양~청진 철도와 청진부두 3, 4호 연결선부두 개조협의'를 체결했다. 3, 4호 연결선부두는 도문(투먼)부두로 명명되고 항구 사용 연한은 15년으로 결정되었다.[90]

중국이 2008년 나진항에 이어 2010년 청진항 사용권까지 확보함으로써 오랜 숙원이었던 '차항출해' 전략이 완성되었다. 중국은 나진항과 청진항 이용권을 확보함으로써 자국 여객선과 화물선을 정박시킬 수 있을 뿐만 아니라, 화물선 보호를 구실로 군함도 기항할 수 있게 되었다. 중국은 이를 통해 동해로 접근하는 미국과 일본의 군사력에 대응할 수 있는 발판을 마련하였다.[91] 또 북한 급변 사태 시 중국군은 곧바로 북한으로 진입하여 나진항을 통해 동해까지 군사력을 투사할 수 있게 되었다.

이처럼 중국의 동북진흥전략을 통한 대북한 교통 물류 인프라의 확충은 경제적 측면뿐만 아니라 군사적으로도 매우 중요한 의미를 지닌다. 교통 인프라는 한반도 유사시 중국군의 북한 진입 통로로 사용될 수 있다. 중국이 창지투 선도구계획을 추진하면서 14개 도로·교량·철도 건설 프로젝트에 160억 위안(약 2조 7천억 원)이란 막대한 정부 예산을 투입한 데는 경제와 군사라는 두 마리 토끼를 잡으려는 목적이 깔려 있었다고 볼 수 있다.

미국 랜드 연구소는 2017년 12월 발표한 『북한의 도발』 보고서에서 한반도 유사시 중국군이 진입할 4개 축선을 제시했다. 이 축선은

△단둥~신의주, △지안~만포, △쑹장허(松江河)~혜산, △허룽~무산 통로다.[92] 이 4개 축선은 앞에서 살펴본 바와 같이 중국이 도로와 철도, 교량 건설에 많은 예산을 투입한 통로다. 중국은 북한 급변 사태 시 이 통로를 이용해 6만~7만 명 수준의 지상군을 투입해 단번에 국경을 넘어 최대 평양 이남의 남포~원산 선까지 진입할 가능성이 있다고 랜드 연구소는 밝혔다. 실제로 2017년 북한의 6차 핵실험 이후 미국이 북한과의 전쟁을 심각하게 고려하였을 때,[93] 중국은 두만강과 압록강 국경지역에 탱크기갑사단과 요격미사일부대 등 총 30만 명 규모의 병력을 증강 배치, 한반도 사태에 개입할 준비를 한 것으로 알려졌다.

이상 살펴본 바와 같이, 북중 국경지대의 교통 인프라는 평화시에는 경제협력과 인적 교류용으로, 유사시에는 군사작전용으로 이용될 수 있다. 중국으로서는 일거양득의 효과를 얻을 수 있는 수단이다. 이를 통해 중국은 핵개발로 느슨해지는 북한과의 혈맹관계를 '결박'하고 대북 영향력을 강화하는 '지렛대(leverage)'를 가질 수 있다. 이는 한·미·일 삼각동맹에 큰 위협이 된다. 이런 점에서 중국의 동북진흥전략은 변방지역의 경제발전 전략일 뿐만 아니라, 한반도를 포함한 동북아에 대한 정치군사적 영향력을 강화하는 복합 전략이라고 할 수 있다.

제7장
북중 경제협력의 이해

1. 북중 경제협력의 특징과 한계

1) 중국 대북 투자의 특징

중국은 지난 20~30년간 북한에 가장 많은 투자를 한 나라다. 이투자는 성공적이었을까?

먼저 중국 대북 투자의 특징을 살펴보기로 한다.

첫째, 중국은 2000년대 들어 동북진흥전략에 따라 막대한 재정적 여력을 바탕으로 정부 차원에서 북중 접경지역의 물류교통망 건설에 대대적으로 투자하여, 두만강 협력에 필요한 배후기지를 건설하였다. 중국은 이를 통해 북중 국경의 인적 교류와 관광, 무역 등 경제협력을 자연스럽게 이끌어 냄으로써, 북한이 꺼리던 정치·안보 문제를 경제문제로 전환하는 새로운 돌파구를 마련했다.

둘째, 중국의 대북 투자는 지속적인 경제발전에 필요한 지하광물 개발에 집중되었다.

한국광물자원공사가 2009년 3월 국회 국정감사 자료로 제출한 '외국기업 북한자원개발 추진현황'에 따르면, 북한은 중국, 일본, 싱가포르, 프랑스, 이집트와 25건의 자원 개발을 진행 중이다. 이 중 중국과의 자원 개발이 20건으로 80퍼센트를 차지했다. 또 중국 대북 투자액의 70퍼센트 이상이 자원 개발에 투입되고 있다. 중국은 북한과 공동 채굴 방식으로 협력을 진행하고 있다.[1] 오픈소스센터에 따르면, 2012년 3월 기준 북한 지하자원 분야 외국 기업 진출 총 89개 사업 중 80개 사업의 추진 주체가 중국인 것으로 조사되었다. 또 2015년 8월 말 기준 지린성 정부의 비준을 획득한 성내 대북 투자 79건 가운데 자원 개발 분야는 19건으로 24퍼센트를 차지했다. 지린성의 북한 자원 개발 분야 투자 비중은 중국의 여타 지역보다 높지는 않지만, 이 성의 대북 투자 1위 역시 자원 개발 분야였다.[2]

2000년대 초반 중국 기업의 대북 자원 개발 투자를 촉진한 요인으로는 북한의 개혁개방에 대한 기대감, 동변도철도의 착공 소식, 지린성 창바이개발구와 북한 대외경제협력추진위원회 간의 경제협력 의향서 등이 지적된다.[3] 지린성은 2010년 이후 대북 투자에서 랴오닝성을 제치고 1위로 부상했다. 이는 루강취 일체화계획과 창지투 프로젝트 등을 통해 대북 경협을 주도한 때문으로 분석된다.

中 대북 투자, 북한 수요보다 중국 필요 위주

셋째, 중국의 대북 투자는 북한의 경제적 수요에 따른 것이라기보다 중국의 경제적 필요와 편의에 따라 이루어졌다. 즉, 중국의 대북 투자는 북한을 '자원 공급지'화하려는 투자에 집중되고 있다. 이에 따라 투자 지역은 중국과 가까운 변경지역, 즉 함경북도와 양강도, 나선 특구과 황금평·위화도 등이 선택되었고, 투자 분야도 천연광물, 건설에 필요한 건자재, 저임금 노동력 활용을 위한 임가공, 중국 상품의 판매를 위한 유통망 등이 중심을 이루고 있다. 이는 북한의 수입에서 광산 개발과 교통 인프라 건설, 단순임가공과 관련된 제품이 대부분을 차지하는 데서 나타난다.

중국의 대 북한 수출 품목도 이러한 자원 개발 투자와 연관된 품목이 주를 이룬다. 가령 화물차·불도저 등 건설용 기계류, 승용차, 전선 및 케이블, 변압기, 광업용 기계류, 버스, 화차, 자전거 부품, 펌프와 압축기, 발전 세트, 철도차량 등이 북한의 주 수입품이다. 북한은 이와 관련된 거의 모든 공산품을 중국에 의존한다.

넷째, 중국은 북한과의 경협에 필요한 금융·에너지·우편 등 서비스 분야에 대해서도 제한적이나마 투자를 하고 있다.

먼저 금융 분야를 살펴보면, 북중은 2010년 12월 "중조 라선경제무역지대와 황금평경제지대 공동개발 총계획요강: 금융정책"이라는 문건을 통해 두 경제지대 내에 단독은행, 합영은행, 기타 금융기구의 설립을 허용하기로 했다. 이어 2012년 8월 훈춘 농촌상업은행과 조선 라선개발금융회사 간에 결산 협력 관계를 체결했다. 훈춘 농촌상업은행은 인민은행으로부터 인민폐 현금 국제운송업무 처리 자격을 획득한 데 이어 2014년 9월에는 외화처리업무 자격도 획득했다. 2013년 1월 18일에는 북한 내 첫 번째 독자 은행인 중화상업은행이 북한 정부의 비준을 받아 설립되었다. 2013년 8월 23일 북경의 쥔링(君領)지주집단이 중화상업은행에 1억 달러를 투자, 지분 60퍼센트를 매입한 뒤 평양에 분점 개설 계획을 발표했다.[4] 이로써 중국·북한 간에 인민폐 계좌 정산 시스템이 구축되어 정부 간 나선특구 공동 개발

사업은 물론, 개인 기업가들의 인민폐 송금과 환금, 예금과 대출 업무도 가능해졌다.

북, 석유류 70% 중국 의존… 전력은 상호 교환

중국과 북한의 에너지 분야 협력도 긴밀해지고 있다. 북한의 연간 석유 수입량은 총 100만 톤 정도로 추산된다. 이 중 중국으로부터의 수입량이 매년 50만 톤 정도로 거의 일정하다. 석유제품 공급량은 매년 10만~15만 톤 정도였다가 2011년 19만 톤으로 크게 늘어난 뒤 2012년 다시 감소세로 반전되었다. 원유와 석유제품을 합한 중국으로부터의 총 수입량은 70만 톤 내외로 에너지의 중국 의존도는 70퍼센트에 달한다. 중국 해관(海關)은 2014년부터 대북한 원유 수출 통계를 공개하지 않고 있다. 최근 몇 년 동안 북한의 자동차 수입이 크게 늘어난 것으로 보아 북한의 석유 수요도 계속 증가하였을 것으로 추정된다. 따라서 공식 통계에 잡히지 않는 석유제품의 비공식적 수입, 즉 밀수가 크게 늘어났을 것으로 예상된다.[5] 미국의 소리 방송에 따르면, 중국은 2018년 8월까지 북한에 정제유 2만 1,690톤을 제공했다고 유엔에 보고하였으나, 미국 등 국제사회는 이처럼 공개된 반입량 외에 밀수나 불법 환적 등의 방법으로 2만 톤보다 훨씬 많은 정제유가 북한에 반입되었을 것으로 추정하고 있다.[6]

중국은 에너지난에 시달리는 북한에 전력도 송전해 주고 있다. 2011년 12월, 중국전력건설집단유한공사 산하 지린성전력유한공사의 위탁으로 지린성 전력감측설계원 전문가들이 수 차례 옌볜 지역과 북한 나선 지역을 현장답사하고 전력 실태를 조사했다. 이들은 나선 지역의 전력망이 낙후돼 있고 설비가 녹슬어, 최고전압이 110킬로볼트(kV)이지만 전력공급 안정성이 매우 떨어지는 것으로 파악했다. 이에 중국은 설비 개조 및 신설을 결합한 "나선 경제무역구 전력 공급방안 연구" 및 전력원 건설을 포함하는 "나선지구 전력공업 장기발전계획"을 완성했다. 또 변전소 측량, 지진 탐측, 송전선 획정 작업을 앞당겨 시행하기로 결정했다. 이어 2013년 1월 31일, 훈춘~나선 동해 66킬로볼트 송전선로 건설 항목에 대한 타당성 연구보고에서 프로젝트 명칭과 투자액(2.88억 위안)을 확정했다. 같은 해 2월 21일부터 지린성 전력감측설계원 소속 선로·측량·지질·수문 기술자들이 공동작업을 개시하여, 대북 송전선로 건설을 위한 중국 측 구간 측량·지질조사를 4월 초 마무리했다. 송전선로의 총길이는 92.5킬로미터로 2013년 말 완공 예정이었으나, 그해 12월 장성택 숙청 파동으로 잠정 중단되었다가 공사가 재개되었다. 이는 중국전력건설집단의 국제화 발전전략에서 중요한 일보(一步)로 평가된다.[7] 중국 측은 그 후 이 송전선로 건설을 완료, 취안허 세관 부근의 송전탑에서 신두만강대교의 전기 공급 라인을 통해 북한에 제한적인 송전을 하고 있다고 한다.[8]

북중 간 에너지 협력의 또 다른 형태는 전력의 공동 생산이다.

압록강은 수량이 300억 세제곱미터이고 상·하류 간 낙차가 2,400미터로 수력발전에 매우 적합하다. 이 강에는 수풍발전소 외에도 윈펑(雲峰), 웨이옌(威延), 웨이펑(威峰), 타이핑완(太平灣) 등의 발전소가 있다. 양국은 압록강의 수자원을 효과적으로 활용하기 위해 '중북수력발전공사 이사회'를 운영하고 있는데, 이 중 윈펑과 웨이옌은 북한에 의해, 수풍과 타이핑완 발전소는 중국 측에 의해 관리되고 있다.[9] 양국은 또한 20여 년의 협상 끝에 2010년 3월 31일 압록강에 왕장러우(望江樓)와 문악(文岳, 중국명 창촨長川) 수력발전소를 건설하기로 합의하고 공사를 시작했다. 왕장러우발전소에는 6억 위안을 중국 측이, 문악발전소에는 5억 위안을 북한 측이 투자하기로 합의했다. 이 공사가 완료되면 총 발전량은 3억 킬로와트시(kWh)에 달한다.[10]

북중 양국의 에너지 협력은 매우 긴밀하다. 가령 북한은 갈수기에 이들 발전소의 발전량이 떨어지면 중국에서 생산한 전기를 차용하고 증수기에 반환하는 일을 반복해 왔다. 북한은 2005년부터 중국 단둥 지역에 전기를 판매하여 외화 수입을 올렸고, 중국은 북한으로부터 전기를 획득하여 북한과의 에너지 협력을 진전시키고 있다.[11] 이런 측면에서 볼 때, 남북한이 통일 후 북한의 에너지난을 해소하고 대 중국 의존도를 줄이기 위해서는 한국 내 원자력발전 능력을 포함한 총전력 생산능력을 미리부터 향상시킬 필요가 있다.[12]

북중의 우편 협력도 진전되고 있다. 2014년 3월 3일 중국의 훈춘과 북한 나선 간에 국제우편로가 정식 개통되었다. 개통식은 당일 오전 9시 훈춘 취안허 출입국사무소에서 거행되었다. 이 우편로가 개통됨에 따라, 그동안 훈춘~북경~평양~나선으로 며칠간 돌아가던 우편물이 1시간여 만에 나선에 도착하게 되었다. 우편물 차량은 매주 2회 출발하며, 업무량 증가에 따라 우편 차량도 늘릴 예정이다. 주요 우편물은 편지와 소포이며, 소포의 내용물은 주로 일상생활용품이다. 요금은 편지 1건에 10위안, 소포 1킬로그램당 2.5위안이다. 이 우편로 개통은 중국의 창지투 프로젝트와 조선 나선 특구 간의 경제무역 왕래의 새로운 발전을 상징한다.[13]

중, 대북 영향력·차항출해 위해 '밑지는 장사'

중국은 또한 북한의 경제난을 덜어 주기 위해 정부 차원에서 대북 관광을 장려하는 정책을 펴 오고 있다.

중국은 2018년 6월 시안(西安)~평양 항공노선을 신설하여 자국인의 북한 관광을 확대하는 조치를 취했다.[14] 중국은 또 2018년 9월 북한 정권 수립 70주년(9·9절)을 맞아 리잔수(栗戰書) 전국인민대표대회 상무위원장을 특별대표로 북한에 보내 대북 관광객 확대 조치를 취했다. 이에 따라 중국의 북한 전문 여행사인 INDPRK 등 업체들은 9월 15일부터 북한 단체관광 상품 예약을 시작했다. 이 조치가 내려지기 전 2018년 8월 초 중국에서 평양으로 들어가는 관광객은 매일 2천여 명에 달해, 북한의 외화 기근 해소에 큰 도움을 주었다. 게다가 시진핑 주석은 2019년 7월부터 정부 공무원은 물론 학교와 유치원의 교사들까지 북조선(북한) 관광에 나서도록 의무화한 것으로 전해졌다.

창지투 프로젝트 결과 중국 지린성과 북한 양강·함경남북도 간 교통 인프라가 획기적으로 개선되고 두 지역이 '일일여행권'으로 변한 것도 관광산업 활성화를 촉진한다. 옌지~나선, 싼허~회령, 옌지~삼지연 관광 노선이 개발되어 중국의 관광버스가 북한으로 곧장 진입하고 있다.

관광은 유엔 대북제재의 '회색지대'여서 관광객 송출은 중국이 북한을 돕는 수단으로 변질되고 있다. 중국의 대북 투자로 중국 동북3성과 북한 접경지역은 '인민폐 경제권' 및 '일일여행권'으로 변모했다. 이러한 변화가 앞으로 북한 주민의 사고와 제도까지 바꿀지도 주목되는 부분이다.

2000년대 초반까지도 중국의 대북 투자는 "생각이 많고 행동이 적으며, 협상이 많은 반면 협상 결과는 적으며, 소규모 투자는 많고 대규모 투자는 적으며, 실패가 많고 성공이 적다"는 인식이 널리 퍼져 있었다.[15] 중국의 대북 투자 기업의 70퍼센트가 실패했다는 보도도 있었다. 하지만 2009년 후진타오 정부가 대북 관여 정책(engagement)으로 전환하면서 대북 투자의 원칙이 달라졌다. 앞에서 지적한 바와 같이, 2010년 8월 후진타오는 방중한 김정일과의 회담에서 '정부가 주도하고, 기업을 위주로 하며, 시장원리를 적용하며, 상호 이익과 윈윈이 되는' 새로운 대북 경협의 원칙을 제시했다.[16] 이는 2005년 1월 원자바오가 김정일을 만나 제기한 '정부 인도, 기업 참여, 시장원리' 원칙에서 한 발 더 나간 것이다. 종전까지 경협은 민간기업 위주로 진행되었으나, 이때부터 중앙 및 지방정부와 국영기업이 주도하는 대형 SOC 프로젝트로 대폭 늘어났다.[17]

북중 경협의 큰 흐름을 보면, 중국은 동북진흥전략을 통해 △먼저 양국 접경지역의 물류 교통 인프라를 연계 확충하고, △그것을 통해 북한 나진항 이용권을 확보하였으며, △그와 함께 북한 자원 개발과 이용, 북한 경제난 완화에 역점을 두었다.

중국 입장에서 북한과의 경협은 정치적 의미를 배제하면 단지 부담에 불과하였다. 왜냐하면 개혁개방 노선을 지속하기 위해서는 한국과의 관계 개선이 중요했기 때문이다.[18] 그럼에도 중국이 큰 실익이 없는 북중 경협을 강력히 추진했던 것은, '북한의 자원 선점, 대북 영향력 강화, 동해 출로 확보'라는 3마리 토끼가 필요했기 때문이다.

이러한 전략에 따라 북중 경협의 확대재생산 구조가 만들어졌고, 분업 구조는 그 외연이 확대되고 심화되는 추세다. 한국의 5·24 조치 이후 남북 경협이 중단되고 북중 경협이 폭발적으로 늘어나면서, 북한은 중국 의존 일변도의 기형적 교역 구조를 가지게 되었다.[19]

2) 북한의 국산화 노력과 한계

북한은 핵·경제 병진 노선을 관철하기 위해 중국 자본을 포함한 외국인 투자 유치에 높은 관심을 보이면서도, 다른 한편으로는 대중 의존도를 줄이기 위한 '국산화 정책'도 추진하였다.

2012년 김정은 체제 출범 후 북한은 중화학공업에 대한 대규모 신규 투자는 줄이면서 기존 투자 프로젝트를 마무리 짓고 생산을 안정화시키는 데 주력했다. 상대적으로 성과를 낼 자신이 있는 에너지, 경공업, 농업, 수산업, 과학기술, 건설 등에 대한 투자를 늘렸다. 또한 최종재뿐만 아니라 자본재도 국산화를 강조하고 있다. 가공식품이나 신발 등을 중심으로 한 소비재와 기계·ICT제조업 등 자본재 부문에서도 제한적이나마 성과가 나타나고 있다.

이에 따라 북한 기업의 생산 역량이 부분적으로나마 복구되고 있으며, 그에 따라 북한산 제품의 시장점유율도 높아지고 있다. 우선 식품가공 등 일부 소비재에서 중국 제품과의 경쟁이 가능한 상품이 증가하고 있다.[20]

김정은, 경공업 소비재 국산화 성과

김정은 시대 국산화 정책이 성공을 거둔 분야는 주로 식품과 의류, 화장품 등 경공업 소비제품 분야이다. 옌벤대학교 림금숙은 2012년과 2017년, 5년 간격으로 평양을 방문하여 북한의 국산화 정책 성과에 대한 목격담을 다음과 같이 소개하고 있다.

> 2012년 필자가 평양 방문시 평양 시내에 있는 주요 상점들을 돌아보았는데, 당시만 해도 상점에 진열된 상품의 70% 정도는 중국산 제품

들이었다. 그러나 2017년 8월 필자가 평양 방문시 평양 제1백화점, 광복지구 상업중심, 칠보산 백화점 등을 돌아보았는데, 평양밀가루 가공공장, 금컵체육인종합식료공장, 운하대성식료공장, 선흥식료공장을 비롯한 많은 식료품공장들에서 리진빵, 밀눈과자, 차, 리진간장, 요드된장, 말린띄운콩, 오미자 사이다를 비롯한 수십가지 식료품들이 매대에 진열되어 있었다. (…) 복장매대도 예전에는 대부분이 중국산 제품이던 것이 현재는 디자인도 최신식이고 원단도 괜찮은 북한산 복장들이 많았다. 2017년 8월 평양 방문시 김정숙 방직공장을 참관하였는데, 이 공장에서는 다양한 봄, 가을 양복천을 개발하고 학생용 가방천과 운동복, 신발을 생산하는데 필요한 그물천 생산공정을 새로 건설하여 원단을 대량 생산하고 있었다. 낭랑봉화피복공장에서 개발한 기능성 내의들은 여러 기능들이 첨부되어 몸에 압박감을 주지 않으면서도 몸매를 날씬하게 유지해줄 수 있게 설계되었고, 그중 스프링, 실내옷, 티셔츠 등의 기능성 내의들은 여성들의 호평을 받고 있다고 한다. (…) 평양 양말공장에서 생산되는 '철쭉'표 양말은 사용자들의 각이한 정서와 신체특성, 나이와 성별에 맞게 만든 것으로 주민들의 호평을 받고있다고 한다. (…) 평양 제1백화점 입구 매대에서는 '봄향기' '은하수' 등 화장품들을 판매하고 있었는데 여성들이 붐비고 있었다. 북한 중앙계량과학연구소에서 개발한 새 기능성 화장품들이 여성들의 호평을 받으며 널리 사용되고 있다고 한다.[21]

이 목격담이 보여 주는 바와 같이, 북한의 국산화가 성공한 분야는 주로 경공업 제품에 집중되어 있다. 식료품, 담배, 화장품, 신발, 섬유제품, 생수 등이 중심이다.

평양화장품공장처럼 국산화에 성공한 기업소들은 대부분 평양, 남포, 함흥, 원산 등 주요 도시에 집결되어 있는데, 그 이유는 전력 사용이 상대적으로 용이하고, 우수 인력이 포진해 있기 때문으로 분석된다. 북한 국산화 과정에서 주목할 점은 일부 기업소들이 국가의 집중적인 지원을 받을 뿐만 아니라 돈주(錢主)들이 자본을 유치하는 방식도 허용하고 있다는 사실이다.

북한에서 국산화라는 용어가 보편화된 시기는 2014년 8월 김정은이 평안남도 남포시의 천지윤활유공장을 방문하여 "원료와 첨가제의 국산화 비중을 높이라"는 지시 이후인 것으로 추정된다. 최근 경제가 악화되면서 북한은 '자력갱생', '주체화', '국산화'의 구호를 더욱 강조하고 있다. 대표적으로 2017년 7월 21일자 〈노동신문〉은 "국산화는 경제 강국의 필수적 요구"라는 기사에서 국산화의 필요성을 호소하고 있다.[22]

북한의 부분적 국산화 성공 요인은 국가의 정책적 중시와 집중 투자, 기업책임제의 실시 효과, 대학과 연구기관의 연구개발, 시장경제 요인과 더불어 북중 경협이 꼽힌다. 2000년대 이후 북한 기업들의 기계설비 교체는 대부분 중국산이었고 방직, 복장, 신발, 식품 등 경공업제품 생산에 필요한 원자재들도 대부분 중국으로부터 수입해 갔으며, 필요한 기술도 중국이 전수해 주었다고 중국 측 연구자들은 지적한다.

그러나 탈북자들 증언에 따르면, 북한 기업들이 중국산 기계설비와 원자재를 수입하는 것은 가격이 싸고 반입이 쉽기 때문이지 품질이 좋아서는 아니다. 북한에는 한국·일본산을 더 고급으로 치는 분위기가 존재한다. 그렇다면 중국산 설비 구입이 곧 북한의 국산화에 기여했다는 주장은 무리가 있다. 오히려 값싼 중국산 제품의 유입이 북

[표 10] 북한 GDP 대비 북중 교역 비중 추이(2005~2018)(단위: 천 달러)

연도	북한 GDP(A)	북중 교역액(B)	B/A(%)
2005	26,637,940	1,581,234	5.85
2006	26,364,710	1,669,604	6.33
2007	26,051,860	1,973.974	7.57
2008	26,859,040	2,787,279	10.37
2009	26,614,980	2,624,608	9.79
2010	26,489,270	3,465,678	13.08
2011	26,700,440	5,629,192	21.08
2012	27,049,730	5,930,542	21.92
2013	27,339,710	6,544,694	23.93
2014	27,624,910	6,363,991	23.03
2015	27,309,300	5,430,000	19.88
2016	28,365,780	5,826,000	20.53
2017	27,377,920	4,979,000	18.18
2018	26,009,020 (추정)	2,431,000	9.34

한의 국산화와 기술 개발을 더디게 하는 측면이 있다. 실제로 북한은 일부 경공업 분야의 국산화에도 불구하고 생산재의 완전한 국산화가 이루어지지 않고 있다. 중국과의 경협을 통한 북한의 국산화 정책이 한계를 가지고 있었던 것이다.

북한은 지난 몇십 년간 '자립경제'를 외쳤지만 사실상 1950~60년 대에는 구소련에, 1980~90년대 이후에는 중국에 의지하며 살아왔 다. 2000년대 이후 유엔 대북제재로 북한이 국제사회와 사실상 단절 된 가운데, 북중 무역과 투자의 증가는 필연적으로 북한 경제의 대

[표 11] 북한의 대중 수출액 상위 품목 추이(2009~2015)

순위	2009년	2010	2011	2012	2013	2014	2015
1위	무연탄	무연탄	무연탄	무연탄 등	무연탄	무연탄	무연탄
2	광물	광물	의류제품	의류제품	철광석	철광석	남성코트
3	의류제품	의류제품	광물	광물	남성코트	남성코트	남성재킷
4	철강	철강	철강	철강	여성재킷	여성재킷	여성코트
5	수산물	수산물	아연제품	의류(편물)	여성코트	여성코트	여성재킷

자료: 한국무역협회, KDI 북한경제리뷰

중국 의존 심화를 불러왔다. 북한의 대중국 무역의존도는 2000년 24.7퍼센트에서 2003년 40퍼센트대를 넘어섰고, 1차 핵실험이 있었던 2006년에는 무역량의 증가(5.6%)에 힘입어 56.7퍼센트로 올라섰다. 또 2차 핵실험이 단행된 2009년 전체 무역량은 소폭(-5.8%) 감소했으나 중국의 비중은 오히려 78.5퍼센트로 늘어났다. 3~5차 핵실험 기간인 2012~16년에도 대중 무역의존도는 상승 곡선을 그어, 2018년에는 95.6퍼센트에 달했다. 게다가 북한은 공산품의 72퍼센트, 외자 유치액의 80퍼센트, 원유 수입량의 90퍼센트(추정)를 중국에 의존하고 있다.

북중 교역이 급증함에 따라, 북한 GDP 대비 북중 교역의 비중도 크게 늘어났다. 표 10에서 보는 바와 같이, 북한 GDP 대비 북중 교역액의 비중은 북한 2차 핵실험이 단행된 2009년까지 10퍼센트선을 밑돌다가, 5·24 조치가 단행된 2010년 13.08퍼센트로 뛰더니, 2011년에는 21퍼센트로 폭등했다. 이는 남북한 교역이 중단되면서 북중 교역이 남북 교역을 대체했기 때문이다. 한국의 대중 무역의존도가 25퍼센트를 넘지만 GDP에서 차지하는 비중은 15퍼센트 수준

[표 12] 북한의 대중 수입액 상위 품목 추이(2009~2015)

순위	2009년	2010	2011	2012	2013	2014	2015
1위	원유, 연료	원유, 연료	원유, 연료	원유 등	석유제품	석유제품	합성직물
2	기계류	기계류	전기기기	기계류	합성직물	합성직물	화물차
3	전기기기	전기기기	기계류	차량부품	휴대전화	휴대전화	석유제품
4	차량	차량	차량, 부품	전기기기	대두유	대두유	대두유
5	플라스틱	플라스틱	합성직물	합성직물	화물차	화물차	휴대전화

자료: 한국무역협회, KDI 북한경제리뷰

(2018)인 점과 비교하면 북한의 대중 의존도를 짐작할 수 있다.

북, 중국과 수십 년 경협에도 자생력 요원

북중 경협에서 북한이 직면한 가장 큰 문제점은 제조업의 경쟁력 향상을 통한 경제의 자생력을 키우지 못했다는 점이다.

앞에서 살펴본 바와 같이, 중국의 대북 투자와 경제협력은 북한 경제와의 깊은 연관성 속에서 이루어지지 못하고 중국의 경제적 필요에 따라 결정되었다. 그 결과 북중 경협 과정에서 북한의 산업 경쟁력은 성장하지 못했다. 이는 양국 간 교역 품목을 통해서도 확인된다. 표 11에서 보는 바와 같이, 2009~15년 사이 북한의 대중 주요 수출 품목에서 무연탄과 철광석 등 광물자원이 차지하는 비중이 여전히 높다. 여기에는 중국이 2016년 친환경정책의 일환으로 국영 광업 기업에 대한 구조조정을 단행, 무연탄 및 철광석 공급이 부족해져 광물 가격이 상승하고 해외 수입이 늘어난 요인도 작용했다.[23]

하지만 그런 점을 감안하더라도 북한의 대중국 수출 중 공산품은 거의 위탁가공 형태의 의류 위주이고 다른 공산품은 찾아보기 어렸다. 2016년의 경우 북한 대중 수출의 72.3퍼센트가 석탄과 의류(석탄 44.8%, 의류 27.5%)였다. 이는 제조업 기반이 무너진 북한으로서는 광물과 위탁가공 의류 외에 달리 외화벌이를 할 만한 수출 품목이 거의 없다는 뜻이다. 북중 경협이 북한 내부의 제조업 육성을 통한 산업 발전을 촉진하지 못했다는 것을 시사한다.

2009~15년 사이 북한의 대중국 수입 품목도 큰 변화가 없다. 표 12에서 보는 바와 같이, 북한의 원유와 연료의 대중국 의존은 여전하며, 기계류, 차량과 부품, 전기기기 제품도 중국에서 주로 수입하고 있다. 이는 자체 제조업이 발달하지 못함에 따라 그동안 수입하던 제품을 대체할 국내 산업이 발달하지 못했다는 의미다. 북한의 중국산 수입 자본재 가운데 제조용 설비가 많지 않다는 점은 북한 내부에서 제조업 분야의 투자가 활발하지 않다는 것을 말해 준다. 중국의 대북 투자가 제조업이 아니라 광산업, 물류업 등에 치우쳐 있음을 시사한다.

북한은 중국에 광물, 수산물 등 1차 생산품과 위탁가공품을 수출하고 기계류와 전기기기, 휴대전화, 자동차 등을 사는 교역 구조가 오랫동안 지속되고 있다. 이와 같이 북한의 대중국 수입과 수출 품목 모두 큰 변화가 없다는 것은 수출산업 육성을 통한 수입 대체나 역수출로 전혀 나아가지 못하고 있는 현실을 반영한다. 이는 북중 경협에서 제조업에 대한 중국의 투자나 기술이전이 거의 이루어지지 않고 있으며, 그 결과 경협이 북한의 산업경쟁력 강화에 도움이 안 된다는 것을 뜻한다.

그 결과 북한의 대중 무역적자는 만성화되었다. 이는 북한 경제의 대중국 의존을 더욱 심화시킨다.

중국 지린성의 경우 1998~2014년 사이 북한으로부터 수입한 품목을 보면 16년 동안 큰 변화가 없다는 것을 알 수 있다. 즉, 어류, 과일, 목재, 광물, 철강 등이 수입의 중심이며, 북한산 공산품은 철강과 의류뿐이다. 북한의 제조업이 건실하게 성장하지 못하여 1차 생산품 외에 수출할 만한 품목이 없음을 말해 준다. 지린성의 대북 10대 수출품 순위를 봐도 기계, 플라스틱, 차량, 전기, 신발, 의류, 의료용품 등으로서 북한의 허약한 제조업을 보완하는 품목 위주이다. 이런 교역 구조가 10년 이상 바뀌지 않고 있다.[24] 북중 경협의 이러한 특성은 한국과 대만, 싱가포르 등이 미국, 유럽, 일본 등 선진국과의 교역을 통해 경공업에서 중공업으로, 다시 전자IT산업으로 제조업을 발전시켜 나간 과정과 대비된다.[25]

중국의 대북 경협과 투자가 북한 내부 경제와 깊은 연관성을 갖지 못하고 북한 제조업의 발전을 추동하지 못하는 원인으로는 다음과 같은 점들이 지적된다.

첫째, 북한에서 기업을 자유롭게 세우고 경제활동을 할 수 있는 제도적 환경이 미흡하다는 점이다. 개도국의 경제발전 과정을 보면, 외자 기업에서 일하던 기술자나 관리자가 새로운 기술과 경영 노하우를 습득하고 자본을 축적한 뒤 그것을 모방해 기업을 창업하여 자체 산업을 일으키는 것이 전형적인 발전 경로였다. 그러나 북한에서는 법적, 제도적, 사회적 조건이 미비하다 보니 중국 기업에서 일하던 북한인이 창업을 하고 싶어도 많은 현실적인 벽에 부딪힌다. 권력을 가진 기관들이 여러 가지 허가권을 미끼로 무역업자나 소규모 공장 경영인들을 착취하는 점도 제조업 발전의 장애물이다.

둘째, 중국의 투자가 광업 부문에 집중되다 보니 북한 국내경제에 대한 파급효과도 매우 제한적이다. 북한 광업 부문의 수익은 정부와 군부 산하 국유기업이 독차지하기 때문에 민간으로 흘러넘치는 데는 한계가 있다. 또한 북한의 제조업과 서비스업 전반에 대한 중국 기업의 활발한 진출과 이에 상응하는 북한 국내 기업의 협력이 일어나야 하지만, 이런 정도의 개혁과 개방이 일어나기까지 북한이 갈 길은 멀다.

셋째, 중국 투자 기업이 북한에서 창출하는 소득증대와 자본축적 효과가 미미하다는 점이다. 중국 기업의 임금 수준이 낮고 그것마저 정부가 일부를 강제로 가져가기 때문에, 개인은 겨우 일가족을 부양할 수 있을 뿐 재투자의 여력은 기대하기 어렵다.[26]

2. 북중 경제협력의 정치적 함의

미국 학자 제임스 라일리는 중국의 대북 경협이 많은 한계에도 불구하고 북한에 '체제 변혁적 영향력(transformational influence)'이 있다고 주장한다. 체제 변혁적 영향력이란, 큰 국가가 작은 국가에 영향력을 행사할 때 경제적 자원을 활용할 수 있도록 의도적으로 경제적 의존관계를 만드는 시도이며, 이를 통해 작은 나라의 제도적 동형화(institutional isomorphism), 협력관계의 강화(deepening cooperation), 행동과 관념의 변화(behavioral and ideational change) 등 세 가지 변화를 이끌어 내는 것이라고 라일리는 설명한다. 그는 북한이 중국의 경제특구 제도를 모방하여 특구법과 제도를 만들고 나진선봉, 황금평 등지에 특구를 조성하였으며, 중국 투자를 적극 끌어들여 광업, 의류업, 유통업, 관광업 등을 활성화하였고, 이를 통해 북한 주민들의 사고방식도 바뀌었다고 지적한다. 북한 주민은 시장경제가 무엇인지, 어떻게 작동하는지, 제조업을 어떻게 관리하는지, 교역의 기준이 무엇인지, 어떻게 거래가 성사되는지를 알게 되었다는 것이다. 또한 북한 내에 시장이 확산되고 있는 것은 자본주의적 움직임의 가장 강한 지표라고 그는 지적한다. 중국의 '체제 변형적 영향력'은 북한과 같이 완전히 고립된 국가에서 더욱 두드러지게 드러난다고 말한다.[27]

하지만 북한의 과도한 중국 의존과 중국의 자원기지화 모델은 북한의 장기적인 경제발전의 관점에서 근본적인 한계를 가지고 있는 것도 사실이다. 만약 북한이 획기적인 개혁개방 정책을 채택해 외국 자본과 기술을 도입하지 않는 채 생산재와 생산기술을 중국에 계속 의존한다면, 북한 경제는 끝내 자생력을 갖추지 못하고 중국 경제의 하위구조로 흡수되고 말 것이다. 북한 경제의 대중 의존도 상승과 취약성 증대는 중국에게는 오히려 '대북 지렛대'의 강화를 뜻한다.

북, 핵 포기 않는 한 대중 경제 종속 불가피

북한이 이런 점을 알면서도 중국과의 경협을 확대하는 것은, 핵 카드를 버리지 않고 대미 협상을 벌이는 데 있어 '중국 보험'이 필요하기 때문이다.[28] 북한은 2018년과 2019년 두 차례 미북 정상회담 이후에도 미국의 대북 경제제재가 풀릴 기미를 보이지 않자, 2020년 노동당 중앙위원회 전원회의 결과 보도문을 통해 '충격적 실제 행동과 새로운 전략무기' 위협과 함께 '자력부강, 자력번영'을 다시 강조하고 핵·경제 병진 노선으로 복귀하는 모습을 보였다.[29] 북한의 '자력갱생' 노선은 경제를 자력으로 헤쳐 나갈 힘이 없는 북한으로서 역설적으로 중국에 대한 의존을 심화시키는 선택일 뿐이다. 자력에 의한 갱생이 아니라 중국의 힘에 의존하는 '중력(中力) 갱생'이라 할 수 있다.[30] 이는 지난 수십 년간 북한이 중국과의 경협을 통해 걸어왔던 길, 즉 중국의 자원공급지화와 중국 상품의 소비지화의 길로 더욱 깊이 빠져드는 길에 지나지 않는다. 이런 점에서 북한이 핵을 포기하지 않는 한 중국의 품에서 벗어나기는 어려울 것으로 보인다.

한편 이러한 견해와 달리, 중국의 대북한 영향력이 제한적이라고 주장하는 연구자도 있다. 오경섭은 중국의 대북한 영향력이 북한을 회담장으로 끌어내고 미북 사이의 이견을 중재하는 등 북한의 전술적 선택에 영향을 미칠 수 있는 정도라고 밝혔다.[31] 또 중국의 북한 문제 전문가들 중 70퍼센트 내외는 "중국이 북한에 대해 영향력을 갖고는 있으나 이를 실제로 사용하기는 쉽지 않다"는 생각을 가지고 있는 것으로 조사되기도 했다.[32]

그럼에도 불구하고 중국의 강화된 대북 '경제 지렛대'는 국제사회의 강력한 대북제재와 결합할 때 기대 이상의 효과가 나올 수 있다. 2018년 초 북한의 극적인 대화 국면 전환이 이를 뒷받침한다.

2017년 트럼프 행정부 등장 이후 미국은 북한에 과거보다 훨씬 강력한 대북제재를 잇따라 가했고 중국마저 이에 가담하자, 북한으로서는 더 이상 견디기 어려워졌다. 2017년 하반기 트럼프 정부는 북한이 대륙간탄도미사일 화성-14형 발사(7월)에 이어 6차 핵실험(9월)까지 단행하자, '코피 작전'을 비롯해 20여 가지 군사 옵션을 검토한 것으로 알려졌다. 미국은 그해 11월 로널드 레이건호, 시어도어 루스벨트호, 니미츠호 등 3개 항공모함 전단을 동해에 배치하고, 북한 지도부와 핵시설에 대한 타격 훈련까지 실시해 전쟁 위기감을 고조시켰다.

시진핑 정부는 북한 김정은 체제를 길들이려는 의도와 함께 미국과의 대립을 피하기 위해 2017년부터 미국 주도의 대북제재에 적극 동참했다. 가장 큰 타격은 트럼프 정부의 강도 높은 압박으로 시진핑이 북한산 무연탄 수입의 62퍼센트를 틀어막는 데 동의한 것이다.

북한 5차 핵실험 이후 유엔 대북제재 2321호(2016. 11. 30)가 채택되자, 중국은 2017년 3월부터 실질적인 제재를 가했다. 그 여파로 2017년 한 해 북한의 수출이 35퍼센트가량 줄었다. 또 2017년 ICBM 발사 이후 가해진 북한 노동자 해외 송출 차단(유엔 대북제재 2371호) 등으로 북한의 외화 수입도 3분의 1가량 감소한 것으로 추정된다. 북한의 6차 핵실험(2017. 9. 3) 이후 대북 정유제품 수출량의 200만 배럴 제한 (2375호), 탄도미사일 발사에 따른 대북 정유제품 수출 한도의 50만 배럴 축소 및 해외 노동자 2년 내 송환(2397호) 등의 조치가 가중되면서, 북한은 외화 수입이 막히고 에너지 상황도 매우 심각해졌다. 이런 제재 효과는 중국의 협조 없이는 기대하기 어려운 결과다.

이와 관련, 북한 경제 문제 전문가인 서울대 김병연 교수는 2018년 언론과의 인터뷰에서 "북한이 국가기관부터 돈이 마르고, 김정은 개인의 외화 수입원도 줄고 있다. 수출 길은 막혔는데 수입은 이전 규모를 유지하고 있기 때문에 외환위기 가능성도 있다"고 지적했다. 그는 또 대북제재안 2397호에 의해 정유제품 공급량이 연간 200만 배럴에서 50만 배럴로 감축됨에 따라, 북한이 트랙터를 돌리지 못하여 식량 생산량도 500만 톤에서 400만 톤으로 20퍼센트가량 감소한 것으로 추정했다. 김정은 입장에서는 이것이 상당히 위협적이며, 앞으로 북한이 예상치 못한 어려움에 직면할 수 있다는 것이다.[33] 김 교수는 "대북제재가 오래전부터 이어져 왔지만, 실효성 있는 제재는 2016년 북한의 4차 핵실험 이후 나온 유엔 안보리의 2321호 결의안부터라고 본다"고 말했다. 즉, 북한 무역거래의 핵인 광물 수출이 막히고 뒤이어 해외 파견 북한 근로자를 통한 외화 수입이 감소하면서 북한이 타격을 입었다는 것이다. 이에 따라 북한의 대중 무역은 2017년 마이너스 14.5퍼센트, 2018년 마이너스 51.4퍼센트로 감소를 보였다. 또 김정은 집권 이후 북한 경제는 연평균 2.5퍼센트 정도 성장하였으나 5, 6차 핵실험 이후 대북제재가 종전과 비교할 수 없을 정도로 강화되면서 2017년 북한 GDP 성장은 전년 대비 마이너스 3.5퍼센트를 기록했다.[34]

2018년 김정은이 6년간의 고립을 깨고 한·미·중과 연쇄 정상회담의 장으로 나오게 된 데는 이상과 같은 강화된 대북 경제제재와 그로 인한 북한의 경제난이 중요한 원인으로 작용했다고 본다. 이 과정에서 북한에 '고통'을 안긴 결정적 열쇠는 중국이 쥐고 있었다. 북한의 대중 무역의존도가 90퍼센트를 상회하는 상황에서 중국마저 북한산 무연탄 수입을 끊는 등 대북제재에 적극 동참하자, 북한으로서는 더 이상 버티기 어려워졌다. 김정은이 대화 국면 전환 이후 채택한 전략 역시 '제재 완화'에 초점이 맞춰진 것을 봐도, 2017~18년 미국이 주도하고 중국이 동참한 대북제재가 북한에 얼마나 고통을 주었는지 짐작할 수 있다.

가령 2019년 2월 하노이 2차 북미 정상회담에서 북한이 가장 강력하게 요구한 것은 '대북제재의 해제'였다. 당시 북한은 유엔 대북제재 총 11건 가운데 5건의 해제를 요구했고, 미국은 이 요구가 사실상 대북제재의 전면 해제나 다름없다며 거절했다. 당시 북한 리용호 외무상은 베트남 멜리아 호텔에서 긴급 기자회견을 열고, "우리가 요구한 것은 전면적인 제재 해제가 아니라 일부 해제, 구체적으로는 유엔 제재결의 총 11건 가운데 2016년에서 2017년에 채택된 5건, 그중에서 민수경제와 인민 생활에 지장을 주는 항목만 먼저 해제하라는 것"이었다고 주장했다. 이들 민생 관련 제재란 바로 북한의 석탄 등 천연자원 수출 제한, 농수축산물 수출 금지, 임가공업 등 대북 합작 사업의 금지, 해외 노동자 파견 금지, 대북 금융제재, 원유 공급량 제한 등으로 사실상 북한의 돈줄을 옥죄는 핵심적 제재 조치들이다. 이런 이유 때문에 미국은 "사실상 대북제재의 전면 해제 요구나 마찬가지"라고 반박했던 것이다.[35]

2018년 초 북한의 급격한 대외전략 변화 요인으로 그동안 지적돼온 것은 주로 6차례의 핵실험을 통한 핵기술의 완성, 2017년 미 트럼프 행정부의 대북 강경 정책인 '화염과 분노' 등이다. 하지만 북한 경제의 과도한 대중국 의존에 따른 취약성과 2017년 국제사회의 강화된 대북제제 및 그로 인한 북한 경제의 급격한 위기도 빼놓을 수 없는 요소라고 필자는 본다.

중, '경제 지렛대'로 북 포용·관리·결박

북한은 지난 수십 년간 중국과의 경제협력 과정에서 제조업 등의 자생력을 갖추지 못했고 구조적으로 중국 경제에 종속됨으로써, 중국의 지원과 협력이 끊기면 생존하기 어려운 허약한 경제 체질로 전락하고 말았다. 반면 중국의 대북 경제 의존도는 너무나 미미하기 때문에 중국은 상대(북한)로부터 아무런 영향을 받지 않고도 북한에 결정적인(fatal) 영향력을 행사할 수 있다. 2017년 중국의 대외무역(4조 1,052억 달러)에서 북한 무역(약 50억 달러)이 차지하는 비중은 0.1퍼센트에 불과했다. 따라서 대중 무역의존도가 90퍼센트를 넘게 된 북한의 김정은 시대는 아버지 김정일 시대보다 중국의 경제제재 카드에 훨씬 취약해졌다. 김정은 정권이 경제적 난관을 돌파하려면, 더 이상 중국에 의존하지 않는 새로운 경제발전 모델을 찾을 수밖에 없는 상황에 이르게 된 것이다. 북한이 중국 의존 일변도의 경제구조를 탈피하고 제조업 경쟁력을 확보하려면, 비핵화에 대한 명확한 약속 위에서 세계 각국 기업의 투자를 유치하고 경쟁시키는 구조를 적극 검토할 필요

가 있다.[36]

북한 내부에는 이를 기대하는 분위기가 있는 것으로 전해지고 있다. 가령 북중 및 남북 간 정상회담이 열린 직후인 2018년 5월 초, 북한 대외경제성 관리의 발언에서 북한 내부의 변화 기대를 읽을 수 있다. 이 관리는 단둥에서 국내 언론과 만나 "유엔의 대북제재가 지속되면 고통이 가중된다. 처음에는 (북한의) 대남·대미 유화정책이 일시적인 조치일 수 있다고 생각했는데, 김 위원장의 파격적인 행보를 보면 과거처럼 다시 돌아설 가능성은 없어 보인다. 북조선 내부의 기득권층 10퍼센트를 제외하고 90퍼센트 인민은 지금의 변화를 좋아한다"고 말했다.[37] 북한 주민의 절대다수가 대남·대미 관계의 개선을 바라고 있다는 얘기다. 이는 지금처럼 중국과의 경제협력만으로는 북한의 발전을 기대하기 어렵다는 인식의 발로이기도 하다. "중국과 협력한 북한은 못사는데, 미국과 수교한 한국은 잘산다"는 얘기가 북한 주민들 사이에서 흘러나오는 것도 이러한 정황을 뒷받침한다.

중국 입장에서 보면, 대북 경협은 북한을 움직이는 훌륭한 지렛대다. 시진핑 정부 출범 후 4년 이상 지속하던 대북 비핵화 압박 정책은 큰 효과를 거두지 못했지만, 대북 경협에 따른 북한의 대중 경제 종속이 오히려 북한을 움직이는 데 성공했다. 중국의 경제 카드는 상황에 따라 북한 정권의 안정을 돕는 '당근'이기도 하지만, 때로는 북한 정권의 숨통을 죄는 '채찍'이 될 수 있다. 이런 점에서 중국의 대북 경협 전략은 비핵화 정책에서 '최저선'을 낮추어 약화된 대북 지렛대를 보완하고, 나아가 총체적인 대북 영향력을 강화하는 절묘한 선택이었다고 할 수 있다.

비핵화 정책과 경협 정책은 중국 대북정책의 두 개 기둥이다. 중국은 이 두 개의 기둥으로 북한을 전통적 혈맹관계의 틀 안에서 '포용, 관리, 결박'하고 있는 것이다. 중국은 '북한 관리'를 통해 한반도와 동북아 지역에서 미일동맹을 견제하면서 장차 대만 문제를 풀어가는 데도 유용한 대미 협상 카드로 활용할 것이다. 중국이 이처럼 유용한 '다목적 카드'를 2000년대 초반 북한의 핵개발이라는 이유로 포기할 이유가 없었고, 앞으로도 없을 것이다. 중국의 대북 포용 전략은 경제협력 정책과 더불어 2020년 이후 더욱 강화될 것이다.

진화하는 북중동맹

중국이 후진타오 시기(2002년 말~2012년 말)와 시진핑 시기(2012년 말 ~현재) 본격적인 핵실험에 나선 북한을 어떻게 다루어 왔는지 살펴보는 것이 이 연구의 목적이다.

2000년대 들어 북한이 핵실험에 돌입함에 따라, 중국은 전례 없는 새로운 도전, 즉 '북핵 딜레마'에 빠지게 되었다. 중국이 '북한 비핵화'를 실현하려면 북한을 강하게 압박해야 하는 반면, '전략적 자산'으로서 북한 카드를 유지하려면 북한 비핵화를 압박할 수 없는 진퇴양난의 상황을 말한다.

북한이 핵실험을 단행하기 전까지 중국은 이런 고민을 할 필요가 없었다. 그러나 2006년 10월 북한의 1차 핵실험 이후부터 상황은 완전히 달라졌다. 중국은 북핵 문제도 해결해야 하고 북한에 대한 영향력도 유지해야 하는 모순적 상황에 빠졌다. 중국은 이 딜레마를 해결하지 않고서는 21세기 동북아에서 한 발짝도 나아갈 수 없는 곤경에 처한 것이다.

이 책은 중국이 이러한 딜레마를 해결하기 위해 북한 비핵화 문제와 대북 경제협력이란 두 가지 측면에서 어떤 선택을 하였는지 살펴보았다.

중, 비핵화보다 북 정권 안정으로 선회

연구 결과, 중국은 2009년 5월 북한의 2차 핵실험을 계기로 대북 비핵화 정책에서 중요한 결정을 내린 것으로 확인되었다. 그것은 '북핵 문제'와 '북한 문제'를 분리하여 '북한 비핵화'보다 '북한 정권의 안정'을 더 중시하는 방향으로 전환한 것이다. 중국은 그전까지는 '북한 비핵화'에 역점을 두었으나 2009년 하반기부터는 김씨 정권의 안정을 더 중시하게 되었다. 중국은 이때부터 '북한 비핵화'를 앵무새처럼 반복하지만 현실에 있어서는 대북제재와 무역 통제의 강도를 조절함으로써 북한 사회의 안정이 유지되도록 지원했다.

다음으로 중국은 2003년부터 중앙 및 지방정부 차원에서 대규모 대북 경협 프로젝트를 추진하였다. 이 시기는 북한의 본격적인 핵도발로 국제사회가 대북 투자와 무역을 축소해 가던 시기였다. 중국은 국제사회의 흐름과 정반대로 후진타오 임기 때부터 '동북진흥전략'과 '루강취 일체화계획', '창지투 선도구계획'을 차례로 입안해, 북중 간 도로·교량·항만 등 사회간접자본 건설과 공업단지 조성사업에 대규모 자금을 투입하였다. 이 경협 프로젝트는 시진핑 정부 임기 중인 2020년까지 이어지고 있다.

이러한 중국의 '행동'은 많은 의문을 불러일으킨다. 중국은 왜 북한의 핵개발이 본격화되는 시점에 대북 비핵화의 우선순위를 낮추고, 핵무기 개발 자금으로 전용될 수도 있는 경제협력 자금을 북한에 투입하였을까? 이 수수께끼를 풀려면 북한 문제를 풀어 가는 '중국 지도부의 의도'를 읽어야 한다. 또 그 의도를 이해하려면 그러한 결정을 내리게 된 동인을 분석해야 한다. 중국의 대북정책은 전체적인 대외전략의 일부분인 동시에, 동북아 전략에서 중요한 부분을 차지하기 때문이다.

이런 관점에서 이 책은 미중관계를 비롯한 중국의 대외 환경 변화와 대북정책 조정 사이에 어떤 상관관계가 있는지를 검토하였다. 그 결과 다음과 같은 두 가지 결론에 이르렀다.

첫째, 미중관계가 협력 지향적이고 대외 변수가 국내 변수에 큰 영향을 미치지 않을 때(후진타오 1기와 시진핑 1기가 이에 해당), 중국은 북한에 비핵화를 압박하면서 '북핵 제지(restraint)'에 힘을 기울였다. 이에 따라 북중관계도 악화되었다. 반면, 미중관계가 대결 지향적이거나 남북한 관계에 큰 변화가 일어나는 등 대외 변수가 국내 변수를 압도할 때(후진타오 2기와 시진핑 2기가 이에 해당), 중국은 북한의 '전략적 자산' 가치를 중시하여, 대북 비핵화 압박을 낮추고 갈등을 봉합·해소하여 '전통적 혈맹관계'를 복원하는 것을 확인하였다. 즉, 중국은 미중관계와 대외 환경의 변화 속에서 국익 극대화를 위해 대북정책, 특히 비핵화 압박 강도를 조정하는 것으로 확인되었다. 이는 북한 비핵화 실현을 위한 중국의 역할에 대한 국제사회의 기대와는 차이가 있는 것이다.

둘째, 후진타오 정부에서 시작되어 시진핑 정부까지 이어진 적극적 대북 경제협력 정책은 북한 경제를 중국에 크게 의존하게 만듦으로써, 중국의 대북 영향력을 강화하는 지렛대가 되었다. 이 경제적 지렛대는 국제사회의 대북제재가 최대로 강화된 2017년 이후 북한이 대화로 나오도록 움직이는 데 큰 힘을 발휘하였다. 따라서 중국의 대북 경협은 중국의 대외전략 입장에서는 대북 비핵화 정책과 모순되거나 무관한 것이 아니라, 북한을 중국의 영향권 안으로 더욱 견인, 결박하는 작용을 하고 있다. 중국의 대북 영향력은 북한의 핵보유로 인해 정치군사적으로는 약화되었으나 경제적으로는 훨씬 강화됨으로써 전체적으로 여전히 가장 큰 대북 영향력을 확보하고 있다.

중, 대미관계 좋을 때 북 압박, 나쁠 때 북 포용

이상 두 가지 결론을 좀 더 구체적으로 살펴보기로 한다.

첫 번째 결론과 관련하여, 후진타오 1기 때를 보면 미중관계는 협력기였다. 당시 중국은 WTO 가입 직후 세계경제 체제에 편입되면서 '조화로운 세계(화해세계)'에서 '평화롭게 부상(화평굴기)'하기를 원했다. 이에 따라 중국은 부시 행정부의 대테러 전쟁에 협력하면서 북핵 문제 해결에도 적극 나섰다. 중국은 6자회담을 통해 북핵 문제를 안정적으로 관리, 해결하는 데 앞장섬으로써 북핵 문제의 '중재자' 역할에 충실했다. 시진핑 1기 때 역시 중국은 미국 오바마 정부와 갈등이 존재하는 가운데서도 전방위적 협력관계를 유지하였다. 중국은 또 국내적으로 '중화민족의 위대한 부흥'이라는 '중국몽'을 목표로 평화로운 대외 환경 조성에 힘썼다.

시진핑의 이러한 목표에 결정적 방해자가 북한의 김정은이었다. 김정은은 시진핑 1기 동안 4회(3~6차)의 핵실험을 단행해 핵무기 기술을 완성하고, 시진핑의 체면을 깎아내렸으며 동북아 평화를 파괴했다.

이 시기 북한의 핵보유국 전략은 인도·파키스탄 모델을 '창조적으로 적용하는 것'이었다. 인도와 파키스탄은 단기간에 핵실험을 연이어 실시한 후 핵실험 중지를 선언하고, 미국·러시아 등 핵보유 5개국이 국제환경 변화(9·11 테러)에 따라 자신들의 핵보유를 인정하도록 만들었다. 이에 북한도 2016년 하반기부터 2017년 말까지 핵무력을 완성한다는 목표로 5차 핵실험(2016. 9)과 6차 핵실험(2017. 9)을 차례로 단행하고, 두 차례 ICBM 발사를 통해 미국 본토 타격 능력을 보유했다고 선언했다.[1]

시진핑은 자신의 취임식 직전에 핵실험을 단행한 북한에 대해 과거보다 강화된 대북제재를 실시하는 한편, 여론전과 접경 군사훈련까지 동원하여 북한 비핵화를 압박하였다. 이 시기 중국은 북핵에 대해 '심판자'가 되고자 했다. 특히 2017년 들어 미국 트럼프 정부의 '최대 압박 정책(Maximum Pressure Campaign)'으로 강력한 대북제재가 실시되자, 시진핑 정부도 이에 발맞추어 북한의 돈줄과 에너지 공급을 강력히 통제하는 조치를 취했다. 북한 김정은은 2017년 하반기 외화 고갈로 경제난에 직면하면서 결국 2018년 초 대화의 장으로 나올 수밖에 없었다. 이처럼 미중관계가 협력적일 때 중국은 북한 비핵화를 위한 압박을 강화하였고, 그에 따라 북중관계도 갈등 단계로 진입하였다.

반면 후진타오 2기와 시진핑 2기는 미중관계의 악화가 중국의 대외전략과 대북정책을 변화시켜 중국의 대북 포용을 강화하게 만들었다. 북중관계도 '혈맹관계'로 복원되었다.

후진타오 2기의 경우, 2008년 미국발 금융위기로 미국 패권 시대의 종언이 예견되자, 중국 정부는 미국적 질서를 넘어서는 '중국적 질서'와 '베이징 컨센서스'를 추구하기 시작했다. 중국의 총체적 대외전략이 변하자, 국경을 접한 유일한 동맹국인 북한을 껴안을 필요성도 커졌다. 이에 중국은 2009년 5월 북한의 2차 핵실험에도 불구하고 '북한 문제'와 '북핵 문제'를 분리하는 결정을 통해 '북핵 딜레마'에서 벗어나고자 했다. 또 대북 경협 프로젝트를 통해 북한을 적극 포용하였다. 이 시기 중국은 북핵에 대해 '방관자'에 지나지 않았다.

시진핑 2기 역시 미중관계의 악화가 중국의 대북정책을 바꾼 시기다. 2018년 3월 미중 무역전쟁이 발발하고 한반도를 중심으로 남북한과 미북 간 정상회담이 추진되자, 시진핑 정부는 1기 때의 북한 압박 정책을 버리고 대북 포용 정책으로 돌변하였다.

중국을 먼저 자극한 것은 한반도 정세 변화였다. 2018년 초 평창 동계올림픽을 계기로 남북 간에 대화의 물꼬가 트이고 그것을 계기로 미북관계에도 변화 조짐이 보이자, 중국은 한반도 문제에서 소외될 것을 우려하며 북한과의 관계 개선을 적극 모색했다. 2018년 3월 22일 트럼프 정부가 대중 무역전쟁을 개시하는 행정명령에 서명한 것과, 그로부터 3일 뒤(3월 25일) 시진핑이 취임 후 5년간 초청하지 않던 김정은을 전격적으로 베이징으로 불러 첫 정상회담을 가진 것 사이에는 상당한 인과성이 있다고 보아야 할 것이다. 시진핑과 김정은은 그로부터 1년 3개월 사이에 5차례나 정상회담을 갖고 혈맹관계를 다졌다. 2018년 이후 북한이 유엔 대북제재로 경제적 어려움을 겪자, 시진핑은 자국 공무원과 교사들에게 북한 여행을 지시, 대북제재를 우회하는 방법으로 김정은을 돕고자 하였다. 또 트럼프와 김정은의 두 차례 미북 정상회담 때 중국은 김정은의 싱가포르행 항공기를 제공하고 하노이행 열차 운행에 많은 편의를 제공하였다. 이처럼 시진핑 2기에 중국은 북핵 문제를 포함해 북한 정권에 대해 '보호자' 역할을 적극 수행하였다.

이상 살펴본 바와 같이, 중국은 미중관계와 대외 환경이 변하자, '전략적 자산'으로서 북한의 가치를 재평가하고 북한 압박에서 북한 포용으로 전환하였다는 것을 확인할 수 있다.

중, 북핵 '바텀 라인'을 '핵보유 용인'까지 하향
그러나 중국이 국제환경 변화에 따라 대북정책을 조정한다 하더라도 중국이 가지고 있는 근본적 취약성, 즉 '북핵 딜레마'가 완전히 사라지는 것은 아니다. 중국은 북한의 핵역량이 계속 강화되는 가운데 오히려 북핵 문제에 대한 자국의 '최저선'만 낮추어 왔다. 그것이 중국의 국익에 이롭다고 보았기 때문이다. 중국은 이를 통해 북한을 포용해 왔다.

중국이 북핵 바텀 라인을 낮추었다는 정부 공식 문건은 지금까지 공개되거나 확인되지는 않았다. 설사 있다 하더라도 비밀로 분류될 것이다.[2] 다만, 중국이 북한과 협상할 때 보이는 태도는 이에 대한 간접적인 증거가 된다. 태영호 전 주영 북한 대사관 공사의 증언록에 따르면, 북중 간에 고위급 대화가 진행될 때 중국은 북핵 문제에 대해 다음과 같이 주장한다고 한다. "핵무기를 당장 철폐하라는 것은 아니다. 일정한 기간 핵을 가지고 있어도 좋다. 하지만 조선의 장기적 목표가 비핵화에 있다는 것을 정책적으로 선언하고 비핵화를 위한 대화 마당으로 돌아와야 한다. 비핵화를 위한 대화에 복귀하기만 해도 조선에 대한 원조를 늘릴 수 있다. 일정한 기간 동안 핵을 보유하면서 미국 등 주변 국가들과 신뢰가 구축되면 점차 핵폐기로 나갈 수 있다고 본다"(강조 인용자). 이에 대해 북한은 중국의 양보를 고마워하기는커녕 오히려 "중국은 핵무기로 사회주의를 지켰다. 전 세계 공산당이 중국의 핵무기 개발에 반대할 때 조선노동당만이 유일하게 중국공산당을 지지했다. 큰 당과 작은 당, 역사가 오랜 당과 짧은 당은 있을 수 있지만, 높은 당과 낮은 당, 지시를 하는 당과 지시를 받는 당은 있을 수 없다. 모든 당은 평등하다. 미국의 핵무기에 핵무기로 대응하려는 것은 조선노동당의 정책이다. 이 정책에 시비를 거는 것은 내정간섭이며 국제공산주의 운동 원칙에도 위반된다"고 반격한다는 것이다.[3]

이러한 양측의 대화를 통해, 중국은 지금까지 '한반도 비핵화'를 앵무새처럼 반복해 왔지만 북한과의 관계를 훼손할 만큼 비핵화를 압박할 생각이 없으며, 사실상 북의 핵보유를 용인하는 수준까지 물러섰다는 것을 짐작할 수 있다. 북한 역시 논리적으로나 실질적으로나 중국의 비핵화 압박에 굴복할 생각이 전혀 없으며, '핵강국의 길'을 흔들림 없이 가고 있다. 따라서 중국의 '북핵 딜레마'도 현재진행형이다.

또 양국 지도자가 오랫동안 만나지 않다가 갑자기 몇 차례 회담을 갖고 우호관계를 과시한다고 해서 반드시 실질적 관계를 보증하는 것인지도 재고해 봐야 한다. 과장된 우호의 과시는 오히려 내면적 부실을 가리기 위한 것일 수도 있다.[4]

중국이 북한을 껴안기 위해 취한 대북정책 조정은 언젠가는 중국에 부메랑으로 돌아올 가능성이 있다. 중국공산당 중앙당교 장롄구이 교수가 경고했듯이, 북한이 완전한 핵보유국으로 등장하는 날 북핵은 중국에 가장 큰 골칫거리가 될 수 있으며,[5] 양국 간에 잠복돼 온 불신과 갈등이 폭발할 수 있다. 그런 점에서 후진타오-시진핑 시기 이루어진 중국의 대북정책 조정은 분명한 한계를 가진다. 겉보기에는 양국 관계가 서로의 이익을 위한 '이와 입술의 관계'지만, 실질적으로는 '립스틱'으로 그 취약성을 감춘 것일 수 있다.

국제사회에 영원한 적도, 영원한 친구도 없다는 '정글의 법칙'은 북중관계에도 적용된다. 냉전 시기 중소 사이에서 줄타기했던 북한은 지금 중국과 미국 사이에서 이익을 저울질하고 있다. 21세기 중국과 북한의 관계 역시 미국을 공통의 적으로 하고 자기들이 추구하는 '현상 변경'의 이익을 위해 상대방을 이용하는 관계가 될 것으로 전망된다. 그 '현상 변경'이란 동북아와 한반도에서 미국의 힘을 밀

[표 13] 장쩌민-후진타오-시진핑 정부의 외교전략과 대북정책 추이

	장쩌민 시기 (1989~2002)	후진타오 1기 (2003~2007)	후진타오 2기 (2008~2012)	시진핑 1기 (2013~2017)	시진핑 2기 (2018~현재)
대내외 환경	미중관계: 파트너십(단, 장쩌민 말기 유고 중국 대사관 폭격 사건) (협력에서 마찰로)	대내: 전략적 발전 기회로 인식 대외: 부시 정부의 테러와의 전쟁 (미중 협력기)	대내: 중화민족주의 대두 대외: 미국발 금융위기, 미국 아시아 회귀 (미중 갈등의 구조화기)	대내: 중화민족의 위대한 부흥 대외: 오바마 정부와의 전방위적 협력 (미중 협력기)	대내: 시진핑 1인 권력 강화 대외: 미중 무역전쟁 (미중 패권 경쟁기)
외교전략	피동적, 수세적 외교 (도광양회)	대미 견제와 균형 전략 (영향력 확대 추구)	공세적 외교, '중국적 질서' 모색 (화평굴기, 유소작위)	신형 대국관계와 아시아 신안보관	강군몽, 인류운명공동체론
대북 비핵화 정책	북미 간 문제로 치부, 불개입	'비핵화 원칙' 위에서 대북 송유관 차단, 6자회담 주도	'북한 문제'와 '북핵 문제'의 분리, 북핵 문제를 후순위로(최저선 하향)	'국제규범'의 적용, 자발적 대북제재	트럼프의 대북제재에 동참
대북 정치적 영향력	下→中下 (한중 수교 여파로 8년 공백 후 3회 정상회담)	中下 (북 1차 핵실험 후 강력 비난. 2004~06년 3회 정상회담)	中上 (북 2차 핵실험 후, 혈맹관계 중시. 2010~11년 3회 정상회담)	中下 (북 4차례 핵실험)	中上 (2018~19년 4회 정상회담)
대북 경제정책	민간기업 중심의 대북 교역	2003년 동북진흥전략, 2005년 루강취 일체화계획으로 대북 경제 연계성 모색	2009년 창지투 프로젝트 추진, 북중 간 SOC에 대규모 정부 투자, 차항출해 성공	창지투 계획 통해 북한과 SOC 연결	금융·에너지 분야로 협력확대
대북 경제적 영향력	下 (북의 대중 무역의존도 24.7%, 2000년)	中 67.1% (2007)	中上 88.3% (2012)	上 89.1% (2013)	上上 95.6% (2018)

영향력 上: 좋음, 中: 보통, 下: 나쁨

어내고 자국 중심의 질서를 구축하는 것이다. 따라서 지금의 북중관계는 슈웰러가 지적한 바와 같이 '현상 변경 국가들의 이익동맹'이라 할 수 있다. 중국이 '늑대'라면 북한은 '자칼'이며, 양국은 '사자' 미국이라는 공동의 적을 두고 각자의 국가이익을 위해 동맹관계를 유지하고 있는 것이다. 북중동맹은 한미동맹이 존재하는 한 그 대척점으로서 계속 유지될 것이다. 또 국제환경과 동북아 정세 변화에 따라 동맹의 형태와 방식도 끊임없이 '진화'할 것이다. 그 진화의 방향은 과거 '군사동맹'에서 '군사·경제 복합동맹'으로 바뀌는 것이다.

장쩌민 시대부터 시진핑 시기까지 중국의 대내외 환경 변화와 대북정책의 상관관계를 간추리면 표 13과 같다.

북, 제조업 못 키우고 원자재 공급지로 전락

다음은 중국의 대북 경협 정책이 비핵화 정책의 한계를 보완한다는 두 번째 결론에 대해 살펴보겠다.

후진타오 정부에서 시진핑 정부로 이어진 동북진흥전략과 루강취 일체화계획, 창지투 프로젝트는 북한의 핵도발로 인해 다른 국가들이 대북 무역과 투자를 축소하는 시기에 본격 추진되었다. 이들 프로젝트는 기획 단계부터 북한과의 경제적 연계성을 강화하는 데 중점이 두어졌다. 또한 중국은 상황에 따라 중앙정부와 지방정부, 기업이 적절히 역할을 분담함으로써, 북한의 경계심을 풀고 소기의 목적을 달성하였다. 이런 점을 종합해 보면 중국의 대북 경협 정책은 단순히 경제적 이익만을 위한 것이 아니라, 대북 영향력 강화와 주변국 견제라는 국가전략적 차원에서 추진되었음을 알 수 있다. 중국은 경협을 통해 북한의 저렴한 광물질 등 원자재를 확보하였을 뿐만 아니라, 북한을 자국 상품의 시장으로 만들었고, 북한을 위안화 경제권으로 편입시켰다.

문제는 북한이 중국과의 오랜 경협에도 불구하고 자체 제조업의 경쟁력은 키우지 못했다는 점이다. 그 결과 북한은 거의 모든 공산품을 중국 시장에 의존하게 되었다. 이는 중국의 대북 투자가 북한의 경제적 수요보다 중국 측 필요에 따라 이루어졌기 때문이다. 이에 따라 김정은 시대에 북한 경제는 아버지 김정일 시대보다 중국 경제에 더욱 의존적이고 취약한 상태가 되었다. 김정은은 이러한 취약성을 알고 '국산화'와 '투자 유치의 다변화' 등을 강조했으나 큰 성과를 거두지 못했다. '핵보유국 등극'을 국가 최고 목표로 내세운 북한으로서는, 거듭되는 핵실험으로 국제사회의 대북제재가 강화되자 어쩔 수 없이 전통 혈맹인 중국에 기대는 것 외에 다른 방법이 없었다. 또한 북한이 한·미·일과 손잡을 경우 밀려들 자유주의와 자본주의 물결이 김정은 일인독재 전체주의 체제를 위험에 빠뜨릴 수 있다는 우려도 자발적 개혁개방을 막고 중국과만 손잡게 한 요인이 되었다.

중국이 가진 '경제 카드'의 힘은 2017년 이후 국제사회의 강력한 대북제재 국면과 맞물려 힘을 발휘했다. 북한의 5, 6차 핵실험 전후 미국 트럼프 정부 주도의 대북 '최대압박 정책'이 실시되고 시진핑 정부도 이에 동참하자, 중국 경제에 생명줄을 대고 있는 김정은으로서는 더 이상 견디기 어려워졌다. 북한의 최대 현금 수입원인 석탄의 수출 길이 막혀 외화가 고갈되고, 정유제품의 수입마저 대폭 감소하여 산업시설과 물류 교통이 멈출 위기에 처하자, 김정은은 2018년 초 한국의 문재인 정부가 내민 대화의 손을 잡았다.

중국은 그동안 "우리는 북한을 움직일 힘이 없고, 북한은 우리 말을 듣지 않는다"며 대북 영향력이 없다고 강조해 왔다. 이는 북중 양국 관계의 속성이긴 하지만, 중국은 마음만 먹으면 경제 카드로 북한을 움직인 사례가 몇 번 있었다. 2003년 후진타오 정부는 단둥의 대북 송유관 밸브를 잠가 북한을 6자회담장으로 나오게 했고, 2017년 시진핑 정부는 트럼프의 유엔 대북제재에 적극 동참하여 북한 경제의 목을 죔으로써 김정은을 대화로 나오게 만들었다.

2018년 북한이 대화로 나오게 된 배경에 대해 물론 다른 시각도 있다. 북한이 핵기술을 완성함에 따라 경제 문제 해결에 나섰다는 분석, 트럼프의 군사 공격 위협에 김정은이 대화로 돌아설 수밖에 없었다는 분석,[6] 미국과 중국의 군사작전 협력 가능성이 김정은을 두렵게 했다는 분석 등이 제기된다.

이러한 요인들이 북한의 태도 변화에 영향을 미친 것은 사실이다. 다만, 그동안 많은 전문가들이 간과했던 점은, 북한의 높은 대중 경제 의존도와 시진핑 정부의 대북제재 동참이 북한의 경제위기를 초래하고, 이에 김정은이 어쩔 수 없이 대화를 선택했을 가능성이다. 북한의 높은 대중국 경제 의존도로 인해 달리 대안을 찾기 어려웠던 김정은에게 2017년 강화된 대북제재에 대한 중국의 동참은 다른 어떤 조치보다 아픈 카드로 작용하였기 때문이다. 따라서 중국의 대북 경협 정책은 북한의 생존을 돕는 '당근'이었지만, 중요한 순간에 비핵화를 압박하는 '채찍'이자 '결박' 요인이 되었다. 중국의 대북 비핵화 압박과 경협 정책은 '중국의 북한 관리'라는 큰 틀 안에서 북한을 움직이는 상호보완적 카드가 되었던 것이다.

중국이 북한 다루는 3가지 수단, 정·경·군

종합하면, 중국이 북한을 다루는 수단은 크게 3가지로 요약된다. 첫째는 정치외교적 지지, 둘째는 공식·비공식의 경제지원, 셋째는 한반도 유사시 개입할 수 있는 군사력이다.

첫째, 정치외교적 수단으로, 중국은 국제 무대에서 북한의 입장을 지지함으로써 '북한 보호국'으로서 국제적 위상과 대북 영향력을 유지하려 한다. 중국이 그동안 북한의 핵개발에 대한 '바텀 라인'을 지속적으로 낮추고, 유엔 대북제재가 논의될 때마다 북한의 입장을 최대한 반영하여 제재 강도를 약화시키려고 한 것은 대북 영향력 확보를 위한 것이었다. 북한 역시 가끔 중국을 험한 언어로 비난하지만, 중국의 정치적 지지 덕분에 국제적 고립을 면하고 있다. 중국의 대북 지지는 미중관계와 동북아 정세 변화에 따라 자국의 전략적 이익을 극대화하고 '현상 변경'을 위해 선택한 결과이다. 중국은 외교 전략 상의 필요에 의해 북한 비핵화 압박 강도를 적절히 조절하는 것이지, 한국과 미국이 "북한 비핵화를 위해 노력해 달라"고 요청해서 움직이는 것이 아니다.

이러한 외교 결정 구조에서 보면, 중국이 북한 문제와 관련해 한국이 원하는 대로 움직일 거라고 기대하는 것은 순진한 생각이다. 또 '중국을 통해 북한을 움직일 수 있다'는 발상 역시 양국 관계에 대한 이해 부족에서 나온 희망 사항일 뿐이다. 핵강국의 길로 매진하는 북한이 중국의 말에 순종하지도 않지만, 중국 역시 자존심 강한 북한을 힘으로 누르려다 양국 관계를 악화시키는 것을 원치 않는다. 중국은 북한이 자신들의 영향권에서 벗어나지 않고 정치경제적으로 중국에 더욱 의존적이 되도록 서서히 옭아매는 데 목적이 있을 뿐이다.

북한 비핵화의 악역은 미국이 맡아 앞장서 주기를 중국은 바란다. 실제로 중국은 갈수록 북한 비핵화를 압박하기는커녕 북의 핵보유를 용인하는 모습을 보이고 있다. 미국 브루킹스 연구소는 2019년 11월 중국이 '북한 비핵화'라는 국제사회의 목표에서 이탈하여 북한의 핵보유국 지위를 인정할 준비를 하고 있다는 보고서를 내놓았다.

브루킹스는 "중국은 북한이 영구적으로 핵을 보유한 현실에 순응하는 모습을 보이고 있다. 미중 협력을 견인하던 북한 비핵화라는 공동의 목표가 사라지고 있다. 중국은 북한 비핵화라는 '허구적 목표'를 유지하면서 실제로는 북한의 핵보유를 용인할 준비가 돼 있다"고 꼬집었다.[7]

결국 중국은 북핵 문제를 근본적으로 해결할 의지가 없고, 북한이 정상적인 국가 체제로 변화하도록 촉진하는 역할도 소극적인 채, 대북 영향력 강화만을 추구하면서 국제사회의 대북제재에 구멍을 내고 있는 것이다.

둘째, 중국의 공식·비공식 대북 경제지원은 사실상 북한의 생명줄을 쥐고 있는 것이나 마찬가지다. 현재 북한은 중국에 대외무역의 95.6퍼센트, 공산품의 72퍼센트, 외자 유치액의 80퍼센트, 원유 수입량의 약 90퍼센트(2017년 이후 추정치)를 의존하고 있다. 중국이 대북 물자 공급을 끊으면 북한 정권의 생존 자체가 어려워진다. 이는 북한이 핵보유국의 길을 걸으면서 스스로 초래한 '대중 의존'의 현실이지만, 다른 한편으로는 중국이 정부 차원에서 조직적이고 체계적으로 대북 경협 프로젝트를 추진해 온 결과이기도 하다.

중국은 북한의 핵보유로 인해 약화된 대북 영향력을 '경협'이라는 수단으로 보완하였고, 그 결과 북한 경제를 좌지우지하는 대북 '결박'의 수단을 확보하였다. 북한이 핵을 포기하지 않는 한, 또 미국이 대북제재를 풀지 않는 한, 중국의 경제 카드는 계속 유효하다. 중국은 '꿩(북한의 천연자원과 소비시장)도 먹고 알(대북 영향력)도 먹는' 이런 카드를 버릴 이유가 없다. 북한 입장에서는 미래를 위해 이러한 중국의 전략을 경계하고 대비할 필요가 있다. 한국 역시 북한이 '위안화 경제권'으로 흡수되는 문제를 깊이 고민하고 대응 전략을 짜내야 한다.

시진핑은 김정은을 도울 수도, 버릴 수도

셋째, 중국의 군사적 수단은 북한 정권을 도울 수도, 버릴 수도 있다는 점에서 김정은에 위협적이다.

중국은 그동안 북한에 장거리 미사일(ICBM) 이동식 발사차량(TEL)과 미사일 유도 위성항법시스템(베이더우北斗) 등을 제공하며 도왔다. 북한의 미사일 능력 향상에 중국의 도움이 들어가 있다는 얘기다. 하지만 동시에 중국은 북중 국경지대에 총 30만 명의 병력을 배치해 북한을 압박한다. 중국은 또한 '자동 군사 개입' 조항이 담긴 우호협력조약도 유지하고 있다.

중국은 북한이 외침을 받는 상황이 아니라 내부에서 문제가 발생하는 경우 개입하지 않을 것이라는 비공식 입장을 밝힌 적도 있다.[8] 그러나 중국은 상황에 따라 이 두 개의 카드를 자기네에 유리하게 적용할 수 있는 나라다. 가령 북한이 한국군이나 미군으로부터 공격을 받을 경우 중국군은 동맹조약에 근거해 당연히 국경을 넘을 것이다. 또 만약 내부 혼란으로 북한 내 중국인의 생명과 재산이 위협받거나, 북한 핵무기가 국외 테러 세력에 흘러갈 위험성이 있을 때, 그리고 북한의 새로운 집권 세력이 한국이나 미국과 손잡을 움직임을 보일 때, 중국군은 적당한 구실을 붙여 국경을 넘을 가능성이 높다. 이런 점에서 김정은에게는 남쪽의 미군 못지않게 북쪽의 인민해방군도 위협적이다. 김일성부터 김정은까지 대중국 불신을 떨치지 못하고 친중파 척결에 나섰던 이유가 여기 있다.

북중동맹은 앞으로도 계속 변할 것이다. 중국의 종합국력이 성장하고 중국의 미국에 대한 패권 도전이 격화될수록, 중국에게 북한의 전략적 자산 가치는 올라간다. 중국의 대북 포용 정책도 강화될 것이다. 이에 따라 김정은 시대는 물론 포스트 김정은 시대에도 중국의 대북 비핵화 압박은 약화되고 대북제재는 더욱 느슨해질 것으로 예상된다. 북한 경제를 중국에 의존하게 만든 중국의 대북 경협 정책 역시 지속적으로 확대되고, 북한의 '위안화 경제권 편입'도 가속화될 것이다. 과거 북중동맹을 묶는 수단이 '군사'였다면 시간이 흐를수록 '경제'의 비중이 커지고 있다.

이러한 변화를 필자는 '북중동맹의 진화(進化)'로 표현하고자 한다. 중국과 북한은 한미동맹이라는 공동의 적이 한반도에 존재하는 한, 자국의 전략적 이익을 극대화하기 위해 특수한 양자관계, 즉 이익동맹 관계의 협력 방식과 내용을 끊임없이 바꾸어 나갈 것이다. 북중동맹은 해체된 것이 아니라 진화 중이다.

한국은 중국을
어떻게 다룰 것인가

우리 민족 5천 년 역사에서 '중국을 어떻게 다루어야 하나?'라는 화두에서 자유로웠던 때는 없었다. 고조선부터 고구려, 발해를 거쳐 통일신라, 고려, 조선에 이르기까지 중국은 한반도의 정치와 문화 전반에 큰 영향을 미쳤고, 때론 우리 민족의 존립을 위협했다. 21세기 지금도 마찬가지다. 우리가 중국을 어떻게 다루어야 할지 알려면, 중국이 한반도를 어떻게 다루는지 먼저 파악해야 한다. 지피지기(知彼知己)가 필요하다.

중국은 긴 역사 속에서 한반도를 자신들의 변방 속국으로 간주해 왔다. 중국은 또 한반도에 대한 통제력을 상실했을 때 자신들에게 큰 위기가 닥쳤다는 역사적 교훈을 갖고 있다. 16세기 말 임진왜란이 명나라의 멸망을 재촉한 것이 대표적이다. 20세기 초 한반도를 점령한 일본 군국주의는 곧이어 만주와 중국대륙을 짓밟았다. 모두 한반도가 발판이었다는 사실을 중국인들은 잊지 않는다. 이러한 역사적 기억 때문에 중국은 한반도를 '자신들의 전략적 이익과 직결되는 요충지'로 간주한다. 한국전쟁을 계기로 한반도 남쪽에 미군이 주둔하게 된 불리한 상황에서도 중국은 과거의 영향력을 회복하기 위한 조치들을 오랜 시간에 걸쳐 꾸준히 진행해 왔다. 한국과의 수교 및 FTA 체결은 이러한 전략에서 출발한 중국의 외교적 선택이었다.

중국의 최종 목표 '한반도를 영향권에'

21세기 들어 '중화민족의 위대한 부흥'이라는 '중국몽'을 내세운 시진핑의 중국은 동아시아에서 미국 중심의 질서를 중국 중심의 질서로 바꾸려 한다. 이 과정에서 중국은 '한반도에 대한 영향력 확보'를 핵심 요소로 간주한다. 한반도를 자기 영향권에 넣지 않고서는 유사시 중국 인민해방군이 마음 놓고 태평양으로 나아갈 수 없기 때문이다. 중국에게 주한 미군은 턱밑을 겨눈 칼과 같다. 그래서 중국의 한반도 외교는 철저히 '남북한에 대한 영향력 강화'에 초점이 맞춰져 있고, 다른 어떤 명분도 이 목표에 우선하지 못한다. 물론 이러한 사실을 중국 정부가 공식 발표하는 일은 없다. 그러나 정부 입장을 대변하는 관변 학자들의 글에서 확인된다. 인민대학 스인훙 교수는 2018년의 글에서 중국의 한반도 정책에 대해 "한반도에 대한 영향력 유지에 유리한지 아닌지가 기준"이라고 밝힌 바 있다.

중국의 대북외교도 이 범주 안에서 움직인다. 중국은 '북한 비핵화' 목표가 자신들의 '대북 영향력 유지'에 방해되면 과감히 그 목표를 버린다. 지난 20년간 중국이 북한핵 문제에 대한 '바텀 라인(저선)'을 끝없이 낮추고 최근에는 북핵을 용인하는 단계에까지 이른 현실이 이를 증명한다. 중국은 '북한 비핵화' 대신 '한반도 비핵화'란 용어를 사용함으로써 주한 미군 철수와 한미동맹 해체까지 겨냥하고 있다. 중국은 또 유엔 대북제재가 자신들의 대북 영향력 유지에 방해되면, 제재 강도를 조절하거나 의무를 회피한다. 가령 민수용과 군수용의 이중 용도 품목(dual-use goods)이 북중 간의 비공식 거래 방식, 즉 밀수 등의 방법으로 북한에 유입되게 놔두거나,[1] 중국 관광객을 대거 북한에 보내 김정은의 외화난을 덜어 준다. 북한의 '달러 박스'인 광물 밀수출도 눈감아 준다. 그뿐만이 아니다. 중국은 2000년대 초부터 '창지투 프로젝트' 같은 대북 경제협력 프로젝트를 본격적으로 추진하여 북한으로 통하는 교통·물류망을 대거 증설해 왔다. 이를 통해 북한을 지하자원 공급지와 중국 상품 소비지로 전락시켜 '위안화 경제권'으로 편입했다. 북한은 이제 중국의 에너지·식량·생필품 공급 없이는 반년도 버티기 어려운 나라가 되었다. 핵을 포기하지 않는 한 북한은 중국 영향권에서 벗어나고 싶어도 벗어날 수 없는 상황이 된 것이다. 게다가 중국이 북중 국경에 배치한 30만 인민해방군은 여차하면 북한 땅으로 밀고 들어갈 기세다.

이러한 다층적 개입 전략으로 중국은 북한 정권의 존속을 돕고 동맹 이탈을 막아 왔다. 2018년 이후 시진핑이 김정은을 5회 연속 만나 '피로 맺어진 우정'을 확인함으로써 양국 관계는 더욱 공고해졌다.

중국의 대북 포용 정책은 북한뿐만 아니라 한반도 전체에 대한 영향력을 키우는 데도 힘을 발휘한다. 그래서 트럼프 미국 대통령은 시진핑과 김정은이 머리를 맞대고 대미 협상 전략을 논의하는 것에 강한 불만을 드러내기도 했다. 미국의 계획을 중국이 방해한다는 의미다. 이로 미루어 볼 때, 북중동맹은 일부 학자들의 주장처럼 해체된 것이 아니라, 형태와 방식을 바꾸어 끊임없이 '진화(進化)'하고 있다. 냉전 시기 양국이 군사동맹이었다면, 21세기에는 '군사·경제 복합동맹'으로 바뀌고 있다. 이와 같은 북중관계의 본질에 대한 이해

위에서 한국의 대중 전략이 논의될 수 있다.

중, '7,500만 자유민주 통일 한국' 용납 못 해

다음으로는 중국의 한반도 미래 전략을 이해할 필요가 있다. 중국은 미래 한반도에 통일된 국가의 출현을 바랄까? 바란다면 어떤 통일을 원할까?

그동안 중국은 공식적으로는 "한반도의 평화적이고 자주적인 통일을 지지한다"고 말해 왔다. '평화'와 '자주'는 매력적인 단어다. 하지만 이 단어를 섣불리 삼켰다가는 가시가 목에 걸린다. 거기엔 한국인이 생각지 못하는 중국의 한반도 전략이 숨어 있다.

'평화'란 '힘(전쟁)에 의한 통일이어서는 안 된다'는 의미다. 또 '자주'란 '외세의 개입이 있어서는 안 된다'는 뜻이다. 중국의 두 단어가 겨냥하는 것은 바로 한미동맹에 의한 통일이다. 만약 북한에 쿠데타나 민중 봉기 같은 급변 사태가 발생할 경우, 한미 연합군이 북진하여 '무력'으로 북한을 제압하는 통일에 대해 중국은 반대한다는 뜻이다. 중국은 이것이 '평화적이고 자주적인 통일'이 아니라고 보는 것이다. 6·25전쟁 때 북한과 함께 무력으로('비평화적') 한국을 점령하려 했던 중국이, 한미동맹 주도의 통일에는 '평화와 자주'를 내세워 반대하고 있다. 또 중국은 단순한 반대를 넘어 무력을 동원해 이를 저지하려 할 것이다.

이러한 입장은 중국 공산당 당보 〈인민일보〉의 자매지인 〈환구시보〉의 보도에서 드러났다. 환구시보는 2017년 4월 22일자 사설에서 "한국과 미국군이 38선을 넘어 지상전을 벌이는 경우 (중국은) 즉각 군사 개입에 나서겠다"고 밝힌 적이 있다. 중국은 이러한 작전에 대비해 압록강과 두만강 국경에 30만 인민해방군을 배치해 두고 백두산 등지에서 수시로 산악 침투 훈련을 벌여 왔다. 북한 유사시 이들 부대를 신속히 북한에 투입하여 북한의 핵·미사일 시설을 장악하고 한미 연합군의 북진을 저지하려는 목적이다. 따라서 "중국은 한반도의 '평화적이고 자주적인' 통일을 지지한다"는 말은 실제로는 '한미 주도의 통일에는 반대한다'는 뜻이 된다. 공산당의 '선전 문구'와 '실제 의미' 사이에는 늘 이와 같은 괴리가 존재한다. 또 자신들이 유리할 때는 원칙과 명분을 무시했다가, 불리해지면 원칙과 명분을 내세워 스스로를 방어하는 사회주의자들의 방식이기도 하다.

중국은 왜 한미동맹 주도의 통일에 반대할까?

중국은 인구 7,500만의 자유민주 통일국가가 한반도에 출현할 경우 장차 중국에 큰 위협이 된다고 본다. 왜냐하면 통일 후 미군의 힘이 압록강과 두만강 접경까지 미칠 경우, 이는 중국에 엄청난 위협이 되기 때문이다. 또 통일된 한국에서 고구려 고토(故土) 회복과 같은 요구가 터져 나오면 중국은 동북 국경에 큰 우환을 안게 된다. 이런 우려 때문에 중국은 한미동맹 주도의 통일을 원천적으로 차단하기 위해 북한 정권을 음으로 양으로 돕는다.[2]

한미동맹 주도의 통일에 반대하는 중국은 어떤 한반도의 미래를 구상하는 것일까? 중국은 진정으로 한반도의 통일을 원하는 것일까?

이에 대해 중국은 구체적으로 밝힌 적이 없다. 그러나 중국 외교부 입장과 학자들의 논문, 중국 언론 보도를 종합하면 그 윤곽이 드러난다. 중국이 원하는 한반도의 미래상은, 한국에 친중 정권이 들어서서 한미동맹을 깨고 중국과 손을 잡은 가운데, 남북한이 대화를 통해 중국에 우호적인 연방통일정권을 세우는 것이다. 중국 학자의 표현을 빌리면, "통일된 한반도가 중국적 질서로 복귀"하는 것이어야 한다.[3] 이는 마치 고려-조선시대 한반도가 중국의 속국이었던 상태로 되돌아가는 것과 같다. '통일된 한반도가 중국적 질서로 복귀'한다는 것은, 통일 단계에서 한반도에 외국 군대나 외국과의 동맹이 존재해서는 안 되고, 통일정부가 반(反) 중국적이어서도 안 된다는 의미다. 왜냐하면 외국 군대(미군)가 남아 있는 한 '중국적 질서'로 복귀할 수 없기 때문이다. 따라서 중국은 주한 미군이 떠나기 전까지는 결코 남북한 통일을 지지하지 않는다.

이러한 중국의 속내를 알고 나면, "한반도 통일을 지지한다"는 중국 정부의 공식 입장이 얼마나 위선적인지를 알 수 있다. 만약 한국의 어떤 정부가 미군 철수를 추진하고 한미동맹을 파기하려 한다면, 이는 곧 중국을 등에 업고 북한과 손잡아 연방제 통일을 하려는 의도로 봐야 한다.

북중의 '자주·평화 통일'이 노리는 것

한국 주도의 자유민주 통일을 받아들일 수 없는 사람은 시진핑 말고도 또 있다. 전체주의 일인독재를 유지하고 싶은 김정은이다. 시진핑과 김정은의 공통된 전략 목표는 한미동맹 주도의 자유민주 통일을 막고 자신들에게 유리한 한반도 환경을 조성하는 일이다. 바꿔 말하면, 한미동맹이 해체되고 미군이 떠난 한반도를 만드는 것이다. 이것이 중국과 북한의 전략적 이익의 교집합이다. 한중이 아니라 북중이야말로 진짜 '운명공동체'이자 '이익동맹'인 것이다.[4]

만약 중국과 북한이 바라는 대로 미군이 떠나고 한미동맹이 깨진 상태에서 '자주적이고 평화적인' 남북통일이 추진되면 어떤 일이 벌어질까?

우선 미국의 든든한 지원을 받지 못하는 한국 정부는 사사건건 중국의 압박에 시달릴 것이다. 사드 기지조차 소신껏 배치하지 못하는 한국 정부는 앞으로 중국이 반대하는 어떤 외교안보 정책도 추진할 수 없게 될 것이다. 미사일이나 잠수함처럼 중국 안보에 조금이라도 위협이 되는 군사력 증강은 베이징의 입김으로 도입 자체가 불가능할지도 모른다.

한미동맹이 해체된 뒤의 한국은 북한 핵미사일에도 취약해질 수밖에 없다. 형식적으로는 남북이 대등하게 대화로 '연방제 통일'을 논의한다고 하겠지만, 실제로는 핵을 가진 김정은 주도로 흘러가게 될 것이다. 스텔스기 등 첨단 무기와 60만 대군을 가진 한국이 총 한 방 쏘지 못하고 김정은 앞에 무릎 꿇는 날이 올지도 모른다. 그런 '연방제 통일'은 진정한 통일이 아니라 사실상 북한에 흡수되는 적화 통일이다. 북한 김정은은 한국민이 해방 후 70여 년간 피땀 흘려 이룩한 부유한 한국과 삼성전자, 포스코, LG화학, 현대자동차 같은 초일류 기업을 일거에 손에 넣게 된다. 이것이 중국과 북한이 원하는 한반도의 미래이며, 김정은이 말하는 '전쟁 없고 외세 개입 없는 자주평화 통일'이다.

따라서 한국민은, 중국과 북한이 추구하는 '자주평화 통일'과 한국민이 꿈꾸는 '자유민주 통일'이 근본적으로 다르다는 점을 명확히 인식해야 한다. 또 중국과 북한 주도의 흡수통일 전략을 저지하기 위해 한미동맹의 강화 등 할 수 있는 지혜와 노력을 다해야 한다.

'중국을 통해 북한을 움직일 수 있다'는 착각

한국은 좋든 싫든 덩치 크고 거친 중국과 이웃해서 살아야 한다. 한반도를 뚝 떼어 유럽이나 남미로 옮길 수는 없다. 한국민은 중국과 평화롭고 사이좋게 지내고 싶어 한다. 그러나 중국은 우리의 소박한 소망과 관계없이, 미국을 상대하는 전 지구적 전략에서 한반도를 다룬다. 이런 전략적 인식의 차이로 인해 중요한 문제가 생길 때마다 한중 간에 갈등이 발생한다. 우리는 여기서 어떤 교훈을 얻을 것인 가?

첫째, 중국은 한반도 문제와 같은 양국 공통의 관심사에서 우리 가 원하는 대로 움직이지 않는다는 사실을 알아야 한다.

중국 지도부의 머릿속에는 한반도의 바둑판이 아니라 대미관계 를 포함한 세계전략 차원의 큰 게임판이 돌아간다. 따라서 한국의 국 익이 중국의 국익과 결코 일치할 수 없다. 만약 한국의 요구 사항이 중국의 국익에 부합하지 않을 경우, 중국은 일 초의 망설임도 없이 거절한다. 예를 들면 2020년 상반기 우한 코로나 바이러스 사태 때 한국은 중국과의 관계를 고려해 중국인의 입국을 막지 않았지만, 중 국은 한국에서 확진자가 늘어나자 자국민에 대한 전파를 우려해 한 국인의 입국을 단호히 차단했다.[5] 중국의 국익 앞에 한국의 요청이나 우호관계는 중요치 않다고 보는 것이다. 중국은 결코 한국의 희망대 로 움직이지 않는다.

둘째, 중국을 통해 북한을 움직일 수 있다는 착각에서 깨어나야 한다.

이런 착각은 북중관계의 실체를 잘 모르는 데서 온다. 그동안 한 국 정부는 중국과 좋은 관계를 유지하면 중국이 북한 문제에서 한국 을 도울 뿐만 아니라 북한에 압력까지 넣을 것이라고 생각해 왔다. 그러나 자존심 강한 북한은 중국이 자신들 문제에 '감 놔라 배 놔라' 하는 것을 매우 싫어한다. 중국 역시 그런 압박이 북한에 통하지 않 는다는 걸 잘 안다. 오히려 양국 관계를 악화시킬까 우려한다. 중국 은 오히려 '북한 끌어안기'를 통한 대북 영향력 확보에만 관심이 있다. 이러한 중국의 기본적 한반도 전략은 김정은 시대는 물론 포스트 김정은 시대에도 변하지 않을 것이다. 북한이 중국의 요청을 받아들이는 것은, 그것이 북한의 국익에 이롭다고 판단될 때뿐이다.

그동안 한국 대통령들은 중국 국가주석을 만날 때마다 "북한 비핵화가 실현되도록 도와달라"고 요청했고 중국 주석은 "그러겠다"고 대답했다. 그러나 요청하는 쪽이나 대답하는 쪽이나 실은 아무 의미 없는 형식적 인사치레를 주고받았다는 것을 알 수 있다. 이러한 북중 관계 앞에서 우리는 여러 차례 좌절한 경험이 있다. 2010년 북한의 천안함 폭침과 연평도 포격 도발 이후 세계 모든 국가들이 북한을 규탄할 때, 중국은 도발 당사자인 북한의 책임을 추궁하기보다 한국과 미국을 향해 '상황 악화 방지'와 '자제'만을 촉구해 한국인의 분노를 샀다.[6] 중국은 유엔 안보리 상임이사국으로서 동북아 평화를 위해 본분을 다하기보다 '북한 포용'을 통한 '영향력 강화'라는 자국 이익에만 충실했던 것이다.

'원칙 있는 외교'만이 중국을 움직인다

그렇다면 한국은 중국을 어떻게 다루어야 할까? 어떤 외교전략으로 중국을 움직일 수 있을까? 나의 생각은 다음과 같다.

첫째, 원칙과 기본으로 돌아가야 한다.

원칙이란 '어떤 나라에 대해서도 우리의 영토와 주권, 자유민주 정치 체제, 인권과 법치의 가치, 국민의 생명과 재산을 지킨다'는 점을 명확히 하는 것이다. 그리고 국가의 '기본'은 국가지도자와 정부, 국민이 행동으로써 이 원칙을 지키려는 의지를 보이는 것이다. 이 원칙과 기본이 무너지면 어떤 나라도 존중하지 않는다. 또 말만 있고 행동이 없으면 누구도 그 말에 귀 기울이지 않는다.

종합국력이 상대적으로 약한 나라일수록 원칙과 명분을 세우는 것이 좋은 외교전략이 된다. 중국은 아시아 패권국을 지향하는 나라로서 국제사회에서 명분을 잃거나 체면이 깎이는 것을 가능한 한 피하려 한다. 한국은 중국이 내세우는 것과 똑같은 원칙과 명분을 내세워 우리 국익을 주장하고 중국을 압박해야 한다.

한국이 활용할 수 있는 외교 원칙으로는 중국이 공식적으로 내세우는 '평화공존 5원칙'이 있다. 이 원칙은 1953년 12월 중국의 저우언라이 총리가 인도 대표단과 티베트 지역의 통상과 교통 문제를 협의하면서 제기한 원칙으로, △주권과 영토의 상호 존중, △상호불가침, △상호 내정 불간섭, △평등호혜, △평화공존을 말한다. 중국은 지금도 이 5가지를 외교의 기본 원칙으로 내세우며 "모든 국가는 평등하다"고 말한다. 물론 중국이 이 원칙을 내세운다고 해서 중국 자신이 모든 나라를 '평등하게' 대하는 것은 아니다. 중국은 자신보다 강한 나라를 상대할 때는 이 '원칙'을 내세워 평등한 대우를 요구하지만, 자신보다 작고 약한 나라를 상대할 때는 원칙을 내팽개치고 힘으로 윽박지르기를 주저하지 않는다. 이런 점에서 중국 외교는 철저히 실리적이다. 국익을 극대화하기 위해 상대에 따라 원칙과 속임수와 협박을 뒤섞어 구사하는 것이 중국의 외교 전술이다.

실례를 들어 보자. 2019년 12월 4일 서울에 온 왕이 중국 외교부장은 한국 강경화 외교장관을 만났을 때 "큰 나라가 작은 나라를 괴롭히는 것에 반대하고, 자신의 힘만 믿고 약한 자를 괴롭히는 것에 반대하며, 남에게 강요하는 것을 반대한다"고 말했다. 여기서 '큰 나라'는 미국을 말한다. 왕이는 한국에 와서 한국의 동맹국인 미국을 비난함으로써 외교적 효과를 극대화하고 한국의 반응도 살펴보려 한 것이다. 그러나 왕이가 이런 말을 하려면, '큰 나라가 작은 나라를 괴롭히는' 전형적 사례인 사드 보복에 대해 먼저 한국에 사과해야 한다. 자기가 불리한 상황에서는 '원칙'을 외면하다가, 필요한 상황이 되면 다시 '원칙'을 꺼내는 것이 중국 외교의 속성이다.

중국이 약한 나라를 무시하는 속성은 전통적 세계관인 '화이 사상'에 뿌리를 두고 있다. 화이 사상이란, '중국은 세계의 으뜸이자 중심이고, 주변국은 미개한 오랑캐'라는 차별적 세계관을 말한다. 외교 업무를 뜻하는 중국의 용어도 과거에는 '이무(夷務, 오랑캐를 다루는 업무)'였다가 '양무(洋務, 서양인을 다루는 업무)'와 '외무(外務, 외교업무)'로 바뀌었다. 이러한 변천 자체가 주변국을 깔보는 중국인의 시각을 상징한다.

중국의 차별적 세계관은 19세기 말~20세기 초 서구 열강의 침략을 받던 시기에는 수면 아래로 가라앉았다가, 21세기 들어 세계 2위의 경제대국으로 부상하자 다시 고개를 내밀었다. 후진타오 정부 때 '화이 사상'은 '신형 대국관계'란 개념으로 나타났다. 중국이 미국, 러시아, 일본, 영국, 독일, 프랑스, 브라질 정도만 자신과 대등한 상대, 즉 대국으로 간주하며, 상호 핵심 이익을 존중하자는 개념이다. 여기에 속하지 않는 국가들은 중국이 '친밀하고(親) 성의 있게(誠) 혜택을 베풀며(惠) 포용하는(容)' 대상으로 간주한다. 즉, 중국이 보살펴 주어야 할 '소국'으로 보는 것이다. 한국은 이 분류에서 후자에 속한다.

최근 중국의 차별적 외교관이 노골적으로 드러난 사례가 있었다. 2020년 1월 14일 구이충여우(桂從友) 스웨덴 주재 중국 대사는 스웨덴 공공방송인 SVT와의 인터뷰에서 중국을 헤비급, 스웨덴을 라이트급 복싱 선수에 비유했다가 호된 비판을 받았다. 그는 스웨덴 국적의 홍콩 출판업자의 중국 연금(軟禁) 문제에 대해 언급하며 "48킬로그램의 라이트급 복싱 선수가 86킬로그램의 헤비급 선수에게 도발하며 불화를 일으키고 있다. 친절과 선의를 가진 헤비급 선수는 라이트급 선수에게 몸조심할 것을 충고한다"고 말했다. "소국 스웨덴은 대국 중국에 대들지 말라"는 협박이었다. 이 방송이 나가자 스웨덴 정부는 "용납할 수 없는 위협"이라며 구이충여우 대사를 외교부로 초치해 강력 항의했다.[7]

자신보다 작은 나라를 쉽게 짓밟는 중국을 상대하려면, 한국은 중국과 똑같은 원칙을 내세워 논리와 명분에서 밀리지 말아야 한다. '호혜평등', '내정 불간섭' 같은 원칙으로 중국의 부당한 압박과 요구를 강단 있게 맞받아쳐야 한다. 또 한국 단독으로 움직이기보다 사정이 비슷한 국가들을 우군으로 모아 공동 대응하는 것이 유리하다.

한국의 '원칙 있고 강단 있는 외교'가 효과를 본 사례가 있다. 중국 어민의 서해 불법 조업에 대한 실탄 단속이다.

중국 어민들은 1992년 한중 수교 이래 오랫동안 서해에 무단 진입하여 해양자원의 씨를 말리는 싹쓸이 조업을 해 왔다. 한국 해경이 단속에 나섰지만 중국 어민들은 칼과 낫, 도끼 등 흉기를 휘두르며 해경의 생명을 위협하고 한국의 법을 비웃었다. 실제로 2008년과 2011년 중국 어민의 흉기에 한국 해경이 사망하는 사고까지 발생했다. 이에 한국 해경은 2016년 10월부터 러시아·북한·필리핀 등의 대응 사례를 참고하여 중국 어선의 선체에 실탄 조준 사격을 가하는 단호한 조치를 도입했다. 중국 어민의 생명은 보호하지만 어선에 흠집을 내 조업을 하지 못하게 하는 강경 조치였다. 이 제도가 도입된 뒤 중국인들의 불법 조업은 크게 줄었다.[8] 중국 정부는 처음에는 한국 정부의 실탄 사격에 강하게 항의했으나, 우리 정부가 중국 어민들의 잔인한 폭력행위와 지속적인 불법 월경 어로에 대한 동영상 자료 등 증거를 제시하자 더 이상 문제 삼지 못했다. 중국 역시 한국 등 외국 어선이 중국 영해에 진입할 경우 곧바로 무력으로 내쫓고 있다.

저자세 외교는 중국의 조롱과 압박만 부른다

둘째, 한국이 특정 외교 사안에서 중국의 협조를 얻겠다고 원칙을 포기하고 저자세 외교를 취하는 것은 어리석은 행동이다.

중국은 북핵 문제, 한미동맹, 주한 미군, 한국의 군사력 증강 등의 문제에서 한국의 전략이익과 근본적으로 다를 수밖에 없다. 이런 중국에 고개를 조아린다고 해서 중국이 한국의 요청을 들어줄 리 만무하다. 오히려 중국의 경멸과 과도한 요구만 부를 뿐이다.

그동안 한국 정부는 중국 외교의 기본 원칙을 이해하지 못하고 중국에 '헛된 기대'를 품어 왔다. 그런 까닭에 중국에 할 말을 제대로 못 하고 많은 국가이익을 포기했다. 예를 들어 우리 기업에 대한 중국 정부의 차별대우와 불이익 조치(가령 한국 자동차 배터리 회사에 대한 차별 정책), 중국 기업의 한국 지적재산권 도용(盜用), 중국 방송사의 한국 프로그램 베끼기, 중국인 불법 체류, 중국 유학생의 한국 내 불법 사업 등에 대해 우리 정부는 제대로 문제 삼지 못했다. 중국의 사드 경제보복에 대해서도 정부는 WTO에 제소하지 않았다. 이유는 한 가지였다. 북핵 문제를 포함한 한반도 문제에서 중국의 협조를 받으려면 중국 지도부를 화나게 해선 안 된다는 단순한 생각 때문이었다. 주권국가로서의 권리와 국격(國格)을 포기한 것이다.

그러나 중국은 '저자세 외교'로 움직일 수 있는 나라가 아니다. 중국은 스스로 원칙을 포기하고 저자세로 나오는 국가일수록 더 짓밟고 거칠게 다룬다. 그렇게 해야 상대국으로부터 더 많은 것을 얻어낼 수 있다고 보기 때문이다.

대표적 사례가 한중 간의 사드 갈등이다. 한국의 사드 배치는 북한의 핵·미사일 위협 앞에서 한국민이 살아남기 위해 취한 자위권적 조치이다. 그런데도 한국 정부는 처음부터 중국에 저자세로 나약한 모습을 보이다 중국의 보복을 부르고 말았다. 사드를 배치할지 말지는 전적으로 한국 정부의 주권 사항이다. 어떤 나라도 이에 대해 '간섭'할 권한이 없다. 왜냐하면 모든 국가는 스스로를 지키기 위해 군사력을 증강할 권리를 똑같이 가지기 때문이다. 중국은 그동안 항공모함을 건조하거나 대륙간 탄도미사일을 배치하면서 한국·일본·러시아 등 주변국의 '동의'나 '허락'을 받은 적이 없다. 그럴 필요가 없기 때문이다.

일본이 2006년과 2013년 아오모리(青森)와 교토(京都)에 미국산 사드 레이더(탐지거리 2천km) 2기를 배치했을 때도 중국은 특별히 문제삼지 않았다. 이 레이더는 중국의 베이징에서부터 허난, 푸젠까지 내륙 깊숙이 감시할 수 있다. 중국은 이에 대응하여 2018년 러시아제 사드 미사일인 S-400 방공미사일을 도입하여 산둥반도 등에 배치했다. S-400 레이더의 탐지거리는 3천 킬로미터로 주한 미군과 주일 미군의 움직임을 손바닥 보듯이 감시할 수 있다. 이런 중국이 일본의 사드 배치에는 침묵하다가 한국의 배치에는 노골적으로 '내정 간섭'을 하고 나선 것이다. 이는 '내정 불간섭'을 내세운 중국의 '평화공존 5원칙'에도 어긋난다.

사드 '첫 단추' 잘못 끼운 박근혜 '3無'

중국이 한국의 사드 배치 반대 이유로 내세운 것은 '사드가 대북용이 아니라 중국 감시용'이란 것이다. 이 주장은 팩트(fact)부터 틀렸지만, 국내의 친중 정치인과 지식인, 언론인 들이 중국 주장에 동조하며 박근혜 정부를 공격했다. 중국은 또 "한국이 사드를 도입하면 미중 전략 싸움에 말려들어 한반도가 전쟁터가 된다"고 위협했다. 중국의 퇴역 장성은 "한국의 사드 기지가 중국 전략미사일의 목표물이 될 수 있다"고 협박했다.

사드가 중국 감시용이라는 중국의 주장은 레이더에 대한 약간의 지식만 있어도 엉터리라는 것을 금방 알 수 있다. 한국에 배치된 사드 레이더는 북한 방향으로 고정된 채 북쪽으로만 전파를 발사한다. 전파의 유효 탐지거리는 600~800킬로미터로서 압록강과 두만강 약간 북쪽까지고 그 너머에 있는 중국군의 움직임은 탐지하기 어렵다. 이러한 사실이 알려지자 중국은 또 "사드 레이더의 방향을 왼쪽으로 약간만 틀어도 베이징과 산둥반도까지 감시할 수 있다"고 말을 바꾸었다. 그러나 이 주장 역시 '가짜 정보'다. 만약 미군이 사드 레이더의 방향을 왼쪽으로 틀면, 하늘에 떠 있는 중국의 수많은 감시 위성이 금방 잡아낼 수 있다. 그뿐만 아니라 중국 산둥반도에 있는 미사일부대의 '전자지원장치(ESM)'는 사드 레이더에서 발사된 전파를 포착하여 그것이 한국에서 발사된 것임을 바로 확인할 수 있다. 다시 말해, 미국이 사드 레이더의 방향을 틀어 중국을 감시하고 싶어도 중국의 첨단 장비에 의해 금방 들통 나기 때문에 '중국용'으로 쓰기 어렵다는 얘기다.

이처럼 사드는 실제로 중국에 위협이 되지 않는다. 한국보다 훨씬 강력한 레이더 감시망을 구축한 중국은 이러한 사실을 잘 알고 있음에도 사드의 위험성을 과장했고, 국내 친중 세력이 이에 동조하면서 논란이 커졌다. 당시 한국에서는 사드 레이더의 전자파가 인체는 물론 농산물에도 위험하다는 유언비어가 난무했다. 사드 기지가 있는 경북 성주의 농산품인 참외가 레이더의 전자파에 노출될 경우 먹을 수 없다는 괴담 때문에 현지 농민들이 큰 피해를 입었다. 그러나 몇 년에 걸친 과학적인 조사 결과, 이는 모두 '가짜 뉴스'로 밝혀졌다.[9] 중국과 친중파들이 만들어 퍼뜨린 거짓 주장에 한국 전체가 놀아난 꼴이다.

중국이 억지 주장을 펴는 것은, 한국 내 여론을 분열시켜 사드 배치를 지연·좌절시키고(이는 상당 부분 성공했다) 그 과정에서 한국과 미국의 갈등을 유발하여 한미동맹을 약화시키는 데 진짜 목적이 있다. 중국 입장에선 '사드 배치 반대'가 한국에 '먹히면 대박이고, 실패해도 손해 볼 것 없는' 외교적 카드였던 것이다. 중국은 '못 먹는 감 찔러나 보자'는 식으로 처음에는 큰 기대 없이 사드 반대를 내걸었는데, 의외로 한국 정부가 제대로 대응하지 못하자 점점 더 압박 강도를 높여 갔고 경제보복까지 단행했다.

사드 배치의 첫 단추는 박근혜 정부가 잘못 끼웠다. 박 정부는 사드에 대해 "(미국의) 어떤 요청도, 협의도, 결정도 이루어진 바 없다"는 이른바 '3무(無)' 태도로 일관했다. 이는 사드 배치에 대한 정부 입장을 애매모호하게 함으로써 중국의 비판의 칼날을 무디게 하려는 의도였다. 하지만 전혀 효과를 거두지 못했다. 북한 4차 핵실험 이후 2016년 7월 박근혜 정부가 사드 배치를 결정하자, 중국 정부는 강하게 반발하며 보복을 해 왔다. '한한령(限韓令)'으로 중국에 투자한 한국 기업에 대한 불이익 조치와 자국인의 한국 관광 금지, 한국 드라마 방송 금지, 연예인 활동 금지 등이 이어졌다.

박근혜 정부 대중 외교의 실책은, '3무'라는 애매한 태도로 중국에 저자세를 보였다는 점이다. 박 정부는 중국의 압박을 피하려고만 하였지, 중국의 압박 자체가 근본적으로 잘못된 내정 간섭이란 점을 강력히 논박하지 못했다. 만약 박 정부가 처음부터 "중국이 우리의 주권 행사에 대해 간섭한다면 양국 관계의 악화를 각오해야 할 것이며, 그 책임은 전적으로 중국에 있다"는 점을 단호히 천명하고 기업 및 국민과 함께 중국의 경제보복에 대응하는 모습을 보였더라면, 중국이 한국을 그렇게 만만하게 보지는 못했을 것이다.

또 박 대통령은 2015년 10월 1일 중국의 '항일전쟁 및 반파시스트 전쟁 승리 70주년 기념식(전승절)'에 참석하면서도 그것을 대중 외교 카드로 활용하지 못했다. 당시 박 대통령은 이 행사에 참석해 천안문 망루에 올랐고, 시진핑과 러시아의 푸틴 등과 나란히 선 장면은 중국 전승절 행사의 위상을 높이고 시 주석의 체면을 세우는 데 일조했다. 그러나 그로부터 한국이 얻어 낸 것은 아무것도 없었다. 4강 대사를 지낸 전직 고위 외교관도 "박근혜 대통령의 천안문 망루 외교는 아무런 대가를 얻어 내지 못한 실패한 외교"라고 평가했다. 중국이 한국에 박 대통령의 행사 참석을 요청해 왔을 때, 양국이 주고받을 외교적 카드를 물밑에서 충분히 논의하고, 그 과정에서 사드 문제에 대한 입장을 정리했어야 했다는 것이다. 당시 박 대통령의 중국행과 관련, 미국과 일본에서는 '한국의 중국 경도(傾倒)'를 우려하는 목소리가 높았다. 동맹국들의 우려까지 뿌리치고 자유민주 진영 지도자로서는 유일하게 사회주의 국가의 행사에 참석하면서 중국으로부터 아무런 반대급부도 받아 내지 못한 것은 한국 대중 외교의 참담한 실패라는 지적이다.

문 정부 '3불'은 을사 이래 최대 외교 참사

문재인 정부 출범 전 야당이었던 더불어민주당은 2017년 초 한중 간 사드 갈등을 대화로 해결할 수 있다는 자신감을 강하게 피력했다. 2017년 1월 송영길 의원 등 더불어민주당 의원단 7명은 베이징을 방문해 중국 외교부 직속의 국제문제연구원 전문가들과 간담회를 가졌다. 그러나 중국 측으로부터 사드 배치의 부당성에 대한 설교만 들었을 뿐 아무런 성과를 거두지 못했다.

2017년 5월 문 정부 출범 직후 이해찬 전 국무총리가 특사로 중국을 방문해 한국 정부의 메시지를 전하고 사드 갈등을 해결하고자 하였다. 그러나 중국의 태도는 싸늘했다. 시진핑 주석 접견 때 중국은 시 주석을 상석에, 이 특사를 아랫자리에 앉힘으로써 한국에 대한 '하대(下待)' 의도를 노골적으로 드러냈다(그전까지 한국 특사는 중국 주석과 옆으로 나란히 앉아 대화를 나눴었다). 시 주석은 또 이 특사에게 "지금 중한 관계는 중요한 단계에 놓여 있다. 문제를 직시하고 역사적 관점에서 매사를 판단하라"며 사드 철회 압박도 늦추지 않았다.

사드 갈등과 관련한 문 정부의 실수는, 대화로 해결할 문제가 아닌 것을 대화로 해결하겠다고 함으로써 중국에 '억지 주장'의 빌미를 준 것이다. 2017년 상반기 중국은 한국으로부터 더 많은 것을 얻어내기 위해 더욱 강경한 태도로 돌아섰다. 그 결과 문 정부는 2017년 10월 중국에 '3불(不) 약속'이라는 굴욕적인 양보를 하기에 이르렀다. 3불이란 문 대통령의 방중을 앞두고 2017년 10월 강경화 외교부 장관이 사드 배치와 관련하여 중국 왕이 외교부장에게 한 약속으로, 한국이 앞으로 ① 사드 추가 배치, ② 한·미·일 군사동맹, ③ 한국의 미국 MD(미사일 방어) 체계 참여 등 3가지를 '하지 않겠다(不)'는 내용이다. 바꿔 말하면, 북한의 핵무력이 더욱 증강되어도 한국은 사드 미사일을 추가로 도입하지 않겠으며, 미국 MD 체계와도 협력하지 않겠으며, 한·미·일 3국의 더욱 심화된 안보 협력을 추진하지 않겠다고 중국에 약속한 것이다. 이로써 중국은 사드 문제를 넘어 한국의 군사정책 전반에 간섭할 수 있는 발판을 마련했다. 한국이 사실상 군사주권을 포기한 것이나 마찬가지다.

이 내용이 알려지자 언론과 전문가들의 격렬한 비판이 쏟아졌다. 외교부 차관을 지낸 고위 외교관(퇴직)은 "우리가 북한 핵위협에 대응하는 미사일 방어망을 갖추는 데 왜 중국의 '허락'을 받아야 하느냐"며 "3불 약속은 을사보호조약 이래 가장 굴욕적인 외교"라고 혹평했다. 을사보호조약은 1905년 조선이 외국 정부와 국제적 성격의 업무를 처리하는 경우 반드시 일본 외무성의 '허락(감리와 지휘)'을 받도록 규정한 조약이다. 이로써 조선은 외교권을 박탈당했다. 문 정부의 3불 약속은 '조약' 수준은 아니지만, 그 성격상 을사보호조약과 마찬가지로 우리의 (군사)주권을 포기한 굴욕적 외교라는 비판이다. 같은 문제의식에서 한국의 전직외교관포럼은 2019년 말 중국 왕이 외교부장이 서울에 왔을 때 "문 정부는 천 년의 교훈을 망각한 친중 정책을 폐기하고, 중국에 대한 '3불 약속'을 조속히 철회하라"고 강력히 촉구했다.

중국은 왜 문 정부에 3불 약속을 강요했을까? 그것은 사드 배치를 계기로 한미 연합군의 군사력이 더욱 증강될 것을 우려했기 때문이다. 북한의 핵무력 강화에 대응하여 한미 연합군이 군사력을 증강하면, 중국의 대 한반도 영향력은 그만큼 약화될 수밖에 없다. 이에 중국은 일찌감치 한국에 족쇄를 채우고자 한 것이다. 중국은 한국이 직면한 북핵 위협은 외면하고, 한반도에서 미국의 군사력 증강만 견제하고자 하였다. '대화를 통한 문제 해결'을 주장해 온 문재인 정부는 '우리가 양보하면 중국도 양보할 것'이라고 보고 군사주권을 침해하는 수준의 '큰 양보'를 했지만, 결과적으로 중국으로부터 얻어 낸 것은 아무것도 없었다. 중국은 문 정부의 '대화 의지'를 역이용하여 경제보복 카드를 쥔 채 '사드의 완전한 철수'까지 요구하고 있다. 중국에 대한 무지와 순진한 기대가 외교 참사를 부른 것이다.

'3불 약속'이 잘못된 외교였음은 2017년 12월 문재인 대통령의 방중 때 명확히 드러났다. 한국 정부는 중국에 해 준 '3불 약속'으로 사드 갈등이 매듭지어질 것으로 기대했으나, 중국의 태도는 전혀 달랐다. 시진핑 주석과 리커창 총리는 지방 출장을 핑계로 문 대통령과의 회담을 미루다 나중에 만났으며, 한국 방문단끼리 '혼밥'을 먹게 하는 외교적 결례도 서슴지 않았다. 또 방문 기간 중 중국 경호진이 한국 기자단을 집단 폭행하고 구두로 짓밟는 사건까지 발생했다. 1992년 한중 수교 이래 한국 대통령의 공식 방문단이 중국에서 이처럼 홀대와 모욕을 당한 것은 처음이었다. 문 정부는 이에 대해 중국에 항의하기는커녕 오히려 "성공적인 외교"라고 자평하는 모습을 보였다.

이처럼 저자세 외교를 지속하자, 중국은 그 후 한국을 더욱 경멸하며 노골적인 요구를 하고 있다. 2019년 하반기 중국은 △미국이 아시아에 배치하려는 중거리 미사일을 한국에 들여와서는 안 되며 △한국이 미국의 인도·태평양 전략에 동참해서도 안 된다고 압박했다. 중국에 대한 저자세 외교는 자칫 '한국은 짓누르면 누를수록 양보하는 나라'라는 잘못된 인식을 심어 줄 수도 있다.

박근혜 정부의 '3무 외교'와 문재인 정부의 '3불 외교'는 '국가주권 수호'라는 기본 원칙을 포기하고 '저자세 외교'를 할 때 중국으로부터 돌아오는 것이 무엇인지를 명확히 보여 주었다. 중국은 서구 선진국처럼 국제법과 외교적 관례를 지키는 나라가 아니다. 목적을 위해서는 언제든지 주먹을 휘두르는 거친 국가다. 중국을 상대로 주권을 포기하면, 돌아오는 것은 멸시와 가혹한 요구뿐이란 것을 우리는 명확히 알아야 한다.

만약 문재인 정부가 앞으로도 북한 문제에서 중국의 도움을 받겠다는 '헛된 기대'를 품고 시진핑 주석의 방한을 위해 저자세 외교를 지속한다면, 중국은 더욱 교활한 전술로 한국의 이익을 짓밟고 양보를 요구할 것이다. 그 결과는 과거 중국의 속국 수준의 국격 추락과 한미동맹 파탄으로 이어질 수 있다. 북한 김정은 역시 중국 앞에서 고개를 조아리는 한국을 더욱 비웃고 함부로 다루려 할 것이다.

한미동맹은 중국이 두려워하는 '전략적 카드'

셋째, 한국이 중국을 움직이려면 우리의 '전략적 가치'를 극대화해야 한다.

한국이 중국에 과시할 수 있는 전략적 가치는 한미동맹에서 온다. 한미동맹은 지금 한국이 가진 최고의 전략적 카드이다. 한미동맹이 있는 경우와 없는 경우 중국이 한국을 어떻게 다르게 다룰지를 생각해 보면 이 카드의 가치를 분명히 알 수 있다.

'전략적 가치'를 적극 활용하여 생존과 이익을 도모하는 대표적인 나라가 북한이다. 북한은 냉전 시기 소련과 중국 사이에서 자신의 전략적 가치를 끊임없이 과시하는 방법으로 생존 공간과 발전 기회를 모색해 왔다. 북한은 중국과의 관계가 악화되면 중국에 저자세를 취하는 것이 아니라, 소련과 밀착함으로써 사회주의권에서 중국을 고립시켰다. 중국 스스로 북한의 전략적 가치를 재인식하고 강경 태도를 철회하도록 만드는 방법이다. 그 반대 경우도 마찬가지였다. 냉전 이후 북한은 중국·한국·미국·일본 사이를 오가며 자신의 전략적 가치를 극대화함으로써 재미를 봤다. 2000년 김정일은 중·한·일과의 연쇄 회담으로 경제난을 극복하고 핵개발을 위한 시간을 벌었다. 2018~19년 김정은 역시 아버지의 외교술을 모방하여 중·한·미와 연쇄 정상회담을 가짐으로써 중국의 태도를 돌려세웠다. 베트남이 중국에 당당할 수 있는 것도, 자국과 싸웠던 미국과 1995년 수교함으로써 언제든지 중국과 결별할 수 있다는 '전략적 카드'를 과시한 덕분이다. 만약 중국이 베트남을 군사적으로 압박한다면 베트남 북부에는 미 해군 기지가 다시 들어설지도 모른다.

아시아에서 중국의 아킬레스건은 미군이다. 미국의 군사력이 중국의 팽창을 저지하고 있기 때문이다. 항공모함 건조 같은 중국의 군사력 증강은 철저히 아시아 주둔 미군을 밀어내는 데 초점이 모아져 있다. 중국은 또 군사력 증강 못지않게 일대일로 프로젝트를 통해 아시아~중동~아프리카~유럽을 잇는 경제물류망을 구축하고 있다. 이것도 미국의 포위망을 뚫는 데 숨은 의도가 있다. 이런 상황에서 한미동맹과 주한 미군은 중국에게 '턱밑의 칼'과 같다. 이는 중국에겐 치명적 약점이 되고, 한국에겐 강력한 안전보장 장치가 된다. 한국이 미국과의 동맹을 버리는 순간, 이 전략적 가치는 사라진다. 한국은 중국이 손쉽게 다룰 수 있는 존재로 전락하고 만다. 실제로 문재인 정부가 출범 직후부터 한미동맹과 한일관계를 지속적으로 약화시키자, 중국은 한국을 존중하는 것이 아니라 오히려 더욱 거칠게 다루고 있다.

중국이 한국전쟁 이래 지금까지 '주한 미군 철수'와 '한미동맹 해체'를 끈질기게 요구하는 것도 한미동맹의 가치를 역설적으로 증명한다. 한미동맹이 중요하지 않다면, 중국이 왜 그렇게 오랫동안 집요하게 주한 미군 철수를 요구하겠는가?

중국에 '아픈 카드'는 거꾸로 한국에는 강력한 '전략적 카드'가 된다. 이것이 냉혹한 국제정치의 세계다. 따라서 한국은 한미동맹이란 전략적 우세를 유지해야 중국에 지속적으로 발언권을 갖는다. 한미뿐만 아니라 한·미·일 3국이 함께 행동하면 중국의 두려움은 더 커질 것이다. 아시아에서 중국의 패권을 견제하고자 하는 나라가 일본이기 때문에 한국은 일본과 협력하는 것이 유리하다.

한국에는 반미 교육 탓으로 한미동맹을 오해하는 사람이 많다. 해방 후 민족통일의 기회가 있었는데, 미국이 남북을 분단시키고 민족 내부의 싸움(6·25전쟁)에 끼어들어 통일을 막았다는 시각이다. 이는 역사적 사실을 왜곡한 거짓 주장이다. 해방 후 한반도에 먼저 진주한 외국 군대는 소련군이었다. 1945년 2월 얄타 회담에서 소련의 대일 참전이 결정되자, 스탈린은 1945년 8월 8일 대일 선전포고를 하고 군대에 한반도 진주를 명령했다. 이에 소련 제25군은 8월 초 함경북도 지역으로 상륙하여 8월 중순 평양 등 한반도 북부에 진주했다.[10] 반면 미군은 대일 전쟁에 전투력을 집중하다 소련군보다 훨씬 늦은 9월 9일에야 한국에 도착했다. 미국이 38선을 획정한 것도 소련군의 한반도 접수를 막기 위한 목적이었다. 만약 당시 미국이 소련군의 진주를 38도선에서 막지 않았다면 소련군은 일본군 해산을 명분으로 부산까지 점령했을 것이고, 한국의 운명도 지금과 크게 달라졌을 것이다.

한반도에 들어온 미군은 한국을 점령하고 지배하려고 하였던가? 전혀 그렇지 않다. 일본군을 해산하고 소련군을 견제하기 위해 1945년 9월 한국 땅에 처음 발을 디딘 미군은 1948년 8월 15일 유엔이 인정한 유일 합법 정부가 한국에 수립되자 그날로 행정권을 대한민국에 이양하고, 이듬해(1949년 6월) 500명의 군사고문단만 남긴 채 한국을 떠났다. 미국은 한국을 점령·지배할 생각이 없었다. 떠났던 미군을 다시 불러온 것은 한국전쟁이었다. 이승만 대통령의 요청과 유엔 결의에 따라 미 지상군 선발대가 부산에 도착한 것은 한국전 발발 일주일 후인 1950년 7월 1일이다.

한국전쟁과 관련, "민족 내부의 전쟁에 미국이 끼어들어 통일을 방해했다"는 주장도 오해와 왜곡이다. 6·25전쟁은 처음부터 민족 내부의 전쟁, 즉 내전이 아니었다. 6·25의 기원과 관련하여 한때 '남침설(북한이 먼저 남한을 공격)'과 '북침설(남한이 먼저 북한을 공격)'이 혼재했으나, 한러 수교(1990년) 이후 러시아가 비밀 문서를 공개함에 따라 이 논쟁은 끝났다. 소련 비밀 문서에 따르면, 한국전쟁은 북한 김일성과 소련의 스탈린, 중국의 마오쩌둥이 사전에 치밀하게 준비하여 개시한 국제전쟁이었다.[11] 전쟁은 시작부터 북한과 중국의 합작품이었다. 북한군의 선두에 서서 38선을 밀고 내려온 부대는 1949년 마오쩌둥이 북한에 파견한 중국 인민해방군 소속 6만 명의 조선족 부대였다. 당시 남한에는 미군 전투부대는 1개 소대도 없었다. 중국은 또 한국전 발발 4개월 만에 45만 명의 대규모 병력을 한반도로 파견했고, 시간이 지날수록 병력 수를 늘렸다. 소련 전투기는 미군의 북진을 저지하며 괴롭혔다. 이런 사실만 봐도 6·25전쟁은 시종일관 국제전이었다. 민족 갈등을 핑계로 강대국을 끌어들여 무수한 동족의 생명을 앗아간 책임은 전적으로 북한 김일성에게 있다. 미국 트루먼 대통령이 극동의 작은 나라에 48만 명의 자국 청년을 보내기로 결정한 것도, 한국전쟁이 남북한의 문제가 아니라 사회주의 3국(북·중·소)의 아시아 공산화 전략이라는 것을 간파했기 때문이었다.

미국은 한국전쟁 3년 동안 3만 6,914명의 젊은이를 한국에서 잃었다. 부상자도 10만 명에 달했다. 만약 북한이나 한국 내 좌파 세력이 주장하는 대로 당시 미군이 한국전에 참전하지 않았더라면, 지금쯤 한국은 지도상에 없고 5천만 한국 국민은 김정은 통치하에 살고 있을 것이다. 좌파들이 '주한 미군 철수'와 '한미동맹 해체'를 지금 마음껏 외칠 수 있는 '자유'도 70년 전 미군의 참전 덕분에 누리고 있는 것이다. 미국은 '한민족의 통일을 방해'한 것이 아니라, 한반도에서 '자유민주주의 국가'를 지켜 주었다. 전쟁을 일으킨 북한의 시각이 아니라, 자유 대한민국의 시각으로 역사를 바라봐야 한다.

'한국 3만 달러' 대 '북한 1,400달러'

"한미동맹과 주한 미군은 미국의 이익만을 위해 존재한다"는 주장도 엉터리다. 1953년 미국은 휴전협정을 하루빨리 끝내고 지긋지긋한 한반도를 떠나고 싶어 했다. 그런 미군을 붙잡아 둔 사람이 건국 대통령 이승만이다. 이 대통령은 한국전쟁 당시 국익을 위해 미군 사령관들이 쩔쩔맬 정도로 빈틈없는 논리와 유창한 영어로 그들을 설득하고 몰아붙인 것으로 유명하다. '외교 천재'로 불린 이승만은 휴전협정을 서두르는 미국을 상대로 반공 포로 석방과 휴전 교섭 파기 위협이라는 벼랑끝 전술(brinkmanship)을 통해 미국으로부터 한미 상호방위조약(군사동맹조약)을 이끌어 냈다. 당시 미국이 전쟁으로 잿더미가 된 극동의 신생 국가로부터 얻을 것은 아무것도 없었다. 반면 한국이 미국으로부터 얻을 것은 너무나 많았다. 한국은 미국의 막대한 경제지원과 군사원조를 받아 비로소 국가건설에 매진할 수 있었다.

1953년 10월 1일 한미동맹조약이 체결되었을 때 이승만은 감격에 겨워 "국민 여러분은 이 조약으로 인해 두고두고 덕을 보게 될 것"이라고 말했다. 그의 예언대로 한국은 그 후 한미동맹 덕분에 놀라운 발전을 이룩할 수 있었다. 만약 한미동맹이 없었더라면 한국은 어떤 현대사의 과정을 밟아 왔을까? 역사에 가정은 없다고 하지만, 북한보다 열악한 경제 상황과 군사능력으로 인해 북한의 위협에 끊임없이 시달렸을 것이다. 1960~70년대 박정희의 경제개발도, 1980~90년대 정치 민주화도 불가능했을 것이다.

현재 한국은 2차 세계대전 후 식민지에서 독립한 나라 중 유일하게 GDP 규모 세계 10위권에 들고 민주화를 이룬 인구 5천만의 나라다. 한국의 1인당 국민소득(33,433달러, 2018년 통계청 KOSIS 기준)은 미국(63,401달러)의 절반을 넘고, 한때 한국을 식민지로 지배한 일본(40,563달러)의 82퍼센트에 달한다. 이는 한미동맹이라는 튼튼한 안보 기반 위에서, 한국 정치 지도자의 강력한 리더십과 국민의 헌신적인 노력, 그리고 미국·일본의 자본, 기술, 시장 제공이 합쳐져 만들어 낸 결과다.

반면 해방 후 중국·소련과 손을 잡은 북한은 지금껏 빈곤의 늪에서 헤어나오지 못하고 있다. 북한의 2018년 1인당 국민소득은 1,400달러(약 160만 원)로 세계 최빈국 수준에 속한다. 이는 중국 국민소득(9,770달러, 2018년)의 7분의 1에 불과하다. 중국은 경제 발전의 과실을 북한과 공유하지 않고 있는 것이다. 오죽하면 북한 경제성 관리들조차 미국과 손잡은 한국을 부러워하겠는가.

한미동맹은 처음부터 미국의 이익이 아니라 한국의 이익을 위해서 체결되었고, 지금도 한국의 이익에 더 크게 기여하고 있다. 만약 언젠가 한국 국민 다수가 미군 철수를 원하면, 미군은 떠날 것이고 한미동맹도 파기될 것이다. 미국은 한국 없이도 아시아에서 일본·호주·인도와의 군사 협력으로 중국을 견제할 수 있다. 미국 입장에서 '한국은 있으면 좋지만 없어도 괜찮은' 존재다. 그렇다면 한국과 미국 중 누가 더 상대를 필요로 하겠는가?

한반도에 영토 야욕 가진 건 미국? 중국?

한미동맹은 한반도에 대한 중국의 영토적 야욕을 저지하는 데도 필수적이다. 미국은 한반도에 대한 영토적 야욕이 없지만 중국은 있다. 장제스 정부의 '한반도 관리 방안' 문건이나 마오쩌둥의 발언에서 보듯이, 중국은 조건만 성숙되면 한반도에 대한 영향권을 다시 회복하겠다는 것이 본심이다. 한중 수교 이후에도 중국 지도부는 한국을 '속국'으로 보는 역사적 관점을 버리지 않고 한반도 전체를 차지하려는 전략을 착착 펴고 있다.

2017년 4월 미국을 방문한 시진핑은 트럼프 대통령에게 "한국은 사실상 중국의 일부였다"고 말했는데, 이는 우연히 나온 말이 아니다. 중국은 그동안 '한중 우호와 협력'이니 '운명공동체'니 '한중은 친척' 같은 아름다운 언어로 양국 관계를 포장해 왔지만, 속마음은 다른 데 있다는 것을 우리는 알아야 한다. 중국의 한반도에 대한 영토 야욕 때문에 북한조차 중국을 믿지 않고 늘 경계한다. 김일성-김정일-김정은 3대가 가장 두려워하는 나라는 미국도, 한국도, 일본도 아닌 중국이다. 한반도에 대한 영토 야욕이 없는 미국은 한국인이 원하면 한반도를 떠날 것이지만, 중국이 다시 한반도를 차지하면 앞으로 천 년 이상 지배하려 들 것이다.

게다가 한국이 지금 누리는 자유민주 정치 체제와 인권과 법치, 종교와 언론의 자유도 그 바탕에는 한미동맹이 있다. 한국은 미국식 정치 제도와 사회 제도, 학문 체계를 도입하였다. 미국은 가난한 한국의 인재들에게 장학금을 제공하며 유학의 기회를 주어 국가 발전에 기여하게 했다. 이 모든 가치와 기회를 누리지 못하는 북한 체제를 보면 한미동맹의 소중함이 더욱 빛난다. 만약 한국이 한·미·일 '남방 삼각 체제'를 버리고 중국·북한과 손잡아 '북방 삼각 체제'에 편입된다면, 그것은 지금까지 한국의 정치경제 발전을 지탱했던 근본적 구조를 파괴하는 일이 될 것이다. 그것은 또한 한국이 한중 수교 이래 중국과 대등하게 교류 협력했던 관계를 버리고, 과거 한민족을 짓눌렀던 봉건적 속국 체제로 되돌아가는 계기가 될 것이다.

이러한 위험성은 1997년 중국으로 귀속된 홍콩의 운명을 봐도 알수 있다. 공산당 전체주의 하에서 홍콩 주민들은 자신들이 오랫동안 누려 온 영국식 민주주의와 법치, 인권, 자유가 얼마나 쉽게 무너지는지 온몸으로 체험하고 있다. 그 좌절을 딛고 홍콩 주민들은 2019년 6월부터 대규모 가두시위를 벌이고 있지만, 중국 공산당의 압박은 점점 거세지고 있다. 중국 공산당 체제는 2019년 12월부터 시작된 코로나 바이러스 확산 과정에서 국내 전문가(리원량李文亮)의 경고를 공권력으로 짓밟았고, 사람 간 전파 위험성을 은폐해 세계 각국으로 확산되는 결과를 빚었다. 공산당은 사람의 생명과 인권보다 공산당의 권력 유지와 체제 안정을 우선한다는 것이 증명되었다. 한국이 장차 홍콩과 같은 상황을 맞지 않으려면 한미동맹을 굳건히 하는 것만이 옳은 방향이다.

기술력·상품 경쟁력 앞서면 중국도 무시 못 해

한국이 중국을 움직이는 네 번째 길은, 과학기술과 상품 경쟁력에서 중국을 계속 앞서는 것이다.

중국은 뭔가 얻어 낼 것이 있는 상대에게는 친절하고 공손하다. 1992년 한중 수교 이후 중국이 한국을 '대등'하게 대했던 기간은 중국이 한국으로부터 배울 것이 있을 때였다. 그 기간은 대략 10~15년 정도였다. 이 기간 중국 각 성(省)의 당서기와 시장들은 뻔질나게 한국을 드나들며 한국 기업의 중국 투자 유치에 열을 올렸다. 그리고 중국에 투자한 한국 기업의 기술과 경영 노하우, 영업판매망을 빠른 시간에 흡수하여 따라잡기 시작했다.

중국이 WTO에 가입하여 대미 수출길이 활짝 열린 2000년대 들어서자, 한국 기업을 대하는 중국의 태도는 달라졌다. 한국 기업에서 더 이상 얻어 낼 것이 없다고 판단한 중국 지방정부는 한국 기업에 대한 면세 혜택을 줄이고, 환경 기준을 까다롭게 적용하고, 기업인의 약점을 잡아 공장 철수를 압박했다. 섬유, 봉제, 액세서리 등 수많은 한국 기업들이 이 무렵 중국에서 쫓겨나다시피 했다. 그리고 그 자리를 중국 기업이 차지해 '메이드 인 차이나' 제품을 미국 시장에 퍼부었고, 한국 제품은 미국 시장 점유율이 크게 떨어졌다.

이러한 한중관계의 변화 과정에서 얻어야 할 교훈은, 한국이 기술과 상품 경쟁력에서 중국보다 우위를 유지해야 하고, 확보한 경쟁력을 중국에 쉽게 빼앗겨서는 안 된다는 것이다. 그러기 위해서 우리는 중국보다 미국, 일본, 독일, 프랑스 등 선진국과의 협력을 강화해야 한다. 또 중국과의 경협 방식도 바꾸어야 한다. 중국 현지에 공장을 지어 시장을 공략하던 방식은 생산과 관리, 판매의 모든 노하우를 노출하기 때문에 피해야 한다. 유럽의 명품 브랜드처럼, 이제는 앞선 기술력과 상품 경쟁력으로 중국인이 제 발로 한국을 찾아와 비싼 값에 사 가도록 만들어야 한다. 또 일본처럼 무역 시장을 다변화하여 대중 무역의존도를 크게 낮춤으로써 경제보복 가능성 자체를 차단해야 한다. 한국은 중국에 수출을 많이 할 생각보다, 선진국과의 협력을 통해 첨단 기술을 더 많이 확보하는 데 힘을 기울여야 한다. 그러면 중국과의 교역은 저절로 따라온다.

한국이 대중 강경 조치를 검토할 때마다 국내에서 터져 나오는 것은 중국의 보복을 우려하는 목소리다. 일부 친중파 정치인과 학자 중에는 이를 부추겨 공포를 조장하는 사람도 있다. 중국의 협박과 보복은 그들의 다양한 외교술의 하나라는 사실부터 이해해야 한다. 서울 주재 한 외국 고위 외교관은 2018년 말 필자에게 "중국의 외교적 압박은 구두 협박부터 무력 보복까지 여러 단계로 나뉘어 있다. 처음 구두 협박에서 밀리면 압박 강도는 점점 강해진다"고 말했다. 중국은 하나의 보따리를 양보해 주면 그것을 당연하게 여기고 다음 보따리까지 내놓으라고 윽박지른다는 것이다. 따라서 중국의 협박과 보복에 대해서는 겁먹을 것이 아니라, 그것을 반박하는 명확한 논리와 명분으로 맞받아치고, 보복 시 정부와 기업의 대비 태세를 미리 갖추는 자세가 필요하다. 또 중국의 부당한 압박을 국제여론화하여 다른 나라들과 공동 대응하는 것이 정공법이다. 이렇게 단호하게 대응하면 중국도 마음대로 하지 못한다.

그동안 한국 정부는 마늘 분쟁, 중국 어민의 서해 불법 조업, 서해 한미 연합훈련, 남중국해 항행의 자유 문제, 우한 코로나 바이러스 발생 시 중국인 입국 차단 문제 등에서 당당히 행동하지 못하고 중국의 눈치를 보거나 압박에 굴복했다.[12] 그것은 '중국을 화나게 해서 우리에게 덕 될 게 없다'는 국가 지도부의 잘못된 생각과 관계 부처의 '알아서 기는' 행동 때문이었다. 경제 규모 세계 10위권의 한국은 더이상 중국을 두려워할 필요가 없다. 중국이 이스라엘 같은 작은 나라를 무시하지 못하는 것은 단호한 정부와 단결된 국민, 그리고 첨단 기술 때문이다.

지중불태(知中不殆), 중국을 알아야 위태롭지 않다

중국을 적대국으로 치부하고 사사건건 대립하자는 얘기가 아니다. 세계에서 가장 큰 시장인 중국을 활용하는 것은 우리 경제에도 필요하다. 하지만 중국의 의도를 정확히 읽고 대처해야 저들의 전략에 말려들지 않고 우리의 국익을 지킬 수 있다는 뜻이다. 또 중국이 강력한 국력을 배경으로 한국에 부당한 요구를 할 때 거기에 무릎 꿇어서는 안 된다는 것이다. 2019년 한일 간 갈등 시기에 한국이 일본의 경제보복에 굴하지 않고 당당하게 대응했던 것처럼, 중국에 대해서도 싸움이 필요할 땐 싸울 각오를 해야 정당한 대우를 받을 수 있다. 중국인들은 1997년 한국의 IMF 외환위기 때 한국인들의 금 모으기 운동에 "놀랍고 존경스럽다"는 반응을 보였다. 그러나 지금 그때처럼 한국을 존경한다는 중국인은 찾아보기 어렵다. 한국 스스로 비굴하고 하찮은 나라가 아니라는 것을 보여 줄 때, 중국도 한국의 존재를 인정하고 존중하게 된다.

한국의 대중 외교안보 전략은 우리 민족의 영원한 숙제다. 이 숙제에 대한 고민과 노력이 부족했을 때 한반도에 위기가 찾아왔다. 약소국이 스스로의 안위를 돌보지 않을 때 참혹한 국난을 당한다는 뼈아픈 역사적 사례가 병자호란이다. 한반도 북쪽에서 만주족(청)의 세력이 급팽창하고 있는데도 조선 조정은 갈등을 해소할 외교적 노력도, 스스로 지킬 군사적 준비도 하지 않았다. 조선 지도자 인조는 군사적 대비를 촉구하는 신하의 충언을 무시했고, 조정 관료들은 무기력한 대의명분에만 매달렸다. 그 결과 청나라 군대가 압록강을 넘어 한양으로 들이닥칠 때까지 한 번도 제지하지 못했다. 그때의 조선은 이미 정상적인 나라가 아니었다. 최명길과 김상헌이 남한산성에서 '주화(主和, 화친을 주장)'와 '척화(斥和, 화친을 배척)'의 논쟁을 벌이기 훨씬 이전에 전쟁의 승패는 판가름나 있었던 것이다. 그런 참담한 실패의 역사를 21세기에 또 되풀이해선 안 된다.

공산당이 통치하는 중국은 여전히 한국에 위협적이다. 중국을 상대하는 일은 결코 쉬운 일이 아니다. 실패한 과거를 되풀이하지 않으려면 중국에 대한 무지(無知)에서 깨어나야 한다. 중국의 한반도 전략을 알아야 우리의 대중국 전략이 힘을 갖는다. 이제는 '저자세 외교'

로 중국의 선처만 기다리는 안이하고 패배주의적인 자세에서 벗어나야 한다. 북한 비핵화가 불가능해지고 중국의 '한국 경시' 외교가 지속될 경우, 한국은 '자체 핵무장'도 적극 검토해야 한다. 우리의 가치와 원칙을 결코 포기하지 않겠다는 당당함과 단호함, 그리고 꾸준한 대비가 있을 때 오히려 중국과 대등하고 건강한 관계 발전을 이룰 수 있다. 지금은 박정희 전 대통령의 '유비무환(有備無患)'의 자세가 필요한 때다. 그랬을 때 한국인이 꿈꾸는 자유민주 통일의 길을 국제사회에 설득하고 중국의 협력을 끌어낼 수 있다.

작은 나라가 큰 나라를 상대할 때는 지도부와 국민, 여와 야가 일치단결해야 한다. 국민의 단결은 국민이 공감하는 외교전략에서 나온다. 우리의 운명을 좌우할 외교안보 전략은 정권을 잡은 몇몇 정치인과 그를 따르는 소수의 외교관, 학자 들이 단기간에 성급하게 결정할 문제가 아니다. 그것은 여야와 좌우를 떠나 전문가의 지혜를 총합해서 결정해야 한다. 그리고 한번 정해진 큰 전략은 정권 교체와 관계없이 일관되게 유지되고 강화되어야 한다. 지금 우리가 사는 이 나라는 자유롭고 민주적이며, 풍요롭고 개방적이며, 인권과 법치가 지켜지고, 개인의 생명과 다양성, 창의성이 존중되는, 세계에서 몇 안되는 나라이다. 만약 우리가 중국의 '위장된 선의(善意)'에 속아 '친중의 길'을 택한다면, 그것은 길이길이 후손에게 고통을 주는 최악의 선택이 될 것이다. 우리 자녀 세대는 중국인에게 머리를 조아리고 그들 밑에서 차별 받으며 일해야 할지도 모른다.

앞으로 수년간은 미중 패권 경쟁이 격화되고 중국의 한국 압박이 거세지면서 한국의 운명에 중대한 고비가 될 것으로 예상된다. 2019년 말 발생해 2020년 상반기에도 계속되고 있는 중국 우한발 코로나 바이러스는 국제질서에 큰 변화를 몰고 올 것이다. 미중 갈등은 신(新) 냉전으로 치닫고, 글로벌화 추세는 약화될 것이다. 세계 각국은 '각자도생'의 길로 들어설지도 모른다. 2020년 4월 불거진 북한 김정은의 건강 이상설도 한반도 불안 요소 중 하나다. 이런 시기에 한국이 어떤 외교안보 전략을 추진해 나가느냐에 따라 우리의 미래가 결정될 것이다.

우리는 중국에 대한 환상도, 두려움도, 과도한 기대도 가질 필요가 없다. 우리는 중국의 사드 경제보복을 4년째 받고 있지만 중국의 힘에 쉽게 휘둘리지 않을 만큼 강하다는 것을 확인했다. 우리가 중국의 실체와 북중관계의 본질을 정확히 읽고, 한미동맹과 한·미·일 삼각협력 체제 위에서 지혜로운 외교를 펼친다면 한중관계를 더욱 건강한 발전 궤도 위에 올려놓을 수 있다. 그것을 바탕으로 실타래처럼 얽힌 남북 문제도 해결의 실마리를 찾을 수 있을 것이다. 손자(孫子)의 교훈대로, '상대를 알고 나를 알면 백 번 싸워도 위태롭지 않다(지피지기, 백전불태知彼知己, 百戰不殆)'.

서론__'북중(北中)관계' 알아야 '남북문제' 풀린다

1   북한 김정은은 2018년 7월 27일 정전협정 체결 65주년을 맞아 평안남도 회창

군 중국 인민지원군 열사능원을 방문한 자리에서 "우리가 생사존망의 엄중한

형편에 처했을 때 목숨으로 정당한 위업을 수호하고 붉은 피로 평화를 이룩해

낸 중국 동지들의 위훈은 우리 인민의 가슴속에 깊이 남아 있을 것"이라며 "조

선 인민은 예나 지금이나 중화인민공화국과 같은 믿음직한 **형제의 나라**, 위대

한 벗을 가지고 있는 것을 긍지스럽게 생각하고 있다"고 말했다(조선중앙통신

2018. 7. 27). 또 북한 노동신문은 2019년 6월 20일 시진핑의 방북에 맞춰 "**형제**

적 중국 인민의 친선의 사절을 열렬히 환영한다"라는 제목의 사설을 통해 "습

(시) 주석이 우리나라를 방문하는 것은 중국 당과 정부가 조중친선을 고도로

중시하고 있다는 것을 뚜렷이 보여주고 있으며, 조중 두 나라 인민들 사이의

혈연적 유대를 더욱 굳건히 하는 것으로 된다"고 보도했다(이상, 강조 인용자).

2   김한규, 『한중관계사 2』(아르케, 1999), p.612.

3   宋海嘯, 『中国外交决策模式』(北京: 时事出版社, 2016), p.98.

4   노동신문 2018. 3. 28.

5   가령 중국 차하얼(察哈爾)학회 장징웨이(張敬偉) 연구원은 2015년 싱가포르

연합조보(聯合早報)에 쓴 '사라져 버린 중조 혈맹관계(消失了的中朝血盟關

係)'란 제목의 글에서 '鮮血凝成的友誼'를 '血盟關係'와 같은 뜻으로 사용하고 있다.

6 태영호, 『3층 서기실의 암호』(기파랑, 2018), p.44.

7 "김정일 유언 공개, '핵개발 계속, 중국 믿지 말라'"(MBN 2012. 4. 13, http://www.mbn.co.kr/news/politics/1177804) 참조.

8 어우양산(歐陽善), 박종철 외 옮김, 『중국의 대북조선 기밀파일』(한울, 2008), pp.71-110.

9 "신의주와 단둥 경제특구로 묶일까"(주간동아 2004. 6. 23) 참조.

10 후나바시 요이치, 오대영 외 옮김, 『김정일 최후의 도박』(중앙일보시사미디어, 2007), pp.397-399.

11 6자회담 대표를 지냈다. 취재원 보호를 위해 이름을 밝히지 않는다.

12 "중국 어선, 서해상에서 북한군에 피격"(YTN 2008. 9. 29, https://www.ytn.co.kr/_ln/0103_200809291904124780); "북한군, 중국 어선에 총격… 2명 사망"(채널A 2017. 11. 26, http://www.ichannela.com/news/main/news_detailPage.do?publishId=000000067165) 참조.

13 북한군이 중국 어선에 총격을 가하는 배경에는 돈 문제도 작용한다. 북한군은 중국 어민들이 당초 약속한 조업에 따른 수산물 값을 제대로 지불하지 않거나 밀수품에 대한 가격 협상이 원하는 대로 되지 않으면 중국 어선에 총알을 퍼붓고 어민들을 체포해 구타를 가하기도 한다.

14 션즈화(선즈화沈志華), 김동길 옮김, 『조선전쟁의 재탐구: 중국·소련·조선의 협력과 갈등』(선인, 2014), p.536.

15 钱其琛, 『外交十记』(北京: 世界知识出版社, 2009), p.151.

16 중국 인민일보와 신화통신 등 관영 언론들도 김정일 방문 사실을 알았지만 정부의 보도 제한 방침에 따라 아무 소식도 보도하지 않다가, 김정일이 떠난 뒤에 정부가 발표한 문구대로 보도했을 뿐이다.

17 어우양산, 앞의 책, p.26. 이 책의 중국어판 제목은 『朝鮮真相』이다. 중국 공산당 대외연락부 등에 소속된 현역 관료 5명이 집필했다는 이 책의 신뢰성에 대한 논란은 아직 끝나지 않았다. 하지만 책의 내용을 살펴보면 중국 정부에서 대북 업무를 직접 담당하는 사람이 아니고는 알 수 없는 내용이나 표현들이 등장하고 있어 필자는 '진본'일 가능성에 무게를 둔다.

제1장_북중관계 약사(略史)

1 "中朝边境的灰色贸易"(中国新闻周刊 2010. 6. 17, http://www.chinanews.com/gn/news/2010/06-17/ 2346992.shtml, 2018. 9. 20 검색) 참조.

2 이정식, 『조선노동당 약사』(이론과 실천, 1986), pp.38-39.

3 당시 김일성은 100명가량의 유동대(遊動隊)를 지휘했다고 한다. 로버트 스칼라피노·이정식, 한홍구 옮김, 『한국 공산주의 운동사』(합본 개정판, 돌베개, 2015), pp.338-358.

4 이정식, 앞의 책, pp.91-101.

5 이종석, 『북한-중국관계 1945~2000』(중심, 2000), pp.54-55.

6 위의 책, pp.52-77, 106-121.

7 宋海啸, 『中国外交决策模式』(北京: 时事出版社, 2016), p.99.

8 홍쉐즈(홍학지洪學智), 홍인표 옮김, 『중국이 본 한국전쟁: 중국인민지원군 부사령관 홍학지의 전쟁 회고록』(한국학술정보, 2008), pp.64-66.

9 중국군 사망자에 대한 통계는 국가와 기관마다 다르다. 중국 바이두(baidu.com) 자료에 따르면, 1950년 10월 25일부터 1953년 7월 27일까지 전투 중 사망자 11만 4천 명, 부상 치료 중 사망자 2만 1,600명으로 합계 13만 5,600명이고, 또 실종자 2만 9천 명 가운데 포로로 확인된 인원을 제외한 8천 명이 최종

실종 처리되어, 중국군 사망자는 14만 3,600명으로 추정된다. 또 부상자 38만 3천 명, 실종 및 포로 2만 9천 명 등으로 총 인력 손실은 55만 5,600명으로 추산된다. 이밖에 16만 1,029명이란 자료도 있다. 이종석, 앞의 책, p.192 참조.

10 "How Many Americans Died in Korea?" *CBS NEWS*, June 5, 2000(https://www.cbsnews.com/news/how-many-americans-died-in-korea, 2019. 8. 30 검색); 다른 수치는 위키피디아 참조.

11 시모토마이 노부오(下斗米伸夫), 이혁재 옮김, 『북한 정권 탄생의 진실』(기파랑, 2005), pp.91-96.

12 션즈화(선즈화沈志華), 김동길 옮김, 『조선전쟁의 재탐구: 중국·소련·조선의 협력과 갈등』(선인, 2014).

13 师哲, 『在历史巨人身边』(中央文献出版社, 1991), pp.492-502. 저자(스저师哲)는 마오쩌둥의 통역이었다.

14 「周恩来外长在日内瓦会议上的发言」, 『中国对朝鲜和韩国政策文献汇编』 제2권, p.772.

15 션즈화, 앞의 책, pp.530-542.

16 위의 책, pp.543-551.

17 石林, 『当代中国对外经济合作』(中国社会科学出版社, 1989), pp.24, 241-242.

18 이종석, 앞의 책, pp.201-202. 이종석은 이 책에서 중국의 대북 현금 지원액을 '8만 억원'이라고 쓰고 있으나, 이것이 중국 화폐인지 북한 화폐인지는 불확실하다. 중국 화폐일 경우 액수가 지나치게 크다.

19 김용현, "북한 군사국가화의 기원에 관한 연구", 『한국정치학회보』 37집 1호 (2003. 5), p.189.

20 이금휘, 『북한과 중국의 경제지정학적 관계와 경협활성화』(선인, 2014), pp.138-139.

21 滿海峰,「新时期中朝关系定位与中朝边境地区经济合作发展」,『辽东学院学报(社会科学版)』第13卷 第6期(2011年 12月), p.124.

22 이종석, 앞의 책, pp.195-214.

23 위의 책, p.215.

24 히라이와 슌지,『북한-중국관계 60년, 순치관계의 구조와 변용』(선인, 2013), pp.96-99.

25 시모토마이 노부오, 앞의 책, p.145.

26 연합뉴스 1994. 5. 9 참조.

27 히라이와 슌지, 앞의 책, pp.152-153.

28 가령 2003년 쿵취안(孔泉) 외교부 대변인은 "중조 우호협력조약은 포괄적이고 광범위한 조약이다. 그 근본 취지는 양국 관계의 발전을 촉진하고 동시아의 평화와 안정을 유지하는 것이다. 이 조약에 어쩐 변화가 있다는 얘기는 들어 보지 못했다(中朝友好合作条约是一个涵盖面很广的条约. 其根本宗旨是促进两国关系的发展, 维护东亚的和平与稳定. 我沒有听说这个条约有什么变化)"고 밝혔다. 孔泉, 外交部发言人记者招待会, 2003. 7. 15.

29 http://news.chosun.com/site/data/html_dir/2014/06/20/2014062000383.html (2018. 5. 29 검색) 참조.

30 중국중앙TV(CCTV)는 2011년 7월 11일 '中朝友好合作互助条约'에 관해 보도하면서, 이 조약이 1981년과 2001년 두차례 자동 연장(自动续期)되어 2021년까지 유효하다고 보도했다. http://news.cntv.cn/china/20110711/107044.shtml (2018. 7. 14 검색) 참조.

31 김재관, "21세기 미국의 재균형 전략과 북중러 삼각관계에 대한 영향 고찰", 『동북아연구』28권 2호(2013), pp.27-28.

32 양성철,『북한정치연구』(박영사, 1993), pp.53-55.

33 NK조선 사이트 자료실, '조선민주주의인민공화국 사회주의헌법(1)' 참조

(http://nk.chosun.com/bbs/list.html?table=bbs_12&idxno=540&page=1&total=1 85&sc_area=&sc_word=, 2018. 9. 10 검색).

34 中华人民共和国宪法全文(1975), http://www.360doc.com/content/16/ 0821/11/150887_584728574.shtms (2018. 9. 10 검색) 참조.

35 이종석, "냉전시기의 북한-중국 관계, 지속성과 변화", 『아세아연구』 통권 102호(1997), pp.93-94.

36 가령 1960년 10월 모스크바에서 열린 81개국 공산당·노동당 대회에서 조선 노동당 단장 김일은 "중국공산당을 국제종파라고 하는데 사실은 그렇지 않 다. 중국공산당은 국제주의에 충실한 당이다. 말이 아니라 실천으로 그것을 증명했다. 조선전쟁에서 중국은 미국에 맞서 백만대군을 보냈고 그 가운데 40만 명이 희생되었다. 국제주의에 충실한 중국공산당을 어떻게 국제종파라 고 할 수 있는가"라고 중국을 감쌌지만 회의장 반응은 싸늘하였다고 한다. 당 시 김일이 이러한 상황을 전화로 김일성에게 보고하자, 김일성은 "우리가 백 두산에 다시 들어가 감자를 캐먹으면서 유격투쟁을 할지언정 소련의 대국주 의적 압력에는 절대로 굴하지 말라"고 지시했다. 황장엽, 『황장엽 회고록: 나 는 역사의 진리를 보았다』(시대정신, 2006), pp.157-158.

37 필자가 1997~2001년 중국에 주재할 때 만난 중국 학자들은 "저우언라이가 1962년 김일성과 체결한 북중 국경조약에서 '너무 많은 양보를 했다. 특히 장 백산(백두산)을 북한에 너무 많이 떼 주었다'는 비판을 받았다"고 했다. 이런 발언을 볼 때, 문혁 기간 홍위병들은 저우언라이를 공격하면서 저우언라이가 주도한 북중 국경조약도 함께 비판한 것으로 보인다.

38 The National Security Archive, "The Beijing-Washington Back-Channel and Henry Kissinger's Secret Trip to China," Documents, #13 & 34.

39 최명해, 『중국·북한 동맹관계: 불편한 동거의 역사』(오름, 2009), pp.285-286.

40 히라이와 슌지, 앞의 책, pp.201-216.

41 첫째, 통일은 외세에 의존하거나 외세의 간섭을 받음이 없이 자주적으로 해결하여야 한다. 둘째, 무력에 의거하지 않고 평화적 방법으로 실현하여야 한다. 셋째, 사상과 이념 및 제도의 차이를 초월하여 하나의 민족으로서 민족적 대단결을 도모하여야 한다.

42 히라이와 슌지, 앞의 책, p.226.

43 한겨레 2016. 9. 1 참조.

44 히라이와 슌지, 앞의 책, pp.211-219.

45 태영호, 『3층 서기실의 암호』(기파랑, 2018), p.53.

46 황장엽, 앞의 책, pp.281-306.

47 돈 오버도퍼·로버트 칼린, 이종길·양은미 옮김, 『두개의 한국: 한국 현대사 비록』(길산, 2016년 개정판), p.366.

48 钱其琛, 『外交十记』(北京: 世界知识出版社, 2009), pp.151-152 참조.

49 노태우, 『노태우 회고록: 전환기의 대전략(하)』(조선뉴스프레스, 2011), pp.141-142.

50 이상옥, 『전환기의 한국외교: 리상옥 외교회고록』(삶과 꿈, 2003), p.155.

51 김한규, 『중국과 통하다』(박영북스, 2014), pp.52-58.

52 권병현, "한중수교 비망록(1)"(한국일보 2007. 6. 12).

53 박승준, 앞의 글.

54 박승준, "한중수교 19년의 의의와 평가", 코리아정책연구원 주최 '한반도와 중국: 비전과 과제' 국제학술회의(2011); 민귀식, "중국의 전통협상술과 현대 외교협상", 『현대중국연구』 11집 2호(2010), pp.8-9 참조.

55 钱其琛, 앞의 책, p.157.

56 권병현, "한중수교 때 김일성 자주노선 선언"(연합뉴스 2011. 6. 20).

57 송홍근, "뒤통수, 기망, 으름장 북핵 30년", 『신동아』 2018년 5월호 참조. 조선족으로서 중국공산당 중앙당교 교수였던 자오후지(趙虎吉)는 북한을 자주 방

문하여 북측 관리들로부터 이러한 반응을 들었다고 한다.

58 태영호, 앞의 책, pp.27-29.

59 杨军·王秋彬, 『中国与朝鲜半岛关系史论』(北京: 社会科学出版社, 2006), p.265.

제2장_중국의 외교전략과 한반도

1 이하의 5단계는 필자가 국제환경 변화와 대내 요인 및 중국인의 '국가정체성 인식' 개념을 종합하여 구분한 것이다. '국가정체성 인식'이란 한 나라가 다른 나라와 구분되고 다른 나라가 그것을 통해 합리적으로 평가할 수 있는 특징을 말한다. 门洪华, 『中国与世界关系的逻辑建构—理论, 战略与对策』(北京大学出版社, 2016), pp.120-121.

2 이 평화공존 5원칙은 저우언라이 총리가 1953년 인도와 티베트 문제를 협의하면서 처음 제기하였고, 이어 1955년 인도네시아 반둥 회의에서 '세계평화와 협력에 관한 선언' 연설을 통해 이 원칙을 다시 제창했다. 또 1957년 마오쩌둥 주석이 모스크바에서 "중국은 모든 국가가 평화공존 5원칙을 실행할 것을 견결히 주장한다"고 발언함으로써, 중국의 공식 외교 원칙임이 확인되었다.

3 仇华飞, 『国际秩序演变中的中国周边外交与中美关系』(北京: 人民出版社, 2015), pp.21-22.

4 신상진, "중미관계 변화와 중국의 대북정책: 후진타오시기를 중심으로", 『중소연구』 41권 2호(2017 여름), pp.9-11.

5 仇华飞, 앞의 책, pp.191-192.

6 门洪华, 앞의 책, pp.199-201.

7 위의 책, p.205.

8 가령 중국 인민대학 교수 왕이저우(王逸舟)는 21세기 중국 외교의 3가지 기본 목표로, 첫째, 발전의 수요(发展需求), 즉 중국의 부흥과 번성을 위한 평화롭고 안정된 외부 환경을 추구하는 것이고, 둘째, 주권의 수요(主权需求), 즉 영토 보전과 주권을 침범할 수 없도록 수호하고 통일을 이룩하는 것, 셋째, 책임의 수요(责任需求), 즉 아시아 지역에서 적극적으로 영향력을 확대하고 세계적인 영향력을 갖는 중요한 국가가 되는 것을 제시하였다. 王逸舟, "面向21世纪的中国外交—三种需求的寻求及其平衡", 『战略与管理』 1999年 第6期, pp.1-3.

9 이상숙, "김정일-후진타오 시대의 북중관계: 불안정한 북한과 부강한 중국의 비대칭협력 강화", 『한국과 국제정치』 26권 4호(2010), pp.121-124.

10 石源华, "中共十八大以来中国周边外交的历史性新进展", 『中国周边外交学刊』 2016年 第一辑, pp.43-44.

11 人民网, http://npc.people.com.cn/n/2014/0308/c376899-24573219.html (2014. 3. 8) 참조.

12 정지융(鄭繼永), "중국의 대북 정책 전환 방향", 『성균차이나브리프』 4권 2호 (2016. 4. 1), p.86.

13 황준헌(黃遵憲), 김승일 옮김, 『조선책략』(범우사, 2007), pp.67-70.

14 위의 책, pp.70-71.

15 배경한, 『중국과 아시아』(한울, 2016), pp.101-113.

16 위의 책, pp.106-123.

17 위의 책, pp.163-178.

18 "마오쩌둥이 6·25 참전한 건 '영토 욕심' 때문"(조선일보 2015. 10. 5) 참조.

19 김한규, 『한중관계사(2)』(아르케, 1999), p.612.

20 『선조수정실록』 26권, http://sillok.history.go.kr/id/knb_12509001_006 참조.

21 『明史』 권320 「朝鮮傳」, 김한규, 앞의 책, p.620에서 재인용.

22 신종호, "시진핑 시기 중국의 대외전략 변화와 한반도 정책에 대한 영향", 『통일정책연구』 25권 2호(2016), p.146.

23 문흥호, "시진핑 집권2기 중국의 대북정책: 선택적 균형전략의 최적화와 공세적 한반도 영향력 경쟁", 『현대중국연구』 20집 3호(2018), p.15.

24 时殷弘, "中国的东北亚难题—中日, 中韩和中朝关系的战略安全形式", 『国际安全研究』(2018. 1). 스인홍의 이러한 주장에 대해 필자는, 사드 배치를 북중관계 강화와 한국 압박의 핑계로 삼으려는 중국 측의 고의적 왜곡이란 측면도 있다고 판단한다. 중국은 사드 배치 훨씬 이전인 2010년 천안함 폭침 사건 무렵부터 적극적인 북한 포용의 태도를 보였으며, 이는 그런 대한반도 정책의 연장이라고 보기 때문이다.

25 "북핵 폐기 타이밍 지났다(논설위원이 만난 사람: 스인홍)"(동아일보 2017. 9. 4).

26 时殷弘, 앞의 글.

27 신상진, "중미관계 변화와 중국의 대북정책: 후진타오시기를 중심으로", 『중소연구』 41권 2호(2017 여름), p.12.

28 김상규·주효가, "북핵문제에 관한 중국 학계의 논쟁 분석", 『동아연구』 36권 2호(2017), pp.62-68.

29 위의 글, pp.62-74.

30 孟维瞻, "朝鲜半岛大变局—中国知识界应该进行反思", 凤凰社区 2018. 10. 15. 이런 현상과 관련하여 주목할 사건은, 우젠민(吳建民) 전 중국외교학원 원장의 돌연한 교통사고다. 그는 시진핑 시대에도 '도광양회'가 필요하다고 주장하면서 중국 내 대표적 중화민족주의자인 환구시보 편집장 후시진(胡錫進)과 '매파-비둘기파 논쟁'을 벌이다 2016년 6월 우한(武漢)에서 불의의 교통사고로 사망했다. 사고 원인에 대한 의혹은 완전히 해소되지 않았다.

31 "늦가을 매미: 중국 언론의 절망"(한겨레 2018. 10. 19) 참조.

32 五味洋治, 『北朝鮮と中国』(筑馬書房, 2012), pp.31-32, 158-159.

33 이동률, "중국의 대북전략과 북중관계", 『세계지역연구논총』 29집 3호(한국세계지역학회, 2011), pp.297-320.

34 杨军·王秋彬, 『中国与朝鲜半岛关系史论』(社会科学文献出版社, 2006), pp.279-281.

35 David Shambaugh, *China Goes Global: The Partial Power* (Oxford University Press, 2013), 데이비드 샴보, 박영준·홍승현 옮김, 『중국, 세계로 가다: 불완전한 강대국』(아산정책연구원, 2014), pp.127-130.

36 박병광, "후진타오시기 중국의 대북정책 기조와 북핵인식: 1-2차 핵실험 이전과 이후의 변화를 중심으로", 『통일정책연구』 19권 1호(2010), pp.74-75.

37 Victor Cha, "Why China Can't Cut Off North Korea," *The Huffington Post*, June 6, 2012.

38 张琏瑰, "朝鲜核问题－回顾与思考", 『韩国研究论丛(中国)』 第一期(2009), pp.130-131. 또 2013년 북한의 3차 핵실험 이후 중국 선양의 북한 총영사관과 광저우 등지에서 핵물질에 의한 환경 오염을 우려하는 중국인들의 시위가 벌어지기도 했다.

39 이런 시각을 보여 주는 중국의 대표적 전문가는 장롄구이다. 그의 이러한 주장은 중국 내에서 보기 드문 시각이다. 중국 학자들은 그동안 "북한의 핵개발은 미국의 핵위협에 대응하여 안전을 확보하려는 자위적 성격"이라는 북한 논리를 반복해 왔다. 张琏瑰, "真正的目标是统一", 『环球人物』(2013), p.18.

40 张琏瑰, "警惕朝核对中国的威胁", 『领导者』(2015).

41 中国外交部, 华春莹外交部发言人主持例行记者会, 2018. 1. 26.

42 김상규·주효가, 앞의 글, p.75.

43 정지용, 앞의 글, p.87.

제3장_북중동맹은 깨졌나

1 이러한 입장을 보인 대표적 학자로는 한국의 이희옥, 최명해, 박종철, 미국의 스콧 스나이더(Scott A. Snyder), 앤드류 스코벨(Andrew Scobell), 오리아나 스카일라 마스트로(Oriana Skylar Mastro), 일본의 후나바시 요이치(船橋洋一), 고미 요지, 가모 도모키(加茂具樹), 중국의 옌쉐퉁(閻學通), 왕이웨이(王義桅) 등이 있다. 일본 학자들의 견해는 船橋洋一, 『ザ·ペニンシュラ·クエスチョン』 (朝日文庫, 2006), 오대영 옮김, 『김정일 최후의 도박』(중앙일보시사미디어, 2007), pp.397-399; 加茂具樹, "轉換する中国外交と中朝関係", 『轉換期の東アジアと北朝鮮問題』(慶應義塾大学出版会, 2012), pp.61-76 등 참조.

2 이러한 입장을 보인 대표적 학자로는 한국의 이종석, 정재호, 이동률, 권영경, 박병광, 미국의 데이비드 샴보, 빅터 차, 중국의 스인홍, 추수룽(楚樹龍), 일본의 히라이와 슌지(平岩俊司), 야스다 준(安田淳) 등이 있다.

이중 이종석은 일제 식민지 시대 공동 항일투쟁 시기부터 형성된 북중 간의 '혈연적 동맹관계'가 탈냉전을 맞아 '전략적 협력관계'로 정착되었다가, 2009년 여름 중국이 북핵 문제로부터 북중 양자 관계를 분리한 이후 대북정책을 '동맹의 요소가 강화된 전략적 협력관계'로 설정하였다고 본다. 이종석, "2차 핵실험 이후 북한-중국 관계의 변화와 함의", 세종정책연구 2012-21, pp.9-10.

정재호는 중국이 1990년대부터 북한과의 동맹적 성격을 희석시키기 위한 대안으로 '전통적 우호관계'라는 개념을 사용해 왔고, 또한 북중 간의 정서적 유대도 이전과 상당히 달라졌지만, 그럼에도 불구하고 변하지 않는 것은 중국에게 북한이 갖는 전략적 완충지대(strategic buffer)로서의 가치라고 지적한다. 정재호, 『중국의 부상과 한반도의 미래』(서울대 출판문화원, 2011), pp.337-342.

이동률은 중국에 북한은 현재의 '전략적 부담'이지만 동시에 미래 '전략적 자산'으로서 가치가 있기에 북한이라는 카드를 쉽사리 포기할 수 없다고 본다. 중국은 중·단기적으로 북한이 가져오는 부담을 관리하면서 동시에 장기적으로는 북한을 친중국 체제로 안정화하여 자산으로서의 가치를 극대화시키려는 시도를 하고 있다는 것이다. 그리고 중국은 이를 통해 북핵 문제 해결 이후 한반도를 둘러싼 세력관계의 변화까지도 대비하고 있다는 것이다. 이동률, "중국의 대북전략과 북중관계", 『세계지역연구논총』 29권 3호(한국세계지역학회, 2011), pp297-320.

박병광은 중국이 2009년 북한의 2차 핵실험 이후 한반도의 안정과 사태 악화 방지를 내세우면서 북한을 다독거리는 가운데 대북 영향력 유지에 매달리고 있다고 주장한다. 즉, 중국은 북한핵 문제를 해결하기 위해 북한이라는 전략적 자산을 잃어버리거나 또는 북한의 붕괴라는 불확실한 상황을 감당하기보다는 북중관계를 안정적으로 관리하는 가운데 국제적 영향력을 행사해 나가는 것이 국익에 훨씬 도움이 된다고 판단했다는 것이다. 박병광, "후진타오시기 중국의 대북정책 기조와 북핵인식: 1-2차 핵실험 이전과 이후의 변화를 중심으로", 『통일정책연구』 19권 1호(2010), pp.74-75.

데이비드 샴보는 중국이 북중동맹과 한중관계를 모두 자신의 지역전략 내에서 성공적으로 관리하고 있다고 주장한다. 그는 중국의 관점에서 한반도 안정이 최우선 과제이기 때문에 북한 정권의 공격성을 방관하고 부적절하게 지원한다고 지적한다. 즉, 북한 정권의 붕괴는 중국 정부로서도 최악의 시나리오이기 때문에 북한이 스탈린주의 국가체제를 유지하도록 돕고 있다는 것이다. 데이비드 샴보, 박영준·홍승현 옮김, 『중국, 세계로 가다: 불완전한 강대국』(아산정책연구원, 2014).

빅터 차는 북중관계를 중국의 대전략(grand strategy)과 지역정치(local politics) 및 경제의 측면에서 바라본다. 베이징의 정책 입안자들은 궁극적으로 북한의 붕괴로 이어질 수 있는 강경 노선은 중국의 전략적 이익에 부합하지 않는다고 판단한다는 것이다. 왜냐하면 중국의 대북정책 결정자들은 외교부가 아니라 당과 군부에 있기 때문이라고 주장한다. 이 두 집단에게 북한의 몰락이란 미국과 군사적 동맹인 통일 한국이 곧바로 중국과 국경을 맞대는 것을 의미한다. 이러한 결과는 중국인들의 마음속에 중요한 역사적 교훈을 되새겨 줄 뿐인데, 그 교훈이란 한반도의 불안정은 단 한 번도 중국의 국익에 도움이 된 적이 없다는 것이다. 이에 따라 중국은 평양이 도발할 때마다 중국의 이름을 끌고 들어가는 것을 견디기 어려워하지만, 동시에 북한 정권의 몰락에 대한 두려움 때문에 더 압박을 가할 수도 없다는 것이다. Victor Cha, "Why China Can't Cut Off North Korea," *The Huffington Post*, June 6, 2012.

그 밖에 권영경, "신북중경협시대의 도래와 우리의 대응과제", 『평화학연구』 13권 1호(2012), pp.169-170; 중국 학자들의 주장은 时殷弘, "中国的东北亚难题—中日, 中韩和中朝关系的战略安全形式", 『国际安全研究』(2018. 1); 时殷弘, "中国如何面对朝鲜", 『中国新闻周刊』 第23期(2009); 楚树龙, "东北亚战略形式与中国", 『现代国际关系』 2012年 第1期, pp.20-21; 일본 학자들의 주장은 平岩俊司, 『朝鮮民主主義人民共和国と中華人民共和国:「唇齒の關係」の構造と變容』(世織書房, 2010), pp.271-283; 安田淳, 『中国の朝鮮半島政策』, 『ポスト冷戦の朝鮮半島』(日本国際問題研究所, 1994), pp.240-241 등 참조.

3 문흥호, "시진핑 집권 2기 중국의 대북정책: 선택적 균형전략의 최적화와 공세적 한반도 영향력 경쟁", 『현대중국연구』 20집 3호(2018), p.15.

4 Scott A. Snyder, "Will China Change Its North Korea Policy?" *Council on Foreign Relations*, March 31, 2016; Scott Snyder, "China Reaffirms Tradition: DPRK Friendship and Recovery of South Korean Ties," Pacific Forum Comparative Connections, China-Korea Relations, Jan. 2019.

5 Andrew Scobell, "China and North Korea: The Limits of Influence," *Current*

History, Sep. 2003, pp.274-278.

6 Andrew Scobell, "China and North Korea: Bolstering a Buffer or Hunkering Down in Northeast Asia" (Rand Corporations, 2017).

7 Oriana Skylar Mastro, "Why China Won't Rescue North Korea," *Foreign Affairs*, Jan/Feb 2018, pp.58-66.

8 五味洋治, 『北朝鮮と中国』(筑摩書房, 2012), pp.31-32, 158-159.

9 이희옥·박용국, "중국의 대북한 동맹안보딜레마 관리: 대미인식과 북한지정학의 재구성을 중심으로", 『중소연구』 37권 3호(2013 가을).

10 이희옥, "중국의 대북한 영향력과 북중관계의 '재정상화'", 『중소연구』 42권 3호(2018 가을), p.20.

11 최명해, 『중국·북한 동맹관계: 불편한 동거의 역사』(오름, 2009).

12 "2015 격랑의 한반도—세계 석학에게 듣는다(상): 中대표적 현실주의 학자 옌쉐퉁 칭화대 교수"(동아일보 2015. 1. 1) 참조.

13 閻學通, "中韓能建立同盟關係嗎?", 『成均中國觀察』 2014년 제3기(성균중국연구소), p.30.

14 阎学通, 『历史的惯性—未来十年的中国与世界』(北京: 中信出版社, 2013), p.199; 위의 글, p.30.

15 "통일된 한반도가 중국적 질서로 복귀해야 한다"는 왕이웨이의 발언은 중국의 한반도 전략을 사실상 처음 공개석상에서 밝힌 것이다. 이처럼 간략한 문장으로 중국의 속내를 외부에 드러낸 것은 중국 전문가 중 왕이웨이가 처음이다. 즉, 중국이 지지하는 한반도 통일이란 지금의 한미동맹 체제가 해체되고 미군이 철수하는 것을 전제로 한다. 또 남북이 통일된 뒤에는 중국의 영향권 내로 들어가야 한다는 것을 의미한다. 옌쉐퉁과 왕이웨이의 주장은 시간이 지나서 보면 모두 자국의 외교적 목표를 실현하기 위한 일종의 '선전공세'라는 것을 알 수 있다. 이는 중국의 많은 관변 학자들이 보이는 태도이기도 하다.

옌쉐퉁, 왕이웨이 외에 중화민족주의적 시각을 보이는 중국의 지식인으로 뤄 위안(羅援, 전 인민군 소장), 후시진(胡錫進, 환구시보 편집장) 등이 대표적이 다. 왕이웨이, "한중동맹론: 선린우호협력조약 체결", 아주대학교 중국정책연 구소 제1차 한·중 국제학술회의(2015. 8) 참조.

16 "中, 미 북핵시설만 타격 땐 군사개입 않겠다"(서울경제 2017. 4. 23) 참조. 환 구시보는 사설에서 "북한이 계속 핵·미사일 개발 수위를 높여 미국이 관련 시 설에 대한 외과수술식 타격을 할 경우 중국은 군사적 개입까지 할 필요가 없 다. 북한의 핵무기 개발과 보유는 북중 우호조약 상 중국의 자동 군사 개입 의 무에 해당하지 않는다"고 밝혔다.

17 문흥호는 북중관계의 성격과 관련, 중국이 북한에 대해 '동맹'과 '정상국가' 사이에서 선택적 균형을 취함으로써 국익을 최적화하는 전략을 취한다고 보 았다. 문흥호, 앞의 글, p.16.

18 이동률, "중국의 대북정책과 북중관계 변화 논의", 『성균차이나브리프』 2권 3호(2014. 7), p.77.

19 문화일보 2019. 6. 24 참조.

20 Michael Handel, 김진호 옮김, 『약소국생존론』(대왕사, 1995), p.138.

21 Glenn H. Snyder, "The Security Dilemma in Alliance Politics," *World Politics*, Vol. 36, No. 4 (July 1984), pp.466-467.

22 문흥호, "시진핑 집권 이후 중국의 대북정책: 동맹관계와 정상관계의 선택적 균형", 『중소연구』 38권 3호(2014), pp.25-26.

23 Randall L. Schweller, "Bandwagoning for Profit: Bringing the Revisionist States Back In," *International Security*, Vol.19, No.1 (Summer 1994), p.99.

24 위의 글, p.105.

25 Randall L. Schweller, "Neorealism's Status-quo Bias: What Security Dilemma?" *Security Studies*, Vol. 5, No. 3 (Spring 1996), p.108.

26 Schweller, "Bandwagoning for Profit," pp.99-104.

27 Evans J. R. Revere, "Lips and Teeth: Repairing China-North Korea Relations" (The Brookings Institution, Nov. 2019).

28 Patricia A. Weitsman, *Dangerous Alliances* (Stanford University Press, 2004), pp. 21-23.

제4장_후진타오: 중재자에서 방관자로

1 中国共产党第16届全国代表大会 工作报告.

2 '조화로운 사회'란 자연과 인간, 사회의 조화를 의미하며, 거기에는 자연자원 보호, 과학기술 진보, 환경과 발전의 균형 등이 포함된다.

3 문흥호, "중국의 대외전략: 동북아 및 한반도 정책을 중심으로", 『한국과 국제 정치』 21권 1호(2005 봄), pp.64-65.

4 이계란, "후진타오 정부의 대북정책: 북핵문제를 중심으로", 『한국과 국제정 치』 26권 4호(2010 겨울), pp.148-149.

5 中华人民共和国外交部政策研究室 编, 『中国外交(2004年版)』(北京: 世界知 识出版社).

6 주재우, 『미중관계사』(경인문화사, 2017), pp.541-551.

7 「反分裂国家法」, 中国外交部(2019. 6. 4 검색).

8 신상진, "중미관계 변화와 중국의 대북정책: 후진타오시기를 중심으로", 『중 소연구』 41권 2호(2017 여름), p.17.

9 문흥호, 앞의 글, pp.71-73.

10 人民日报 2003. 6. 6.

11 1991년 소련의 몰락과 사회주의 경제권 해체로 북한 교역의 72퍼센트를 차지

하던 사회주의권 대북 우호가격제가 폐지되고 현금 결제가 교역의 수단이 되었다. 또한 오랜 경제 침체는 식량, 에너지, 외환의 부족으로 이어졌다. 북한으로서는 자립경제와 사회주의 진영 일변도의 무역 방식을 고수할 것이냐, 아니면 서방과의 대외관계 확장을 새로운 생존 전략으로 채택하느냐의 기로에 서게 되었다.

12 정재호, 『중국의 부상과 한반도의 미래』(서울대 출판문화원, 2011), p.324.

13 국회도서관, 『북한 핵문제 한눈에 보기』(2010. 5), pp.5-6.

14 태영호, 『3층 서기실의 암호』(기파랑, 2018), pp.44-45.

15 장익준, 『북한 핵-미사일 전쟁』(서문당, 1999), p.122.

16 "260일 만의 北美담판… 핵심은 영변(박수찬의 軍)"(세계일보 2019. 2. 27).

17 오진용, 『김일성시대의 중소와 남북한』(나남출판, 2004), pp.333-336.

18 노태우, 『노태우 회고록: 전환기의 대전략(하)』(조선뉴스프레스, 2011), pp.366-382.

19 가령 구상찬 전 한나라당 의원은 "1991년 노태우 정부 시절 발표된 한반도 비핵화 공동선언은 체결 당시 '태생적 사생아'로 법적·실효적 효력을 상실했다. 우리 정부는 이 선언의 틀을 과감히 벗어나야 한다"고 주장한 적이 있다(프레시안 2008. 11. 4). 또 언론인 조갑제는 "노태우 정부의 남북기본합의와 한반도 비핵화 선언, 김대중-노무현 정부의 햇볕정책과 대북 지원은 '우리가 선의를 갖고 먼저 북한을 지원하고 발전을 도우면, 북한도 변하여 한반도의 평화와 통일의 길이 열릴 것'이라는 잘못된 전제에서 나온 것"이라고 비판했다(시민일보 2017. 6. 19).

20 이금휘, 『북한과 중국의 경제지정학적 관계와 경협활성화』(선인, 2014), p.186.

21 "파키스탄 칸 박사 '북 핵무기 사용 안한다'"(경향신문 2013. 4. 9) 참조.

22 돈 오버도퍼·로버트 칼린, 이종길·양은미 옮김, 『두개의 한국: 한국 현대사 비

록』(길산, 2002), p.673.

23 후나바시 요이치, 오대영 외 옮김, 『김정일 최후의 도박』(중앙일보시사미디어, 2007), pp.148-150.

24 태영호, 앞의 책, pp.186-237.

25 가령 국가정보원 산하의 국가안보전략연구원은 2020년 1월 1일 내놓은 북한 노동당 전원회의 보고문 분석에서 북한이 비핵화보다 '핵군축 패러다임'으로 전환하려는 의도를 드러냈다고 분석했다. 연구원은 "(북한이) 북미협상과 관련해 '미국은 국내용 시간끌기 및 대북압살정책을 지속하고 있다'고 규정하고 대미 강압전략 채택을 예고했다"며 "특히 새로운 길에 대한 구체적 언급은 없었으나 '미국과의 약속에 매이지 않겠다'며 핵 불포기 가능성을 완곡하게 시사했다"고 분석했다. "북, 향후 미와 협상시 핵군축 패러다임으로 전환 전망"(뉴스1 2020. 1. 1) 참조.

26 최명해, "북한의 2차 핵실험과 북중관계", 『국방정책연구』 25권 3호(2009 가을), p.141.

27 후나바시 요이치, 앞의 책, pp.397-399.

28 정재호, 앞의 책, pp.326-327.

29 위의 책, p. 327.

30 2005년 7월 필자의 현장 취재 결과, 중국이 대북 송유관 밸브를 개폐할 수 있는 시설은 마스 송유시설에 있는 것으로 확인되었다. "단둥의 대북 송유관, 압록강 바닥엔 북한 생명줄 송유관이"(조선일보 2005. 7. 14) 참조.

31 태영호, 앞의 책, pp.239-240. 태영호는 "북한의 핵실험에 가장 분노한 나라는 미국이 아니라 중국이었다"라고 썼다.

32 박병광, "후진타오시기 중국의 대북정책 기조와 북핵인식: 1-2차 핵실험 이전과 이후의 변화를 중심으로", 『통일정책연구』 19권 1호(2010), p.56.

33 태영호, 앞의 책, pp.240-242.

34 杨军·王秋彬,『中国与朝鲜半岛关系史论』(北京: 社会科学出版社, 2006), p.280.

35 위의 책, pp.280-281.

36 한석희, "21세기 중국 민족주의의 딜레마: 세계화와 실용주의적 민족주의의 상호관계",『신아세아』17권 1호(2010 봄), p.93.

37 이희옥·박용국, "중국의 대북한 동맹안보딜레마 관리: 대미인식과 북한지정학의 재구성을 중심으로",『중소연구』37권 3호(2013 가을), pp.62-63.

38 한석희, 앞의 글, p.84.

39 新华社, 中国共产党第十七届中央委员会第四次全体会议公报, 2009. 9. 18.

40 데이비드 샴보, 박영준·홍승현 옮김,『중국, 세계로 가다: 불완전한 강대국』(아산정책연구원, 2014), pp.127-130.

41 郑永年, "金融危机提升中国外交空间", 国际先驱导报 2009. 2. 6, http://news.163.com/09/0206/11/51FDSV9C000120GU.html (2018. 5.19 검색).

42 세력전이론자들은 '전쟁상관관계 프로젝트(COW: Correlates of War Project)' 데이터에 의거하여, 중국이 1996년부터 미국을 추월하기 시작했다고 주장했다. 전 세계 모든 국가의 국력의 합을 1로 보았을 때, 1950년대 미국의 국력은 0.3을 웃돌고 중국은 0.09에 불과했으나, 1996년 미국 0.1383, 중국 0.1391로 역전되었다는 것이다. 2007년에 이르면 이 비율은 각각 0.1425(미국)와 0.1986(중국)으로 격차가 크게 벌어지게 된다.

COW 데이터는 인구(총인구 2만 명 이상의 도시 인구), 산업생산력(철강 생산과 에너지 소비량), 그리고 군사력(병력과 군비 지출)이라는 3가지 차원에서 국력을 평가한 지표이다. 그러나 COW 지표의 신뢰성에 대한 의문이 제기되는 것도 사실이다. 김지용, "미중간 세력전이로 인한 중국의 도전과 미국의 대응"(외교안보연구원 2011년 정책연구과제 1), pp.7-9.

43 이수형, "미국의 재균형 전략과 한미동맹: 신현실주의 패권축소론의 관점에

서", 『한국과 국제정치』 31권 2호(2015 여름), pp.3-4.

44 Steven W. Hook, 이상현 옮김, 『미국외교정책: 강대국의 패러독스』(명인문화사, 2014), p.276.

45 데이비드 샴보, 앞의 책, pp.131-132.

46 Hillary Clinton, "America's Pacific Century," *Foreign Policy*, Oct. 11, 2011.

47 김재관, "21세기 미국의 재균형 전략과 북중러 삼각관계에 대한 영향 고찰", 『동북아연구』 28권 2호(2013), pp.7-9.

48 Steven W. Hook, 앞의 책, p.280.

49 이희옥·박용국, 앞의 글, p.66.

50 중국 시진핑 국가주석은 2014년 7월 브라질에서 열린 브릭스(BRICS) 정상회의에서 '중국식 해결 방안'을 공식 언급한 적이 있다. 중국의 국가정상이 국제사회를 향해 '중국적 질서' 구축 의지를 직접 표명한 사례다.

51 이희옥·박용국, 앞의 글, pp.66-67.

52 주재우, 『한국인을 위한 미중관계사』(경인문화사, 2017), p.38.

53 세계일보 2010. 7. 6, http://www.segye.com/newsView/20100706002071 (2019. 4. 15 검색) 참조.

54 이희옥·박용국, 앞의 글, p.50.

55 박종철, "중국의 대북 경제정책과 경제협력에 관한 연구", 『한국동북아논총』 62호(2012), p.82.

56 정기열, "中학자들, '우리는 조선견책을 찬성하지 않는다'"(통일뉴스 2009. 6. 26).

57 International Crisis Group, "Shade of Red: China's Debate over North Korea," *Asia Report*, No.179 (Nov. 2, 2009), pp.5-7.

58 蔡建, "中国在朝核问题上的有限作用", 『韩国研究论丛(中国)』 1期(2012), p100.

59 金强一, "북한의 핵전략과 중국의 정책선택", 『성균차이나브리프』 27호 (2013. 4. 1), pp.81-82.

60 "김정일, 뇌졸중 가능성… 전문의 방북설"(연합뉴스 2008. 9. 10) 참조.

61 태영호, 앞의 책, pp.269-275.

62 주펑(朱峰), "북핵위기와 한중관계: 한중협력은 한반도 평화의 토대", EAI-CISS 공동 한중동북아안보대화(2010), pp.6-7.

63 이상숙, "김정일-후진타오 시대의 북중관계: 불안정한 북한과 부강한 중국의 비대칭협력 강화", 『한국과 국제정치』 26권 4호(2010 겨울), p.135-138.

64 金强一, 앞의 글, p.82.

65 이상숙, 앞의 글, p.135.

66 이희옥·박용국, 앞의 글, p.71.

제5장__시진핑: 심판자에서 보호자로

1 金灿荣, 『大国的责任』(北京: 中国人民大学出版社, 2011), pp.27-29.

2 習近平, 『关于总体国家安全观 论述摘编』, 中共中央党史和文献研究院 编 (中央文献出版社, 2018), pp.25-31.

3 위의 책, p.28.

4 中国现代国际关系研究院, 『国际战略与安全形势评估(2015/2016)』(北京: 时事出版社, 2016), p.498.

5 신종호, "시진핑 시기 중국의 대외전략 변화와 한반도 정책에 대한 영향", 『통일정책연구』 25권 2호(2016).

6 "中国发表白皮书界定国家核心利益范围", 中国新闻网 2011. 9. 6.

7 신종호, 앞의 글, pp.138-140.

8 김택연, "시진핑 정부의 아시아 신안보관과 동북아 주변외교 전략", 『한국동북아논총』 79호(2016), p.10.

9 김상규, "한반도 정세 변화와 중국의 대외정책 변인 재고찰: 시진핑 시대를 중심으로", 『중소연구』 42권 3호(2018 가을), p.135.

10 仇华飞, 『国际秩序演变中的中国周边外交与中美关系』(北京: 人民出版社, 2015), pp.316-317.

11 주재우, 『한국인을 위한 미중관계사』(경인문화사, 2017), pp.595-596.

12 김상규, 앞의 글, p.133.

13 신종호, "미중은 아태지역에서 공존할 수 있는가?", 『성균차이나브리프』 3권 2호(2015. 4. 1), pp.85-86.

14 *National Security Strategy of the United States of America*, Dec. 2017.

15 강준영 외, 『그레이트 차이나: 중국속의 중국 2, 한·중·북 애증의 삼국지, 그리고 끝없는 스트레스』(대선, 2011), pp.140-143.

16 이희옥, "중국의 대북한 영향력과 북중관계의 '재정상화'", 『중소연구』 42권 3호(2018 가을), p.20.

17 外交部发言人华春莹主持例行记者会, 2013. 3. 8.

18 이러한 일시적인 '분노의 발언'에 과도한 의미를 부여하는 것은 양국 관계를 분석하는 데 오히려 장애가 될 수 있다. 2006년 북한 1차 핵실험 이후 중국 정부의 분노의 반응을 보고 국내외 많은 연구자들이 북중동맹의 파탄을 주장했지만, 그 후 양국은 언제 그랬느냐는 듯 곧 전통적 혈맹관계를 복원하였다.

19 华益文, "半岛问题—给四国设四句话", 人民日报 2013. 4. 10.

20 이러한 사실은 필자가 중국 인민일보 관계자들로부터 확인한 사실이다. 인민일보가 가명을 사용해 글을 싣는 것은, 정부 부처나 실제 인물의 명의로 다른 나라를 비판할 경우 발생할지도 모르는 부작용을 예방하기 위한 조치다. 이와 유사한 인민일보 칼럼의 필명으로는 '중성(鍾聲, 종소리)'과 '중주원(仲祖文,

공산당 중앙조직부의 글)' 등이 있다.

21 中国国家质量监督 检验检疫总局 홈페이지, 2013. 2. 26.

22 일본 교도(共同)통신 보도, 2013. 4. 10.

23 中国新闻网 2013. 4. 12.

24 이희옥, 앞의 글, p.21.

25 라종일, 『장성택의 길』(알마, 2016), pp.255-271.

26 中国国际问题研究院, 『国际形势和中国外交蓝皮书(2016)』(北京: 世界知识
    出版社, 2016), pp.191-192.

27 中国现代国际关系研究院, 앞의 책, pp.196-197.

28 "WSJ, '中, 美의 대북 군사행동 우려해 1천400km 국경통제력 강화'"(연합뉴
    스 2017. 7. 25) 참조.

29 자유아시아방송(RFA) 2018. 2. 2 참조.

30 이기현 외, "한중수교 이후 북중관계의 발전", 『북중관계 종합백서 및 남북중
    협력방안』(통일연구원, 2016), p.35.

31 김일기, "4강의 동북아 이해관계와 북한변수", 전남대학교 세계한상문화연구
    단 국제학술회의(2016. 5. 3), pp.4-7.

32 유엔 안보리는 2016년 1월 북한의 4차 핵실험 직후 대북제재안 2270호를 통
    해 북한의 광물 수출을 제한하였지만 민생용은 예외로 인정하였다. 그러나 그
    해 9월 5차 핵실험 이후 채택된 대북제재안 2321호는 북한의 가장 큰 돈줄인
    석탄 수출을 완전히 막아 북한 경제에 큰 타격을 주었다. 2019년 2월 28일 트
    럼프·김정은의 하노이 정상회담에서 김정은이 민생용 석탄 수출의 해제를 요
    구했던 점을 보면, 이 제재가 북한에 매우 아픈 것이었음을 짐작할 수 있다.

33 이밖에도 이 기고문은 '친선적인 이웃이라고 하는 주변 나라', '덩지(덩치) 큰
    이웃' 같은 표현으로 비난의 대상이 중국임을 드러냈다(연합뉴스 2017. 2. 24
    참조).

34 당시 중국은 국제사회의 비핵화 요구에도 연속적인 핵실험과 미사일 시험발
    사를 강행한 북한에 대한 불만도 있었지만, 중국의 강력한 대북 경제제재를
    요구하는 미국 트럼프 정부의 압박에도 영향을 받았다고 문흥호는 지적한다.
    즉, 중국의 대북제재는 '자의 반 타의 반'이었다는 것이다. 문흥호, "시진핑 집
    권2기 중국의 대북정책: 선택적 균형전략의 최적화와 공세적 한반도 영향력
    경쟁", 『현대중국연구』 20집 3호(2018), p.6.

35 中国共产党章程, 中国共产党第十九次全国代表大会部分修改 , 2017年
    10月24日通过(人民网 2017. 10. 29). 공산당 당장의 관련 부분은 다음과 같이
    되어 있다. "중국공산당은 마르크스·레닌주의, 마오쩌둥 사상, 덩샤오핑 이
    론, '3개 대표' 중요 사상, 과학적 발전관, 시진핑 신시대 중국 특색 사회주의
    사상을 행동 지침으로 삼는다(中国共产党以马克思列宁主义·毛泽东思想·
    邓小平理论·'三个代表'重要思想·科学发展观·习近平新时代中国特色社会
    主义思想作为自己的行动指南)."

36 중국에서는 통상 이념의 순위를 주의(主義)–사상–이론–관(觀)의 차례로 언
    급한다. 마르크스·레닌'주의', 마오쩌둥 '사상', 덩샤오핑 '이론', 후진타오 과
    학적 발전'관'이 대표적이다. 장쩌민의 '3개 대표 중요 사상'은 명칭은 사상이
    지만 장쩌민의 이름은 들어가지 않았다. 반면 시진핑 사상에는 이름이 들어가
    있다.

37 "中华人民共和国主席·副主席每届任期同全国人民代表大会每届任期相
    同." 中华人民共和国宪法, 2018年3月11日第十三届全国人民代表大会第一
    次会议通过的「中华人民共和国宪法修正案」修正(新华社 北京 3月 21日电).

38 김상규, "한반도 정세 변화와 중국의 대외정책 변인 재고찰: 시진핑 시대를 중
    심으로", 『중소연구』 42권 3호(2018 가을), pp.142-143.

39 중앙일보 2018. 7. 22 등 참조.

40 김상규, 앞의 글, p.144.

41 가령 스티븐 배넌 전 백악관 수석전략가는 잡지 『폴리티코(Politico)』와의 인터 뷰에서 "트럼프 대통령은 30년 동안 중국과의 대결을 읊조려 왔다. 그의 인생 에서 가장 일관된 발언이 바로 '중국이 미국의 경제를 위협한다'는 것"이라고 말했다.

42 Alexander Gray and Peter Navarro, "Donald Trump's Peace Through Strength Vision for the Asia-Pacific," *Foreign Policy*, Nov. 7, 2016.

43 "'한반도 바깥 미군 비용까지 내라' 미, 분담금 5배 뛴 5조원대 요구"(조선일 보 2019. 11. 7) 참조. 이 보도에 따르면, 2019년 11월 6일 서울에서 열린 11차 한미 방위비분담 특별협정(SMA) 협상에서 미국 측 수석대표인 제임스 드하 트 국무부 안보협상협정담당 선임보좌관은 한국의 정·재계 인사들을 만나 이 같은 액수를 제시하며 "도널드 트럼프 대통령은 '미국의 대한 방위 공약 이행 노력에 대해 한국은 더 큰 기여를 해야 한다'고 말했다"고 전했다. 미국 측은 한반도 방위에 미국이 쓰고 있는 총액이라며 천문학적 금액을 제시한 뒤 "그 중 일부만 받겠다"며 항목별로 일정 비율만 뽑아 이 금액을 제시했다고 한다.

44 주재우, 『미중관계사』(경인문화사, 2017), p.601.

45 월스트리트저널에 따르면 트럼프는 다음과 같이 말했다. "시 주석은 중국 과 한국의 역사에 대해 얘기했다. 북한이 아니라 한국에 대해. 알다시피, 몇 천 년의 역사와 많은 전쟁에 대해 말했다. 한국은 사실 예전에 중국의 일부 였다고 했다. 10분 정도 듣다 보니 이건 쉬운 일이 아니라는 것을 느꼈다(He then went into the history of China and Korea. Not North Korea, Korea. And you know, you're talking about thousands of years... and many wars. And Korea actually used to be a part of China. And after listening for 10 minutes I realized that not—it's not so easy)." Interview: Donald Trump with *The Wall Street Journal*, April 12, 2017.

46 문흥호, 앞의 글, p.13.

47 이 발언의 영어 원문은 다음과 같다. "We have tremendous trade deficits with everybody, but the big one is with China. It's hundreds of billions of dollars of year for many many years. And I told them. I said you know, we're not going to let that go ahead. Now, I did say—but you want to make a great deal? Solve the problem in North Korea. That's worth having deficits. And that's worth having not as good a trade deal as I would normally be able to make. OK, I'll make great deals." Interview: Donald Trump with *The Wall Street Journal*, April 12, 2017.

48 이 발언의 영어 원문은 다음과 같다. "You cannot allow a country like that [North Korea] to have nuclear power, nuclear weapons. That's mass destruction. And he doesn't have the delivery systems yet, but he—you know he will. So, you know we [Trump and Xi] have a very open dialogue on North Korea. We have a very good relationship, we have great chemistry together. We like each other, I like him a lot." Ibid.

49 Remarks delivered by Vice President Mike Pence, on the administration's policy towards China at Hudson Institute on October 4, 2018.

50 한국경제 2018. 11. 19 참조.

51 "미 의회 자문기구, 기금 만들어 中세력확장 막아야"(매일경제 2018. 11. 14) 참조.

52 이와 관련, 오노데라 이쓰노리(小野寺五典) 일본 방위상은 당일 태평양군 사령관 교체식에 참석한 뒤 기자단에게 "미국이 중국을 포함한 지역의 안보에 큰 관심을 가지고 있다는 뜻"이라고 평가했다. "美 태평양사령부, 인도태평양 사령부로 개칭"(뉴시스 2018. 5. 31) 참조.

53 The Department Of Defence, *Indo-Pacific Strategic Report*, June 1, 2019, pp.30-31. 관련 내용은 다음과 같다(밑줄 인용자). "As democracies in the Indo-Pacific, Singapore, Taiwan, New Zealand, and Mongolia are reliable, capable, and natural partners of the United States. All four <u>countries</u> contribute to U.S. missions around the world and are actively taking steps to uphold a free and open international order."

54 "社评-中朝友好关系决不可受韩美日干扰", 環球時報 2018. 3. 18.

55 문흥호, 앞의 글, p.5.

56 전병곤, "북중관계 현황과 전망", 『성균차이나브리프』 6권 3호(2018. 7. 1), p.78.

57 문흥호, 앞의 글, p.8.

58 전병곤, 앞의 글, p.79.

59 노동신문 2018. 3. 28 참조.

60 중앙일보 2018. 7. 28 참조.

61 "关于中朝关系, 习近平说了三个'不会变'", 中国新闻网 2018. 6. 22.

62 이희옥, 앞의 글, p.29.

63 外交部发言人陆慷就朝韩领导人会晤发表谈话, 中华人民共和国外交部 发言人表态, 2018. 4. 27.

64 "인터뷰-하이노넨 전 IAEA 사무차장: "북핵 역량, 추가 실험 불필요… 핵실험장 폐쇄 의문"(VOA 2019. 12. 1) 참조.

65 "헤일리 전대사 '트럼프 미치광이 전략… 북압박"(연합뉴스TV 2019. 11. 13) 참조.

66 "중국군 30만, 북 점령훈련"(조선일보 2018. 2. 28) 참조.

67 "중, 시진핑 지시로 조선관광에 나서", RFA 2019. 9. 25 참조.

68 "북 제재로 무역 반토막났지만 중 관광객 20만명 밀물"(매일경제 2019. 12. 13) 참조.

69 "북 노동자 고용 중국 기업들, 송환계획 없다"(RFA 2019. 12. 11) 참조.

70 "북 제재 광물 중국에 대량 밀수"(RFA 2019. 12. 19) 참조.

71 김일기, 앞의 글, p.8.

제6장_중국의 대북 경제협력 전략

1 国务院·中共中央, "关于实施东北地区等老工业基地振兴战略的若干意见", 『中发[2003]』11号.

2 최수영, 『중국의 창지투 개발계획과 한반도 경제』(통일연구원, 2012), pp.16-17.

3 런밍(任明), "중국 동북3성 진흥 및 중한경제협력의 새로운 구상", 대외경제정책연구원 동북아연구시리즈 05-06(2005. 12), pp.14-15.

4 이상숙, "북한-중국 경제협력의 실태와 경제적 가치 평가: 중국의 지속성장 관점을 중심으로", 국립외교원 외교안보연구소 2011년 정책연구과제 1, pp.157-160.

5 윤승현, "두만강지역의 新개발 전략과 환동해권 확대 방안"(강원발전연구원, 2009), pp.43-44.

6 런밍, 앞의 글, p.7.

7 中国共产党, "中共中央关于完善社会主义市场经济体制若干问题的决定"(2003. 10. 14).

8 张慧智, "东北振兴过程中的对外开放-中朝合作", 『东北亚论坛』第16券 第5期(2007. 9), p.39.

9 国务院·中共中央, 앞의 문건.

10 姜正起, "论中国东北亚区域合作战略与对朝'路港区一体化'建设"(延边大学, 2011), p.29.

11 国务院办公厅, "关于促进东北老工业基地进一步扩大对外开放的实施意见",『国办发[2005]』36号.

12 姜正起, 앞의 글, p.40.

13 人民日报 2005. 10. 31 참조.

14 이계란, "후진타오 정부의 대북정책: 북핵문제를 중심으로",『한국과 국제정치』26권 4호(2010 겨울), pp.152-153.

15 Ralph Jennings, "China's Hu Visits Landmark North Korean Factory, Talks Trade," *Kyodo News International*, Oct. 29, 2005, 이동률, "중국의 대북전략과 북중관계: 2010년 이후 김정일의 중국방문 결과를 중심으로",『세계지역연구논총』29집 3호(2011), p.301에서 재인용.

16 "미, 방코델타아시아 북 합법계좌 동결 해제 결정 유감"(RFA 2007. 2. 8) 참조.

17 권영경, "신북중경협시대의 도래와 우리의 대응과제",『평화학연구』13권 1호(2012), p.154.

18 김석진, "북중경협 확대요인과 북한경제에 대한 영향",『KDI 북한경제리뷰』2013년 1월호, p. 96.

19 위의 글, pp.103-105.

20 이석기 외, "2016년도 북한경제 종합평가 및 2017년 전망", KIET(산업연구원) 정책자료 2017-294, pp.156-157.

21 满海峯, "新时期中朝关系定位与中朝边境地区经济合作发展(2011)",『辽东学院学报』13卷 6期(2011), p.121.

22 후진타오의 2005년 12자 경협 방침과 2010년 16자 방침 사이에 특별한 차이점은 없다는 시각도 있다. 그러나 권영경은 "2010년 김정일 방중 시 후진타오가 제시한 16자 방침을 통해 중국이 대북 경협의 원칙을 강화하고, 정부와 국영기업이 적극적으로 대북 경협에 개입하는 방향으로 북중 경협정책을 전환함으로써 신 북중경협 시대를 초래하였다"고 평가하고 있다. 满海峯, 위의 글, p.121; 권영경, 앞의 글, p.152 참조.

23 国务院办公厅, 앞의 문건, 5장 24절 참조.

24 珲春市东林经贸有限公司, 『关于中朝路港区一体化项目进展情况汇报』(2007. 6. 15), 윤승현, "중국의 두만강지역 개발 현황과 시사점", 『한중사회과학연구』 5권 2호(2007), p.43에서 재인용.

25 张玉山, "朝鲜经济政策的变化对长吉图通道建设的影响", 『东北亚论坛』 2011年 第4期, p.93.

26 위의 글, p.92.

27 림금숙, "창지투(장길도) 선도구의 북한 나선특별시, 러시아 극동지역 간 경제협력 과제", 통일연구원, KINU 정책연구시리즈 11-02(2011), pp.20-21.

28 "中 훈춘-北 나진-中 닝보 연결 육로-해상 노선 재개"(연합뉴스 2017. 2. 17) 참조.

29 "北中, 나진항 개발협약… 中, 4~6호 부두 50년 사용"(연합뉴스 2010. 12. 27).

30 "中은행, 北 나선지구에 지점 개설해 영업"(연합뉴스 2016. 11. 15); "북에서 만든 'Made in China' 中 통관거부로 대란", 『주간동아』 1102호(2017. 8. 21).

31 연합뉴스TV 2018. 4. 16.

32 姜正起, 앞의 글, pp.39-40. 그러나 북중관계가 강화되면 북한과 한미 간의 충돌 가능성이 낮아진다는 강정기의 견해는 논란의 여지가 없지 않다. 왜냐하면 북중관계나 북미관계는 독립변수인 미중관계의 종속변수로서 미중관계가 어떻게 되느냐에 따라 달라질 수 있기 때문이다. 2018년 이후 북중관계는 3차례 연쇄 정상회담으로 매우 가까워졌으나, 미중 무역전쟁이 본격화됨으로써 미중관계와 북미관계 모두 미묘한 힘겨루기를 보이고 있다.

33 满海峰, 앞의 글, pp.122-123.

34 姜正起, 앞의 글, p.28.

35 James Reilly, "China's Market Influence in North Korea", *Asian Survey*, Vol.54, No.5 (2014), pp.901-902.

36 吉林吧 2006. 11. 22.

37 최수영, 앞의 글, pp.32-33.

38 임수호·최명해, "북중 경제밀착의 배경과 시사점", 삼성경제연구소 Issue Paper (2010. 10. 1), pp.19-20.

39 郭文君, 『东北增长极』(延边: 吉林人民出版社, 2010), p.209.

40 최수영, 앞의 글, p.59.

41 서종원·안병민, "중국 창지투 개발정책과 동북아 물류체계 변화 연구", 한국교통연구원 수시연구 2011-06, p.32.

42 吴昊, "长吉图开发开放先导区—探索统筹区域发展的新模式", 『吉林大学社会科学学报』 2010(2), pp.11-13.

43 윤승현, "두만강지역의 新개발 전략과 환동해권 확대 방안", p.64.

44 윤승현, "북-중 접경지역 경제협력 현황과 참여방안", p.81.

45 이희옥·박용국, "중국의 대북한 동맹안보딜레마 관리: 대미인식과 북한지정학의 재구성을 중심으로", 『중소연구』 37권 3호(2013 가을), p.72.

46 이상숙, 앞의 글, pp.133-134.

47 임수호·최명해, 앞의 글, p.28.

48 연합뉴스 2018. 4. 22 참조.

49 이석기 외, 앞의 글, p.156.

50 조선중앙통신은 2019년 9월 27일 북한은 "나라의 경제발전과 인민생활 향상에 이바지하며 여러 나라와의 경제적 교류를 확대하기 위해 경제개발구를 설치했다"며 "공화국 정부는 경제개발구에서 하부구조 건설에 투자하거나 첨단과학기술 제품, 세계적인 경쟁력을 가진 상품을 생산하려는 기업, 투자가들에게는 토지 리용, 세금 납부 등에서 특혜를 주도록 하는 조치를 취하였다"고 보도했다. "북 지방급 경제개발구 20여 개로 확대"(통일뉴스 2019. 9. 27) 참조.

51 "조중합작개발 위한 착공식… 1000여명 참석해 성황 이뤘는데… 철조망에 갇

힌 쓸쓸한 황금평"(통일신문 2019. 10. 31) 참조.

52 "인터뷰: 북한 경제 전문가 김병연 서울대 교수", 주간조선 2018. 1. 15.

53 윤승현, 앞의 글, p.56.

54 张玉山, 앞의 글, pp.89-90.

55 배종렬·윤승현, 『길림성의 대북경제협력 실태 분석: 대북투자를 중심으로』
(통일연구원, 2015), pp.92-93.

56 류정렬, "자립적 민족경제 발전과 나라들 사이의 경제적 교류", 『경제연구』
누계 56호 제3호(1987), 45쪽, 이금휘, 『북한과 중국의 경제지정학적 관계와
경협활성화』(선인, 2014), p.68에서 재인용.

57 최영옥, "실리를 보장할 수 있도록 대외무역전략을 세우는데 나서는 중요
한 문제", 『경제연구』 누계 161호 제4호(2013), pp.34-36, 이금휘, 위의 책,
pp.69-70에서 재인용.

58 김철준, "우리 식으로 대외무역을 확대 발전시킬 데 대한 위대한 영도자 김정
일 동지의 경제사상", 『경제연구』 제1호(2008), p.4. 이금휘, 위의 책, p.70에서
재인용.

59 김정은, "사회주의 강성국가 건설의 요구에 맞게 국토관리사업에서 혁명적
전환을 가져올데 대하여"(2012. 4. 27), 김철, "김정은 시대의 북중관계와 경제
협력", 『KDI 북한경제리뷰』 2013년 1월호, p.135에서 재인용.

60 James Reilly, 앞의 글, pp. 916-917.

61 "단둥 르포"(중앙일보 2018. 5. 10) 참조.

62 정은이, "북중 무역과 대북제재의 한계", 『수은 북한경제』 2017년 가을호,
pp.56-57.

63 姜正起, 앞의 글, p.41.

64 권영경, 앞의 글, pp.152-160.

65 김상학, "동북아지역 내 경제협력과 라선경제무역지대의 개발", 2010 두만강

학술포럼, 권은민, "북한 외국인투자법제에 관한 연구: 시기별 변화와 전망", 경남대 북한대학원 박사학위논문(2012), pp.165-166에서 재인용.

66　이정태, "북한 후계체제에 대한 중국의 입장", 『한국동북아논총』 60호(2011), pp.98-99.

67　이동률, 앞의 글, p.308.

68　한겨레 2010. 8. 30, http://www.hani.co.kr/arti/politics/defense/437539.html (2018. 5. 1 검색).

69　필자는 당시 기자로서 중국에 파견되어 김정일 방중을 취재하면서 중국 지방 정부 관리와 북한 문제 전문가 등 복수의 취재원으로부터 "김정일이 김정은 을 대동했다"는 말을 들었다. 한 지방정부 간부는 "김정은을 경호원으로 분장 시켜 수행하게 함으로써 언론 노출을 피했다"고 말했다.

70　이정태, 앞의 글, pp.100-101.

71　조선일보 2010. 8. 31 참조.

72　권은민, 앞의 글, p.166.

73　张玉山, 앞의 글, pp.91-92.

74　유현정, "북한의 대외경제관련 법규 정비 평가: 「라선경제무역지대법」, 「황금 평-위화도 경제지대법」을 중심으로", 세종정책연구 2012-18, pp.39-40.

75　양문수·이석기 외, "2000년대 북한경제 종합평가"(KIET 정책자료 2012-182) 정리.

76　정지융(鄭繼永), "중국의 대북 정책 전환 방향", 『성균차이나브리프』 4권 2호 (2016. 4. 1), pp.88-89.

77　*Grand Larousse Encyclopédique*, 'Finlandization' 참조.

78　이옥희, 『북-중 접경지역』(푸른길, 2011), pp.125-126.

79　위의 책, pp.126-129.

80　张嘉昕·苗锐, "长吉图开发开放先导区通道建设的物流经济效益分析—以中朝通道为例",『东北亚论坛』 2012年 第5期, pp.97-98.

81 윤승현, 앞의 책, pp.50-51.

82 张玉山, 앞의 글, p.95.

83 서종원·안병민, 앞의 글, p.34.

84 "중, 대북제재 와중에 권하세관 대규모로 확장 신축"(RFA 2020. 1. 17) 참조.

85 림금숙, 앞의 글, pp.23-24.

86 김부용·임민경, "중국의 동북진흥전략 10년 평가와 전망", 대외경제정책연구원(KIEP),『중국 성별동향브리핑』 Vol.4, No.7(2013), p.17.

87 杨云母,『长吉图先导区通往东北亚市场的路径及其战略选择』(北京: 经济科学出版社, 2012), pp.45-46.

88 James Reilly, 앞의 글, pp.905-907.

89 郭付友·陈才·梁振民·尹鹏, "长吉图开发开放先导区区域物流联动发展研究",『东北亚研究』 2014年 第3期, p.60.

90 림금숙, 앞의 글, p.22.

91 우양호·정문수·김상구, "'동해의 출구'를 둘러싼 다국적 경쟁과 협력의 구조: 중국과 북한의 '두만강 초국경 지역개발' 사례",『지방정부연구』 20권 1호 (2016), pp.119-121.

92 "중국군, 北 급변사태 때 4개 축선으로 밀고 내려온다"(한국일보 2017. 12. 18).

93 빈센트 브룩스 전 주한 미군 사령관은 2019년 3월 15일 카일리 앳우드 CNN 외교안보담당 기자와의 인터뷰에서 "트럼프가 2017년 북한과의 전쟁에 진지했는가?"란 질문에 "트럼프는 진지했다. 우리의 전쟁에 나갈 능력과 준비 태세는 실제적이었고 진짜(real and true)였다"며 "이전에 보았던 것보다 훨씬 강력한 계획들이 있었다"고 말했다. Kylie Atwood 트위터(https://twitter.com/kylieatwood/status/1106662382745473024/, 2019. 3. 15)(2019. 3. 23 검색).

1 이상숙, "북한–중국 경제협력의 실태와 경제적 가치 평가: 중국의 지속성 장 관점을 중심으로", 국립외교원 외교안보연구소 2011년 정책연구과제 1, pp.145-176.

2 배종렬·윤승현, 『길림성의 대북경제협력 실태 분석: 대북투자를 중심으로』(통일연구원, 2015), pp.89-90.

3 북한이 개혁개방 정책을 실시할지 모른다는 기대감과 푸젠성의 대북 투자 추진 열기에 대해 길림신문(2004. 11. 9)은 "복건(푸젠)성 정부에서 적극적이고 주동적으로 조선 정부와 기업계들과 교류하여 조선에 판사처를 세우는 등 합작 기회를 창조함으로써 복건성 기업들이 하루빨리 조선 시장을 점령하도록 도왔으면 하는 보고서가 성 지도자에게 전달되었다"는 내용을 전하고 있다. 위의 책, pp.92-94.

4 배종렬·윤승현, 위의 책 참조.

5 김석진, "북중경협 확대요인과 북한경제에 대한 영향", 『KDI 북한경제리뷰』 2013년 1월호, pp.107-108.

6 "올해 북한 유입 정제유 2만ｔ 넘어… 불법환적으로 이미 상한선 초과"(VOA 2018. 10. 3, https://www.voakorea.com/a/4596836.html, 당일 검색).

7 中国电力建设集团有限公司, "吉林院开展对朝供电设计"(2011. 12. 5); "吉林院完成对朝供电线路中国段输电线路终勘"(2013. 4. 3), www.powerchina.cn/ 참조(2017. 9. 17 검색).

8 이석기 외, "2016년도 북한경제 종합평가 및 2017년 전망", KIET 정책자료 2017-294, pp.146-148.

9 이상숙, 앞의 글, p.179.

10 张玉山, "朝鲜经济政策的变化对长吉图通道建设的影响", 『东北亚论坛』

2011年 第4期, p.89.

11 이상숙, "朝鲜经济政策的变化对长吉图通道建设的影响", 『东北亚论坛』 2011年 第4期, p.180.

12 문재인 정부의 탈원전 정책은 이런 점에서 통일 후 한반도의 에너지 자립도를 떨어뜨리고 중국 및 러시아에 대한 에너지 의존도를 심화시킬 가능성이 있다.

13 "中国珲春至朝鲜罗先国际邮路3月3日正式开通", 新文化网 2014. 3. 3 (http://news.xwh.cn/news/system/2014/03/04/010444733.shtml, 2017. 9. 17 검색).

14 뉴시스 2018. 6. 21 참조.

15 김철, "김정은 시대의 북중관계와 경제협력", 『KDI 북한경제리뷰』 2013년 1월호, p.133.

16 박종철, "중국의 대북 경제정책과 경제협력에 관한 연구", 『한국동북아논총』 62호(2012), p.84.

17 양문수·이석기 외, "2000년대 북경제 종합평가", KIET 정책자료 2012-182, pp.470-477.

18 히라이와 슌지, 『북한-중국관계 60년』(선인, 2013), p.432.

19 양문수·이석기 외, 앞의 글, pp.461-475.

20 이석기, "김정은 시대 북한의 산업", 『한반도 포커스』 2017년 가을호(경남대 극동문제연구소), pp.23-28.

21 림금숙, "대북제재 속에서 북한의 국산화추진", 『수은 북한경제』 2017년 겨울호, pp.34-36.

22 양운철, "북한 상품의 국산화: 자력갱생과 수입대체의 연계", 세종정책연구 2019-03, pp.10-11.

23 임수호·최장호, "북한 대외무역 2016년 평가 및 2017년 전망: 북중무역을 중심으로", 『KDI 북한경제리뷰』 2017년 1월호, p.70.

24 배종렬·윤승현, 앞의 책, pp.14-20.

25 한미관계와 북중관계의 경제적 측면을 동일한 잣대로 비교할 수는 없다 하더 라도, 북한 주민의 입장에서는 한미동맹을 매개로 한 한국의 경제 발전이 북 중동맹을 택한 자신들의 낙후한 현실과 대조되는 것은 어쩔 수 없는 현상일 것이다.

26 김석진, 앞의 글, pp.114-118.

27 James Reilly, "China's Market Influence in North Korea", *Asian Survey*, Vol.54, No.5 (2014), pp.895-897.

28 조선일보 2018. 5. 19 참조.

29 "충격적 실제 행동, 신무기 보게될 것"(조선일보 2020. 1. 2) 참조; 최강·신범 철, "북한 노동당 중앙위원회 전원회의 결과 분석", 아산정책연구원 이슈분 석, 2020. 1. 2 참조.

30 "자력 힘든 김정은의 자력갱생"(주간조선 2020. 1. 13) 참조.

31 오경섭에 따르면 중국의 대북한 영향력은 1, 2차 핵실험 등 북한의 핵보유라 는 전략적 목표를 변경시키는 데는 한계가 있다는 것이다. 실제로 중국은 북 한의 1, 2차 핵실험을 저지하기 위한 외교적 노력은 진행했으나 경제제재는 실행하지 않았던 것으로 보인다. 중국은 북핵 폐기를 위한 대북한 영향력 시 도의 성공 확률이 낮은 대신 영향력 시도에 따른 기회비용은 크게 증가했다고 본다. 중국은 미중관계를 고려할 때 북한이 붕괴하는 것보다 핵을 보유한 북 한이 존재하는 것이 전략적 이익이라고 판단했다는 것이다. 즉, 북한이 붕괴 해서 미국의 군사적 영향력이 북한지역까지 확장되는 것보다는 오히려 북한 정권이 유지됨으로써 한반도에 완충지대를 확보하는 것이 자국의 국익에 부 합한다고 본다는 것이다. 오경섭, "중국의 대북한 영향력 분석", 세종정책연 구 2011-8, pp.27-35.

32 정재호, 『중국의 부상과 한반도의 미래』(서울대 출판문화원, 2011), pp.334-

337.

33 "인터뷰: 북한 경제 전문가 김병연 서울대 교수"(주간조선 2018. 1. 15).

34 中国海关总署, http://www.customs.gov.cn/customs/302249/302274/302277/index.html 참조.

35 뉴시스 2019. 3. 1 참조(http://www.newsis.com/view/?id=NISX20190301_000 0573810&cID=10301&pID=10300#, 2019. 3. 24 검색).

36 가령 한국 주도의 개성공단을 재개하는 것과 함께, 원산, 나진선봉, 신의주·위화도 등에 OECD 국가 산업단지를 조성하여 세계 유수 기업들을 경쟁시킨다면, 북한은 중국 경제에 대한 의존에서 벗어나 제조업 기술력과 산업 경쟁력을 확보하는 데 유리한 환경을 갖게 될 것이다.

37 "단둥 르포"(중앙일보 2018. 5. 10). 북한 대외경제성 관리의 이 발언은 북한의 비핵화 의지와 대화의 진정성을 뒷받침하거나 과장하려는 의도일 수도 있지만, 익명으로 이루어진 인터뷰란 점에서 북한 주민들의 심리를 어느 정도 반영하고 있다고 보인다.

결론_진화하는 북중동맹

1 태영호, 『3층 서기실의 암호』(기파랑, 2018), pp.402-405.

2 "중국의 대북 경고… 핵 고집 땐 간부, 가족 가혹하게 처벌"(중앙일보 2020. 1. 10) 참조. 신문은 중국공산당 중앙판공청의 비밀 문건을 입수했다며, 문건에 다음과 같은 내용이 있다고 보도했다. "조선이 즉각 핵무기를 포기하지 않아도 되며, 단지 앞으로 새로운 핵실험을 계속하지 않는다는 것을 행동으로 보여줄 때 중국의 (대북) 지원이 즉각 증강한다는 담보를 해 줄 것이다. 조선이 제재에서 벗어난 몇 해 이후부터 조건이 무르익으면 점차 개혁을 실시하며,

최종적으로 조선반도의 비핵화 요구를 실현할 것을 요구한다." 이 문건의 진

위 여부는 확인되지 않는다.

3 태영호, 앞의 책, pp.312-313.

4 문흥호, "중국의 대외전략: 동북아 및 한반도정책을 중심으로", 『한국과 국제

정치』 21권 1호(2005 봄), p.89.

5 张琏瑰, "警惕朝核对中国的威胁", 『领导者』(2015).

6 "中 장롄구이 '김정은 태도 바꾸게 한 건 미국의 11월, 12월 군사훈련'"(세계

일보 2018. 3. 13) 참조.

7 Evans J. R. Revere, "Lips and Teeth: Repairing China-North Korea Relations,"

The Brookings Institution, Nov. 2019.

8 6자회담 대표와 청와대 외교안보수석을 지낸 전직 고위 외교관은 "북한 내부

혼란 시에는 중국이 군사 개입을 하지 않을 것이란 얘기를 중국 고위 인사로

부터 들은 적이 있다"고 말했다. 그는 또 "한미동맹과 중국의 무력 충돌을 방

지하기 위해 북한 유사시 처리 방안과 행동 요령에 대한 3국 간의 합의가 필

요하다"고 지적했다. 그러나 그동안 중국이 북한 청천강~원산 이북 지역에

대한 역사적 연고권을 주장해 온 것으로 볼 때 이 외교관의 전망이 깨질 가능

성이 높다는 게 필자의 시각이다.

보론_한국은 중국을 어떻게 다룰 것인가

1 대외경제정책연구원(KIEP), "북중 접경지역 경제교류 실태와 거래 관행 분

석"(2013) 참조.

2 중국이 한미 연합군에 의한 통일에 반대하는 것과 관련, 한국의 일부 군사 전

문가들은 북한 유사시 한국군 단독 작전을 제시하기도 한다. 그러나 이런 경

우에도 중국은 향후 대북 주도권을 잡기 위해 북한 내 중국인(화교)의 생명과 재산 보호를 명분으로 군대를 보낼 가능성을 배제할 수 없다. 한반도 군사 충돌을 방지하기 위해서는 북한 유사시에 대비한 한·미·중 전략대화와 유엔 감시 하의 북한 처리 방안에 관한 공감대 확산이 필요하다.

3 왕이웨이(王義桅), "한중동맹론: 선린우호협력조약 체결", 아주대 중국정책연구소 제1차 한-중 국제학술회의(2015. 8) 참조.

4 문재인 대통령은 2017년 12월 13일 중국 베이징에서 시진핑 주석과의 정상회담을 앞두고 가진 한중 비즈니스포럼 연설에서 "지난 25년간 양국이 우정과 협력의 물길을 만들었다면, 앞으로 25년은 미래 공동 번영을 위한 배를 띄워야 할 때"라며 "양국은 함께 번영해야 할 운명공동체"라고 밝혔다("文대통령 '한중은 운명공동체… 동주공제(同舟共濟)'", 조선일보 2017. 12. 13 참조). 2020년 2월 초 한국에 부임한 싱하이밍(邢海明) 신임 주한 중국 대사도 "중국과 한국은 운명공동체로 서로 이해하고 역지사지하는 자세가 필요하다"며 '운명공동체론'을 강조했다. 그 후 문재인 대통령은 2월 20일 시진핑 중국 주석과 통화하면서 "중국의 어려움이 우리의 어려움"이라고 발언했다("싱하이밍 중국 대사 '입국 제한 조치, 역지사지해야'", 서울신문 2020. 2. 4; "문 대통령, 시진핑과 통화 '코로나19 임상치료 경험 공유'", 한겨레 2020. 2. 20 참조).

5 외교통상부 발표 "한국발 입국자에 대한 조치 현황(국가별)"(2020. 4. 6, www.0404.go.kr/dev/newest_list.mofa) 참조. 이에 따르면 중국은 2020년 3월 28일 0시부터 외교·공무·의전 비자와 승무원 비자, 영주권 소지자를 제외하고 기존 유효 비자와 외국인 거류증 소지자의 입국을 중단했다.

6 "北연평도 도발, 한미훈련, 6자회담 등 한중 입장차만 확인"(서울경제 2010. 11. 28) 참조. 당시 긴급 방한한 다이빙궈(戴秉國) 중국 국무위원은 북한에 대한 한마디 질책도 없이 "남북 간 평화를 위해 상황이 악화되지 않도록 함께 노력하겠다"고 말했다.

7   "'라이트급이 헤비급 도발' 중국 대사, 스웨덴 언론 비하"(연합뉴스 2020. 1. 19) 참조.

8   대한민국 해양경찰청 블로그(https://blog.naver.com/kcgnmpa/221325341539, 2018. 7. 27) 참조.

9   "성주, 참외 생산 역대 최대… '사드 전자파'는 괴담 입증"(문화일보 2020. 1. 31) 참조.

10   시모토마이 노부오, 『기밀 해제된 구소련 공산당 정치국 사료로 본 북한 정권 탄생의 진실』(기파랑, 2005), p.77.

11   위의 책, pp.91-93.

12   연상모, "한국의 대중국 외교는 무엇이 문제인가?", 『외교』133호(2020. 4) 참조.

에필로그

나와 중국의 인연은 40여 년 전 대학 시절로 거슬러 올라간다. 서울대 인문대 입학 후 고민 끝에 선택한 전공이 동양사학(東洋史學)이었다. 중국사와 일본사를 중심으로 동남아시아와 중앙아시아의 역사까지 공부하는 학과였다. 한국을 제대로 이해하려면 주변국의 역사와 상호관계를 공부할 필요가 있다는 생각에서였다. 세계적인 중국 근현대사 연구자인 민두기 교수(2000년 작고)를 비롯하여 김용덕, 이성규, 박한제, 김호동 등 당대 최고의 석학들로부터 배움의 기회를 가진 것은 내 인생의 행운이었다. 민두기 교수는 학생운동이 캠퍼스를 휩쓸던 1970년대 말~80년대 초에도 빠짐없는 강의와 철저한 사료 강독으로 우리를 힘들게 했지만, 훗날 그것은 나의 기자 생활에 큰 도움이 되었다.

육군 병장으로 제대하고 1986년 조선일보에 입사해 사회부 기자 생활을 시작했다. 한중 수교 3년 전인 1989년 가을, 신문사의 특별

프로그램으로 베이징과 옌볜조선족자치주, 백두산을 돌아볼 기회가 있었다. 책으로만 보던 중국 땅을 직접 밟아 보게 된 것이다. 당시 베이징은 톈안먼(天安門) 민주화운동의 후유증으로 창안제(長安街) 양편에 총을 든 군인들이 20미터 간격으로 줄지어 서 있는 등 살벌한 분위기였다. 만리장성 앞에서 두터운 군복을 입고 과일을 팔던 아주머니들과, 버스 유리창에 손을 집어넣고 "체인지 달러(Change Dollar)!"를 외치던 청소년들의 모습은 지금도 잊히지 않는다. 우리가 묵던 백두산 창바이(長白)호텔은 무연탄으로 난방을 하여 호텔 전체가 회색 먼지로 뒤덮여 있었다. 그때 본 중국의 모습은 공자(孔子)나 이백(李白), 『삼국지』를 통해 알았던 역사와 문화의 대국이 아니라, 사회주의 비효율이 극에 달한 '빈곤의 병자(病者)'였다.

한중 수교 3년 뒤인 1995년, 회사의 배려로 중국 연수를 갈 기회가 있었다. 난징(南京)의 대학에서 1년간 중국어를 공부하면서 개혁개방 정책으로 하루가 다르게 변해 가는 도시의 모습을 목격했다. 또 낡은 소형 버스로 몇 시간을 달려 도착한 안후이(安徽)성 농촌에서는 농민들이 정부의 '한자녀 정책'을 어기고 낳은 무호적(無戶籍) 어린이 (헤이하이쯔黑孩子)들이 학교에도 가지 못하고 마당에서 흙놀이만 하는 딱한 모습도 보았다. 아들을 얻기 위해 계속 낳은 딸들은 부모가 벌금을 내지 않으면 호적을 얻을 수 없어 교육도 받지 못한 채 10대 후반이면 돈 벌러 도시로 나간다고 했다. 1996년 여름 연수가 끝날 때쯤 홀로 배낭을 메고 신장위구르자치구와 중·카자흐스탄 국경을 여행한 경험은 그 후 위구르 지역의 독립운동을 이해하는 데 큰 도움이 되었다.

1997년 가을 조선일보 베이징 특파원으로 발령받았다. 그해 말 IMF 외환위기로 수많은 한국 기업 주재원들이 중국에서 철수하는 모습에서 한중관계 역전의 조짐을 보았다. 중국의 WTO 가입(2001)을 전후해 중국 지방 도시에서 만난 당서기와 시장들은 국가 발전에 대한 확신과 열정이 무서울 정도였다. 그때부터 한국의 대통령과 중국의 국가주석, 부산항 부두와 상하이 항만 시설, 서울대와 베이징대학 등 양국의 경쟁력을 비교해 보는 버릇이 생겼다. 그전까지는 확실히 한국이 앞섰지만, 2001년부터는 중국이 하나 둘 한국을 앞서기 시작했다. 후발 주자 효과를 톡톡히 누린 중국 IT산업과 이동통신산업의 성장은 눈부실 정도였다.

이런 인연 덕분에 나는 개혁개방 초기(1989)의 낙후한 사회주의 체제의 맨얼굴부터 미국을 위협하는 2020년 시진핑 시대까지 30년 이상 중국 사회의 발전과 변화 과정을 지켜볼 수 있었다. '서당 개 삼년이면 풍월을 읊는다'는 속담이 있듯이, 오래 관찰하다 보니 아둔한 나의 눈에도 중국이 보이기 시작했다. 중국의 사회 현상을 특정 시기의 단면(斷面)보다 긴 시간이 축적된 종적(縱的)인 모습으로 보게 되고, 화려한 겉모습이나 구호보다 그 뒤에 숨은 사회주의의 뿌리와 구조, 그들의 전략이 눈에 들어왔다. 또 매년 발표되는 높은 경제성장률이 어떻게 지방에서부터 부풀려지는지, 공산당 권력과 경제가 어떻게 결합되고 최고지도자의 일가 친척들이 얼마나 큰 부자인지, 일사불란해 보이는 공산당 내부에서 어떤 권력투쟁이 벌어지는지 등에 관심이 갔다.

베이징에 주재하던 시기에 중국 뉴스 못지않게 북한 동향에도 촉각을 곤두세워야 했다.

그때나 지금이나 평양에는 단 한 명의 한국 기자도 주재하지 않는다. 그래서 베이징 특파원이 평양 특파원을 반쯤 겸하는 셈이 된다. 베이징은 북한인들이 세계로 나가는 길목이어서 민감한 뉴스가 곧잘 터진다. 서우두(首都)공항에 '使133'으로 시작하는 북한대사관 차량이 나타나면 외국 특파원들은 신경을 곤두세운다. 그 차에 누가 탔는지가 중요한 정보가 된다. 단둥·투먼·지안 등 북중 국경에서 탈북자와 북한 기업인, 중국인 취재원으로부터 새로운 정보 하나라도 더 얻으려고 뛰어다니기도 했다.

이 과정에서 기사로 쓴 것보다 쓰지 못한 얘기가 더 많다. 1999년경 첫 '기획 탈북'으로 일컬어지는 베이징 유엔인권고등판무관실(UNHCR) 무단 진입 사건 과정에서 한국인 목사의 통역을 도와줄 때는 신문의 '큰 특종'거리임에도 탈북자 보호를 위해 기사를 쓸 수 없었다. 베이징 북한 대사관 옆 상점에서 북한 국가대표 여자 탁구 선수(신변 보호를 위해 이름을 말할 수 없다)를 우연히 만나 내가 평소 듣던 한국 음악 테이프를 건넬 때는 그 선수의 안위가 걱정되기도 했다. 훗날 국회의원을 지낸 고위 탈북자 조명철 씨가 베이징에서 실종된 사건도 그날 밤 알았지만, 그의 안전한 구조를 위해 보도를 미뤄 달라는 대외경제정책연구원 관계자의 간곡한 부탁 때문에 특종을 포기한 적도 있다. 어느 해는 지인의 요청으로 탈북자 일가족을 차에 태워 베이징의 모처로 피신시키면서 중국 공안에 발각될까 조마조마하던 기억도 잊을 수 없다. 이런 경험들은 자연스럽게 한국·중국·북한의 삼각관계에 대한 관심을 증폭시켰다.

2001년 여름 특파원 생활을 마치고 귀국한 뒤 나의 화두(話頭)는 '강대한 사회주의 제국으로 부활한 중국을 한국은 어떻게 다루어야 하는가', '남북한 문제를 풀어 갈 때 중국을 어떻게 활용해야 하는가'로 모아졌다. 이런 문제의식에서 뒤늦게 한양대학교 국제학대학원 박사과정에 등록하게 되었고, 2000년대 이후 중국이 북한을 어떻게 다루고 있는지를 연구해 2019학년도 1학기에 "후진타오-시진핑 시기 중국의 대북정책 변화 연구: 비핵화와 경제협력 정책을 중심으로"라는 학위논문을 쓸 수 있었다.

이 책은 나의 박사학위 논문에 개인적 취재 경험과 다양한 에피소드, 인터뷰 등을 녹이고, 최근 상황까지 반영하여 대폭 수정한 것이다. 이 책을 통해 오랫동안 품어 왔던 문제, '중국은 북한(나아가 한반도)을 어떻게 다루는지', 또 '한국은 중국을 어떻게 다뤄야 하는지'에 대해 스스로 납득할 만한 해답을 찾은 것이 무엇보다 큰 보람이다.

이 책을 쓰면서 조선일보 기자로서 지난 20여 년간 중국 각지와 북한 접경지역을 훑고 다닌 경험이 큰 도움이 되었다는 점을 기록해 두고 싶다. 기자의 장점은 해당 분야의 최고 전문가를 만나 얘기를 듣고, 또 현장으로 가장 먼저 달려가 사건의 적나라한 모습을 두 눈으로 확인한다는 점이다. 현장을 본 사람은 그 현장에 관해 누구보다 자신 있게 말할 수 있다. 이는 책으로는 얻을 수 없는 자산이다.

2010년 8월 김정일의 중국 방문을 취재한 경험도 그런 점에서 뜻깊었다. 그때 나는 김정일 일행을 따라잡기 위해 창춘과 다롄을 숨가쁘게 뛰어다녔다. 당시 믿을 만한 다수의 취재원으로부터 "김정은이 경호원으로 변장하여 아버지 김정일을 따라왔다"는 얘기를 들었다. 이 정보는 김정일 방중의 의미를 파악하는 데 큰 도움이 되었다. 그 2년 전 뇌졸중으로 쓰러졌던 김정일은 하루빨리 후계자를 지명해 중국의 지지를 확보해야 할 필요가 있었는데, '김정은 대동'은 그 목적을 명확히 설명해 주는 것이었기 때문이다.

2005년경 겨울, 영하 20도의 날씨에 중국 싼허의 눈 덮인 산 위에서 중국 국경수비대의 눈을 피해 북한 회령 시내를 오랫동안 내려다

본 적이 있다. 회령 시내에 사람의 이동은 거의 없고 연기가 올라오는 건물도 드문 것을 보고 북한 경제가 얼마나 어려우며 주민들의 삶이 팍팍한지 두 눈으로 확인할 수 있었다. 또 어느 해는 북·중·러 3국의 국경이 교차하는 두만강 하류 팡취안(防川)을 향해 차를 달리면서, 오른편으로 끝없이 이어지는 황량한 산하와 깡마른 북한 주민들의 모습이 들어왔다. 강 하나를 사이에 두고 풍요(중국)와 빈곤(북한)이 공존하는 현실이 너무나 안타까웠다.

평양에서 대학을 졸업하고 중국 단둥으로 나와 무역업을 하는 젊은 화교 기업인을 2008년경 만나 밤새 술잔을 기울인 적이 있다. 그는 공산주의라는 이념이 현실에서 왜 제대로 작동하지 않는지 자신의 체험에서 우러나온 얘기를 들려주었다. 수십 명이 일하는 협동농장에서 정작 일하는 사람은 서너 명에 불과하다고 했다. 나머지 인원은 감독과 선전공작을 핑계로 하루 종일 빈둥댄다는 것이다. 그 때문에 일하는 사람조차 의욕이 떨어지고 생산량이 줄어들어 모두가 가난해질 수밖에 없다고 했다. '똑같이 일하고 똑같이 나눈다'는 공산주의 사회란, 실은 열심히 일할 동기(사유재산이나 인센티브)가 사라져 아무도 일하지 않는 사회가 된다는 것을 그가 증명했다. 또 북한을 '무상교육과 무상의료의 천국'이라 선전하지만 실상은 전혀 다르다는 것도 알게 되었다. 교사에게 뇌물을 바치지 않으면 수업과 진학에서 불이익을 받는다고 했다. 교사들이 월급을 제대로 받지 못해 뇌물로 살아갈 수밖에 없다는 것이다. '무상의료'를 한다는 병원은 자체 보유한 약품이 없어 환자가 약을 구해 가지 않으면 아무런 치료도 해주지 않는다고 한다.

기자라는 직업이 아니었으면 어떻게 이런 다양한 경험을 할 수 있었겠는가. 또 화려한 선전문구로 채색된 중국과 북한의 겉모습이 아니라 그 속에 감춰진 실상을 알 수 있었겠는가. 34년간 나에게 취재하고 글 쓰고 공부할 기회를 주신 조선일보의 방우영 전 회장님(2016년 작고)과 방상훈 사장님, 그리고 선후배 동료들께 이 자리를 빌려 깊은 감사를 드린다.

아울러 논문을 지도해 주신 한양대 국제학대학원 문흥호·민귀식 두 교수님과, 심사를 맡아 주신 통일연구원 신종호 박사(기획조정실장), 국가안보전략연구원 김일기 박사(북한연구실장), 한양대 중국연구소 김상규 교수께도 감사의 마음을 전한다. 논문을 책으로 펴내는 과정에서 많은 조언을 주신 도서출판 기파랑의 안병훈 대표와 김세중 편집자께도 감사를 표하고 싶다.

이 책을 마감하기 전 중국발 코로나19 바이러스로 전 세계인이 고통 받고 한국에서도 많은 희생자가 발생하여 마음이 아프다. 인류가 지혜를 모아 하루빨리 이 위기를 극복하기를 바란다. 끝으로 지난 2년간 주말마다 사무실로 향하는 필자에게 도시락을 싸 주고 격려해 준 가족에게 미안함과 고마움을 전한다.

2020년 5월
광화문 연구소에서

중국은 북한을 어떻게 다루나

北中동맹의 '진화(進化)'와 한국을 위한 제언

초판 1쇄 발행   2020년 5월 25일
초판 2쇄 인쇄   2020년 6월 26일

지은이   지해범
펴낸이   안병훈
펴낸곳   도서출판 기파랑
등   록   2004. 12. 27 제300-2004-204호
주   소   서울시 종로구 대학로8가길 56 동숭빌딩 301호   우편번호 03086
전   화   02-763-8996(편집부) 02-3288-0077(영업마케팅부)
팩   스   02-763-8936
이메일   info@guiparang.com
홈페이지   www.guiparang.com

ISBN 978-89-6523-603-0   03300